Retrouvez :
- nos prochaines parutions,
- les résumés de tous les ouvrages du catalogue,
- le blog avec des interviews des auteurs,
- les événements à ne pas rater.

Votre avis nous intéresse : dialoguez avec nos auteurs et éditeurs. Tout cela et plus encore sur Internet à :

www.leduc-s.com

Ouvrage dirigé par Mariana Grepinet

Photographies : Érick Gey

Maquette et Mise en pages : Facompo – Lisieux

33, rue Linné
75005 Paris – France
E-mail : info@leduc-editions.com
ISBN : 978-2-84899-252-5

SOPHIE VOUZELAUD

avec la collaboration
d'Aurore Guitry

MISS ET SOURDE !

LEDUC.S
EDITIONS

À ma grand-mère, Adèle

Sommaire

Comme une petite sœur qui n'en est pas une mais qui pourrait l'être car elles ont le même handicap. Une rencontre, un sourire échangé, un regard s'est posé, une étincelle a brillé.

Et toujours sans un mot le dialogue a commencé.

La relation s'est approfondie, le sentiment est monté et là, les phrases se sont envolées.

Une Miss était née.

Ne pas entendre et pouvoir en parler, c'est un long voyage pour y arriver.

La surdité n'est plus un handicap, tu l'as prouvé, comme ma petite sœur tu es et tu resteras dans mon cœur pour tous les bonheurs... de Sophie.

Jean-Luc Reichmann, animateur

Lors de mon passage à Limoges, j'ai rencontré Sophie Vouzelaud, candidate à l'élection Miss France en qualité de Miss Limousin.

J'ai été séduite par sa beauté, son visage de madone, son allure et j'ai pensé qu'elle ne passerait pas inaperçue parmi les candidates à l'élection Miss France 2007.

Élue première dauphine, elle a démontré qu'une jeune fille sourde pouvait être reconnue par les téléspectateurs et par toute la presse unanime.

Quel message d'espoir et d'optimisme pour toutes celles ayant le même handicap !

Grâce à son titre, beaucoup de portes se sont ouvertes, ce qui lui a permis de poursuivre pendant toute cette année une activité dans le domaine de la mode, la publicité et surtout d'apporter son lumineux sourire aux nombreuses associations qui l'ont sollicitée comme marraine.

Elle a pu également représenter la France comme candidate à l'élection Miss International à Tokyo, accompagnée par Hélène, son élégante maman.

Je suis très fière de la compter parmi les plus prestigieuses élues du Comité Miss France et je l'assure de ma très sincère affection.

Geneviève de Fontenay
Présidente du Comité Miss France

Prologue

d'Hélène Vouzelaud,
maman de Sophie.

Le jour où Sophie est née, il faisait beau. Un soleil radieux qui m'annonçait qu'elle aurait la grâce, qu'elle rayonnerait comme le premier jour d'été. Je me rappelle la chambre blanche et lumineuse de la maternité de Saint-Junien, le visage radieux de son père en découvrant sa fille, le regard intrigué et amusé de Violène, mon aînée, en rencontrant sa petite sœur qu'elle avait vue grandir dans mon ventre. Mon bonheur aussi, tandis que je tenais ma chère Sophie dans mes bras. J'étais tellement heureuse d'avoir donné la vie à un si joli bébé. Avec le recul, je me dis que c'est sûrement cette joie qui m'a aveuglée, qui m'a empêchée de bien lire la feuille d'examen approfondi qu'on m'a donnée avant la sortie de la maternité. Toutes les cases étaient cochées. Toutes, sauf une. Un carré laissé vide qui n'a pas retenu mon attention. Un gouffre qui présageait mon combat à venir : celui des *stimuli* sonores.

Personne ne m'a alertée. Ni les sages-femmes, ni même l'obstétricien. Personne n'a cherché à savoir pourquoi il manquait une croix sur cette fiche en face de la ligne consacrée à l'ouïe ; on aurait dit que ce handicap, invisible à l'œil nu, avait réussi à tromper tout le monde. La vie a donc repris son cours. Je suis rentrée à la maison, folle de joie à l'idée que ma famille se soit agrandie, inconsciente de ce que le sort nous réservait. Le premier mois, nous n'avons relevé aucun signe susceptible de différencier ma fille des autres enfants. Comme n'importe quel bébé, Sophie apprenait à sourire, pleurait pour nous témoigner sa faim, ouvrait grand les yeux pour appréhender ce monde nouveau dans lequel elle entrait. À cette époque-là, je tenais une boutique de vêtements pour enfants à Saint-Junien. Pendant la journée, la petite restait toujours près de moi, allongée dans un couffin calé près de la porte. Elle était si sage, si jolie dans son sommeil. Peut-être que son calme aurait dû m'alerter, que j'aurais dû voir le silence dans ces nuits sans cri et ces journées paisibles. Pourtant, la première alarme fut donnée par quelqu'un d'autre, huit mois après sa naissance. Il m'arrivait de laisser mes filles à la garde de leur grand-mère Adèle, ma belle-mère, lorsque je devais partir faire une course ou dîner chez des amis. Je me souviendrai toujours de son regard inquiet, de ses lèvres étirées en sourire pour masquer son front soucieux lorsqu'elle me raconta l'incident survenu pendant la journée. Sophie, assise dans l'herbe, jouait tranquillement quand un gros chien surgit derrière elle et manifesta son agressivité en aboyant. Et la petite n'avait pas bougé, ni pleuré. Elle était restée concentrée sur ses jeux sans hurler pour qu'on la protège du molosse. « C'est bizarre, m'avait confié Adèle. Tu ne trouves pas ? » J'ai hoché la tête en souriant, ma fille dans les bras, refusant de céder à l'inquiétude. Sophie était peut-être trop captivée par ses activités. Elle était si vivante. Tous les clients de la boutique le disaient. Quand on est mère, on se plaît à croire son enfant invulnérable, surtout quand il ne pleure pas, quand aucune marque visible n'apparaît pour signaler sa maladie. Alors je suis rentrée à l'appartement sans m'en faire. Jusqu'au deuxième incident. Cette fois, ce fut ma mère qui m'alerta. Un jour, alors qu'elle veillait sur Sophie, assise juste à côté du téléphone, elle remarqua quelque chose d'étrange dans le comportement de la petite. « Je l'avais installée là, tu vois ? Juste à côté du téléphone. Elle jouait sagement avec sa poupée quand l'engin s'est mis à sonner. Eh bien, elle ne s'est pas retournée. Comme si… comme si elle n'avait rien entendu. » Son récit fit écho à celui d'Adèle et éveilla en moi une angoisse indistincte.

Le soir même, j'en parlai à mon mari, lui racontant les deux événements qui avaient eu lieu à si peu de temps d'intervalle. « Il faut que j'en aie le cœur net, lui dis-je. Je vais attendre qu'elle s'endorme et nous verrons bien si j'arriverai à la réveiller sans la toucher. » J'étais encore si confiante à ce moment-là. Tellement convaincue que ma belle-mère et ma mère s'étaient trompées. En allant récupérer deux casseroles dans la cuisine, j'étais persuadée que le bruit du métal arracherait Sophie à son sommeil. En les cognant l'une contre l'autre, je m'attendais vraiment à ce qu'elle se mette à hurler. Mais j'eus beau frapper de toutes mes forces, rapprocher les récipients au plus près de son lit, rien ne vint troubler son souffle régulier ni ouvrir ses paupières. Malgré le vacarme infernal, elle dormait paisiblement. Alors j'ai quitté sa chambre, le front bas, armée de mes deux casseroles qui n'avaient pas su donner tort à Adèle et à ma mère. C'est ce soir-là que mon mari et moi avons décidé de consulter le Dr Bordes, médecin de famille. En allant nous coucher, je tentai de me rassurer du mieux que je pouvais. Ma fille n'avait rien de grave. Une otite tout au plus. Elle faisait ses nuits comme n'importe quel nourrisson, mangeait convenablement. Si elle avait souffert d'un mal quelconque, elle aurait perdu son sourire, l'appétit ou le sommeil. Voilà comment mon mari et moi nous sommes bercés d'illusions pour passer la nuit jusqu'au lendemain.

Le jour suivant, mon médecin a accueilli nos inquiétudes avec son calme habituel. Après avoir ausculté ma petite Sophie, il nous rassura : « Ta fille paraît en bonne santé, commença-t-il. Afin d'écarter les soupçons, je te conseille de prendre un rendez-vous avec un confrère ORL à Limoges. Je vais te laisser ses coordonnées. » Sa voix tranquille et son ton confiant nous ont confortés dans nos présomptions : Sophie n'était pas malade. Nous avons donc continué à mener notre vie normalement, sans trop nous faire de souci, jusqu'à l'entrevue avec l'ORL. Le jour où nous nous sommes rendus à la clinique de Limoges, j'étais plutôt sereine. Même si je dois bien admettre que le silence qui accompagna l'auscultation et précéda le diagnostic me parut bien lourd. Je le regardais manipuler mon bébé avec l'appréhension d'une lionne cherchant à protéger ses petits. Lorsque, enfin, il me la rendit, je la serrai contre moi en la berçant, collant mes lèvres à son front pour me réconforter. « Mme Vouzelaud, votre fille est en pleine forme, déclara-t-il. Il n'y a vraiment aucune raison de vous inquiéter comme ça. C'est peut-être vous qui auriez besoin de consulter. » Je continuais d'embrasser Sophie pendant qu'il me parlait, sentant mon corps se détendre sous ses paroles. Ma fille allait bien. C'était tout ce qui comptait. Son allusion mesquine ne m'atteignit même pas. Après tout, il avait peut-être raison. Je pouvais souffrir d'un problème psychologique – une dépression postnatale, qui savait ? Terrorisée à l'idée qu'il arrive quelque chose à ma fille, j'aurais collé mes angoisses sur la petite et inventé un problème qu'elle n'avait pas. J'étais si heureuse que l'ORL, l'homme spécialisé dans les affections auditives, mette un terme à mes angoisses, que j'ai hoché la tête et n'ai pas tari de remerciements. Si j'avais su à ce moment-là que même les médecins peuvent se faire tromper par la maladie, je me serais certainement abstenue. En rentrant à la maison, après la consultation, je me ruais sur le téléphone pour rassurer tout le monde : Sophie n'était pas sourde. Elle ne souffrait même pas d'une otite. Mon bébé se portait comme un charme et grandirait aussi bien que sa sœur Violène. Elle ferait la fierté de ses parents et continuerait à charmer les clients qui passaient dans la boutique. Je n'autorisais plus à personne la moindre inquiétude.

Un mois se déroula sans qu'aucun de nos amis ne décèle un problème quelconque chez la petite. Tout le monde la trouvait particulièrement éveillée pour son âge et ravissante. Les éloges pleuvaient. Et puis un jour, alors que Sophie allait avoir onze mois, Josette et Alain, nos amis de toujours, tirèrent une fois encore la sonnette d'alarme. Notre fille avait un problème. Les sons ne lui parvenaient pas, sinon son regard aurait changé selon les musiques, les chants des oiseaux, le ronronnement de la ville. Quelque chose clochait. Je devais moi-même sentir le danger. Car cette fois, je ne feignais pas d'ignorer leurs remarques comme je l'avais fait avec Adèle ou ma mère. Je les écoutais. Et le lendemain, sans attendre, je rappelais notre médecin traitant qui me renvoya chez l'ORL. J'avais l'impression de revivre le cauchemar que je m'étais tant efforcée d'oublier. À quelques détails près. L'ORL que j'avais déjà vu le mois précédent ne me conseilla pas d'aller consulter, ni ne me reprocha d'avoir un problème psychologique. Il ferait passer des examens à la petite, l'endormirait pour qu'elle ne sente rien et il nous faudrait attendre toute la journée. « Je reviendrai vous voir en fin d'après-midi pour vous communiquer les résultats, nous avertit-il tandis qu'on sortait ma fille de la chambre d'hôpital. Vous pouvez rester ici. » Mon mari et moi lui avons obéi. Nous avons attendu et attendu. Tous les deux, la peur au ventre. En fait, je craignais davantage l'anesthésie que les examens en eux-mêmes. Le médecin l'avait dit : ma fille était en pleine forme. Aucune raison de s'en faire. Mais l'anesthésie ? J'avais déjà entendu parler de ces piqûres qu'on faisait pour endormir, parfois trop fortes. Et si elle ne se réveillait pas ? Si elle mourait après un simple examen de routine qui d'ailleurs ne révélerait rien puisque la petite était en parfaite santé. Finalement, au bout de quelques heures qui me semblèrent une éternité, des infirmières nous ramenèrent Sophie. « Il va vous falloir patienter. Une fois que votre fille sera réveillée, l'ORL passera vous voir. » Mon mari eut beau les interroger, elles refusèrent de nous communiquer les résultats. De mon côté, j'étais tellement contente de retrouver mon bébé que je ne m'agaçais pas. L'enfant avait supporté la piqûre aux mille dangers et ne tarderait pas à ouvrir sur moi ses beaux et grands yeux bleus. Quant au médecin, il était sûrement en train de consulter les analyses de Sophie. Une fois qu'il aurait bien vérifié qu'elle ne souffrait d'aucun mal, il reviendrait nous trouver. Je me concentrai sur le souffle de ma fille, sur sa poitrine qui montait et descendait. Une heure plus tard, elle ouvrit ses paupières sous mon regard tendre et maternel. Et c'est là que l'impatience a commencé. Enfermée entre quatre murs blancs, dans une chambre qui fait penser à la maladie ou même à la mort, l'angoisse éclot plus facilement. Mon mari et moi avions tellement envie de partir qu'on ne comprenait pas pourquoi on nous retenait. Pourquoi l'ORL, qui avait pourtant promis de revenir nous voir, ne passait décidément pas la porte ? Mon cœur commençait à battre plus vite, pressentant la gravité.

– Qu'est-ce qu'ils font, bon sang ?

Mon mari tournait en rond lui aussi. Quand on se retrouve bloqué quelque part sans explication, la colère monte plus vite. Et quand une infirmière nous rejoignit enfin, c'est sur elle que ma colère faillit éclater.

– Où est le docteur ? demandai-je aussitôt.

– Il a été retenu. C'est donc moi qui vais vous transmettre le diagnostic.

Je crois que pendant les quelque vingt minutes qui suivirent, le temps se suspendit. Un voile pétrifiant s'abattit sur la chambre. Encore aujourd'hui, les paroles de l'assistante médicale résonnent dans ma tête.

– Nous avons détecté une surdité bilatérale importante au moins à quatre-vingt-dix pour cent. Mais nous ne disposons pas des moyens techniques nécessaires pour en connaître exactement le degré, nous annonça-t-elle le plus calmement possible. Nous allons vous donner les coordonnées de l'hôpital Pellegrin, à Bordeaux. Vous devriez pouvoir obtenir un rendez-vous rapidement.

À cet instant-là, je me sentis submergée par une fureur débordante. Une vague inévitable. Où était-il passé cet ORL – ce lâche – qui, un mois plus tôt, me conseillait d'aller consulter, me garantissant que ma petite Sophie se portait comme un charme ? Dans quel recoin de l'hôpital se planquait-il, armé de sa fiche de résultats qui prouvait son incompétence ? Retenu... Mon mari et moi fulminions littéralement, sans comprendre comment notre fille avait pu devenir sourde en un mois. J'avais pris l'adresse de Bernard, mon beau-frère rhumatologue, au cas où. Je m'étais dit que, si nous ne comprenions pas vraiment de quoi souffrait Sophie, lui, qui avait fait les études appropriées, saurait nous l'expliquer. Avant de quitter la clinique, nous avons laissé ses coordonnées à l'accueil, demandant que l'ORL, qui n'avait pas eu le courage de nous affronter, ait au moins la décence d'écrire à Bernard, mon beau-frère. Lorsque nous avons quitté les couloirs blancs et l'odeur si particulière du milieu hospitalier, le monde semblait avoir changé avec le handicap de notre Sophie. Chaque son avait quelque chose d'insupportable. Le bruit des voitures, le murmure des feuilles dans le souffle du vent, le frémissement de l'eau courant le long des trottoirs, la musique qui passait à la radio. Toutes ces mélodies qu'elle n'entendrait jamais, brusquement condamnée au silence par la médecine.

Nous avons appelé Bernard, bien sûr. Puis l'hôpital de Bordeaux. La réceptionniste que j'eus au téléphone rallongea mon angoisse : deux mois. Deux mois avant d'obtenir un rendez-vous. Deux mois durant lesquels on ne cesserait de s'interroger sur ce que Sophie n'entendrait jamais. J'eus beau insister, teinter mes paroles de mon angoisse : rien à faire. La femme au téléphone continuait de me coller ce délai sur les bras. Alors je rappelai mon médecin : « S'il te plaît, s'il te plaît. Aide-nous. On n'arrivera jamais à tenir deux mois sans savoir exactement à quel point notre Sophie souffre. Pourrais-tu intervenir en notre faveur ? » Le Dr Bordes a tout de suite compris ma panique et s'est montré exceptionnel. J'imagine qu'il a dû passer une bonne partie de la journée au téléphone, jonglant avec ses confrères pour réussir à nous décrocher un rendez-vous trois jours plus tard. En y repensant aujourd'hui, je me dis que nous avons eu beaucoup de chance d'avoir bénéficié de son appui. Car j'ignore dans quel état m'auraient mise ces deux mois d'attente que je n'aurais de toute façon pas acceptés. Légèrement rassurée par son coup de fil, j'ai ensuite appelé tout le monde. Nos amis. Notre famille. Répétant sans cesse ce verdict qui était tombé sur nous comme une épée de Damoclès : sourde. Sourde. Sourde. Le soir même, j'observais mon bébé dans son lit, surtout son visage, à la recherche de traces quelconques indiquant son handicap. Je ne trouvais rien. Ses traits paisibles ne disaient pas son isolement, ce soir-là. Inutile de préciser que mon époux et moi n'avons quasiment pas fermé l'œil de la nuit, trop préoccupés par l'injustice qui nous accablait. Je me bouchais les oreilles à m'en faire mal pour me mettre dans la peau de ma Sophie.

Nous avons préparé le voyage à Bordeaux. Mon amie Josette a eu la gentillesse de garder la boutique et mon mari a posé sa journée dans l'entreprise qui l'employait. Je ne me rappelle pas le départ de l'appartement, ni le trajet en voiture. En revanche, je me souviens de la salle d'attente bondée du service ORL de l'hôpital Pellegrin, de tous ces enfants venus là pour soigner des maux proches de celui dont souffrait Sophie. Nous dûmes patienter longtemps avant d'être reçus par le médecin. Un homme calme et doux que l'innocence de ses patients avait rendu souriant. Nous lui exposâmes la situation, de son confrère au comportement scandaleux, de notre petite fille à laquelle on avait diagnostiqué une surdité sans nous fournir plus de précisions. Le spécialiste écouta avec attention, son regard bienveillant enveloppant notre enfant.

– Quand on la voit, comme ça, commença-t-il, on ne dirait pas qu'elle est sourde.

Même lui, le médecin qualifié, bardé de diplômes encadrés sur les murs, aurait pu se laisser prendre par la fourberie du handicap.

– Revenez dans deux jours. Nous allons lui faire passer une série d'examens. Ne vous inquiétez pas : ils sont indolores, elle sera endormie.

Deux jours. Encore. Attendre. Toujours attendre. Sans cesser de redouter le pire. Sans savoir comment nous réussirions à pénétrer la cage de silence qui s'était refermée sur notre bébé. Et Violène ? Jusque-là, mon époux Jean-Pierre et moi avions veillé à la protéger de nos angoisses. Nous nous étions arrangés pour la faire garder, pour pleurer dans notre chambre une fois que nous étions certains qu'elle dormait. Il faudrait bien lui annoncer cette nouvelle aux allures de condamnation. Mais j'avais encore tant de mal à parler de la surdité sans grelots dans la voix, ni larmes au coin des yeux. En sortant du cabinet ORL, mon mari et moi en avons discuté. Nous avons décidé de parler à Violène une fois que nous aurions les résultats de tous les examens complémentaires. Le verdict s'avéra sans appel : notre petite Sophie était sourde à plus de quatre-vingts pour cent. Et nous allions devoir mener un combat que je présageais sans fin. Je savais qu'il me faudrait bientôt fermer la boutique pour accompagner mon bébé dans son apprentissage, la conduire chez les médecins. Je savais que cette nouvelle changerait nos vies pour toujours. Mais je finirais par vaincre sa surdité. À mesure que s'enchaînèrent les rendez-vous à l'hôpital Pellegrin, une fois par semaine, destinés à évaluer les capacités auditives, une certitude s'ancrait en moi pour devenir bientôt indélogeable : ma fille parlerait et nous comprendrait. Qu'importent les obstacles à franchir pour atteindre cet objectif. Personne ne parviendrait à me faire changer d'avis. Ni la psychologue que je n'ai pas souhaité revoir – une espèce de trentenaire nonchalante – qui m'énuméra les difficultés des sourdes, leur faible QI et leurs capacités diminuées – ni ma belle-sœur qui me rebattait les oreilles avec l'école des sourds de Poitiers. Je tenais à tout prix à ce que Sophie puisse se fondre dans notre monde, le comprendre, communiquer et, par-dessus tout, je refusais de m'en séparer. Je voulais entendre sa voix. Et j'étais prête à tous les sacrifices pour ça. C'est à peu près à ce moment-là que nous avons parlé à Violène du handicap de sa sœur. Mon aînée n'avait que six ans. À cet âge-là, on ne mesure pas la gravité de la surdité. Mais les larmes que je n'ai pas su retenir ont suffi à lui faire comprendre que Sophie n'était pas tout à fait comme elle et que mon chagrin venait de cette différence. Ayant décidé que je me consacrerai entièrement à ma petite, nous avons longuement discuté avec Jean-Pierre au sujet de Violène. Nous voulions la préserver du cataclysme suscité par les déficiences de Sophie. Alors nous sommes convenus qu'il s'occuperait de l'aînée, tandis que je suivrais la cadette dans son apprentissage. Un parent pour chaque enfant qui leur vouerait à toutes deux un amour inconditionnel. Nous n'avons pas parlé de ça à Violène, mais nous lui avons expliqué que notre vie connaîtrait certains changements. Que nous allions laisser Sophie chez sa grand-mère et partir tous les trois pour Paris afin d'apprendre le LPC[1] dès qu'elle serait appareillée.

---

1. Le code LPC est un moyen pour les sourds, et notamment les enfants sourds, de recevoir la langue française par la vue, comme l'entendant la reçoit par l'ouïe.

– C'est quoi appareillé, Maman ? me demanda Violène, sans se douter de la peur que ce mot m'inspirait.

La voix tremblante, je lui ai expliqué : des demi-cercles couleur chair qui permettraient à sa sœur de percevoir des bribes de son, des morceaux de mélodie, des rumeurs lointaines. Des petits engins adaptés à ses oreilles qui ouvriraient une lucarne dans son bunker de silence et mettraient un peu de couleur dans son univers en noir et blanc. Après ça, elle ne m'a plus posé de questions. Me ménageait-elle ? Avait-elle vu mes yeux péniblement contenir la vague douloureuse qui enflait en moi ? Ou se contenta-t-elle de ma réponse ? Je l'ignore. Toujours est-il que le sujet ne fut plus jamais abordé.

Sophie allait sur ses vingt et un mois lorsque le Dr Bourdin, audioprothésiste à Bordeaux – auquel je voue encore aujourd'hui toute ma reconnaissance – plaça les appareils sur ses deux petites oreilles. Je me rappellerai toujours la douleur que j'ai éprouvée lorsque je l'emmenai au parc quelques jours plus tard. Ma petite jouait en toute innocence près du toboggan, inconsciente de la tempête qui m'animait. Je n'arrivais pas à détacher mes yeux de ses demi-lunes qui pesaient de chaque côté de son crâne. Ses cheveux châtains, trop courts et trop fins exhibaient son handicap et me serraient le cœur. Brusquement, incapable de me ressaisir, j'ai fondu sur elle pour coiffer cette chevelure clairsemée et masquer cette surdité qui m'empêchait, la nuit, de trouver le sommeil. Je crois n'avoir jamais autant pleuré que ce jour-là. Pleuré sur mon impuissance, sur le sort et ses caprices – ce sort qui avait voulu qu'elle naisse le jour de la Fête de la musique et ne puisse jamais en écouter. Voilà ce que je me disais en plaquant mes mains humides sur les tempes de Sophie pour couvrir ses appareils. Mais mon abattement ne dura pas. J'eus tellement l'impression de toucher le fond ce jour-là que je me ressaisissais dès mon retour à la maison, puisant dans mon ventre une force que je ne me soupçonnais pas et qui ne m'abandonnerait plus. Je pris d'abord la décision de fermer ma jolie boutique. En discutant avec l'équipe ORL de l'hôpital de Bordeaux, j'appris que Sophie avait besoin d'un soutien quotidien pour surmonter son handicap, qu'elle avait besoin d'espace aussi. Avec mon mari, nous convînmes donc de vendre le magasin et d'acheter une maison. Nous devions changer de vie, en forger une plus en adéquation avec la surdité de notre fille. Nous avons trouvé une ravissante bâtisse, juste à côté de Saint-Junien, avec un jardin paradisiaque et un étang, un horizon dégagé qui fait rêver de voyages. Ensuite, mon mari, Violène et moi sommes allés passer une journée à Paris pour apprendre le LPC, une méthode d'enseignement consistant à accompagner chaque parole d'un geste, à illustrer chaque mot d'un signe, pour permettre à Sophie de lire sur les lèvres. Je me suis appliquée, accrochée au LPC, dévorant tous les livres et vidéos sur le sujet, y calant tous mes espoirs. Mon époux et ma fille aînée abandonnèrent rapidement, préférant lui parler normalement, instaurer un environnement dans lequel elle baignerait bientôt. Pour la partie administrative, concernant son inscription à l'école maternelle à Glane et toute la paperasse qu'il fallait remplir afin de bénéficier des aides de l'État, mon amie Josette m'a beaucoup aidée. Suite à la naissance de sa fille Aurélie (un an avant que j'ai mis Violène au monde), elle fit une rupture d'anévrisme qui la laissa hémiplégique. Son savoir et son courage m'ont portée et encouragée. Quant à sa combativité, elle stimula beaucoup la mienne. Aujourd'hui, je réalise combien nous avons eu de la chance d'être si bien entourés. Même s'il faut tout de même admettre que le handicap de Sophie nous a poussés à faire un tri parmi nos amis, pour ne garder que les proches. Parmi eux figuraient Mimi et François ; Albert et Paulette aussi qui tenaient la librairie attenante à ma boutique. Ils nous ont apporté un soutien sans faille, ont participé aux travaux de la maison et, surtout, ont accompagné Sophie dans son éveil. Durant plusieurs années, et même une fois que mon bébé fût entré à la maternelle, Albert, instituteur, emmenait la petite en balade aux alentours de Saint-Junien. Au cours de ces promenades, il lui parlait avec une patience toute paternelle, s'arrêtait en chemin pour lui montrer les fleurs, articulant soigneusement pour lui en apprendre les noms. Avec le recul dont je dispose aujourd'hui, je sais que nous devons les progrès de Sophie à l'investissement de tous nos amis, de notre famille, sans oublier, bien sûr, le personnel médical. Il faut savoir que l'orthophoniste tient une place importante dans l'éducation d'un enfant atteint de surdité. Dès que ma fille fut appareillée, j'entrais en contact avec une jeune spécialiste qui m'avait été recommandée, une certaine Valérie. Ma première rencontre avec elle fut comparable à un coup de foudre ; lorsqu'elle posa son regard attendri sur ma Sophie, en prenant la voix douce que seules les mères maîtrisent, je sus qu'elle deviendrait comme sa deuxième maman. Et je ne m'étais pas trompée. Son investissement dans le suivi de ma fille fut total. Elle apprit le LPC, accompagna Sophie en classe trois fois par semaine, m'aida aussi dans son éducation. Il n'était pas toujours facile de gérer les caprices de la petite. Le matin surtout, quand j'allais la réveiller pour l'habiller, le choix de ses tenues donnait lieu à des guerres dont je craignais toujours de ressortir vaincue. Dans ces cas-là, c'est vers Valérie que je me tournais. Il m'arrivait même de l'appeler jusqu'à cinq fois par jour. Et elle s'est toujours montrée disponible. Grâce à elle, je réglais les crises matinales de la petite, en limitant son choix à trois tenues différentes. Valérie s'avérait être toujours de bon conseil. Malgré son jeune âge, elle trouvait les mots justes, le comportement adapté aux circonstances, le ton approprié. Quand je sentais l'abattement me guetter, Valérie me tirait vers le haut avec ses sourires.

Notre combat fut particulièrement soutenu les premiers temps. Dans ses jeunes années. Alors que les autres enfants enrichissaient leur vocabulaire, Sophie apprenait encore à s'exprimer. Je me souviens d'un événement en particulier, qui marqua la mémoire de notre famille. La petite devait avoir cinq ans à peine et Violène onze. À cette époque-là, mon mari revenait déjeuner à la maison et je m'arrangeais pour que le repas soit prêt à son arrivée. J'avais préparé des pâtes et alors que nous étions tous installés autour de la table, Sophie commença à chouiner. Ses grimaces et son regard implorant nous indiquèrent qu'elle voulait quelque chose. Mais elle n'avait pas les mots pour le dire et elle ne lisait pas encore tout à fait sur les lèvres. Nous aurions pu l'ignorer. Baisser les bras devant ses gémissements insensés, lui ordonner de se taire, lui montrer son assiette pour qu'elle mange son contenu sans rechigner. Nous aurions pu nier son handicap et prendre notre repas comme si de rien n'était. Mais nous tenions absolument à la comprendre, à lui prouver que nous cherchions à la rendre heureuse et surtout que nous l'écoutions, que ses souhaits trouvaient chez nous une oreille attentive. Alors nous avons vidé les placards. Mon mari, Violène et moi avons sorti les paquets de biscuits, de pain, lui avons présenté les fromages, avons aligné les boîtes de conserve sans prêter la moindre attention au plat qui refroidissait sur la table. Au bout de trois quarts d'heure, la petite qui n'avait pas cessé de secouer la tête, ouvrit de gros yeux devant une tomate. Rouge. Ce qu'elle voulait était rouge. Je filai donc dans la cuisine et en rapportai toutes les denrées de cette couleur. Le sourire que Sophie nous décocha lorsque son regard tomba sur le bocal de sauce tomate récompensa tous nos efforts. Et même si son père dut retourner travailler le ventre vide, je sais qu'il s'y rendit le cœur léger, ravi de cette victoire que nous avions remportée ensemble sur le handicap.

Cette scène pourrait vous sembler anodine. Pourtant, elle illustre très bien le combat imposé par la surdité lorsqu'il s'agit de communiquer. Et aujourd'hui, quand je vois ma petite Sophie s'exprimer à la télévision sans problème, vivre son indépendance et son amour avec Davy, bref tout ce chemin parcouru, je me dis que nous l'avons gagnée, cette guerre. J'y pense chaque fois que je la vois tenir une conversation avec des entendants, lire sur les lèvres d'inconnus. J'ai réussi à lui ouvrir certaines des portes que son handicap semblait avoir fermées. Ainsi puis-je me permettre maintenant, non sans fierté, de lui laisser la parole dans ce livre. Celui-ci, je l'espère, redonnera courage aux familles qui se trouvent confrontées au handicap.

Héléne Vouzelaud

Première partie

Mes premiers mots

CHAPITRE I

J'ai toujours eu peur du noir...

J'ai toujours eu peur du noir. De l'obscurité totale. Je n'arrive pas à m'endormir sans la lumière dans le couloir. Je vais même parfois dans le lit de Papa et Maman pour me rassurer. Je n'entends rien sans mes appareils. Alors quand je ferme les paupières, j'ai l'impression d'être en prison, le sentiment d'étouffer. À force, mes yeux sont devenus mes oreilles. Et quand l'ombre vient manger la lumière, je deviens complètement vulnérable. Du coup, j'adore le jour. Le matin, quand tout s'éclaire. Voir la cime des arbres renvoyer les rayons du soleil. Le jardin à l'arrière de la maison passer du gris au vert. Les poules et les canards s'agiter près de la volière. Parce que depuis toujours, il me faut voir pour comprendre. C'est mes yeux qui donnent du sens aux choses, qui sont mes fenêtres sur le monde.

Maman vient de sortir de ma chambre. Elle est passée me réveiller. Sans elle, je ne sais pas quand il faut ouvrir les paupières. Aucun son ne peut me tirer du sommeil. On doit me toucher, appuyer sur mon bras pour que mes rêves s'arrêtent. Il paraît qu'il existe une machine spéciale pour les sourds, un réveil adapté qui vibre sous l'oreiller. Mais il coûte très cher. Et puis j'aime bien voir le sourire de Maman m'introduire dans la journée. Ça m'aide à me faire à l'idée que je vais à l'école.

Elle m'a déposé trois tenues sur le lit. De trois couleurs différentes. Je passe lentement mes mains sur les tissus pour choisir le plus doux. Le rose sera très bien. Ensuite, je m'habille lentement. En passant le chemisier, je souris. J'aime les vêtements. Le contact de l'étoffe sur ma peau. Les week-ends, Maman m'autorise à fouiller dans son armoire, à lui piquer ses fringues qui la rendent si belle, ses chaussures qui la font si grande. Et pendant l'espace d'un après-midi, je deviens « Mme Vouzelaud », l'indestructible. Ça me plaît.

– Sophie ? Le petit déjeuner est prêt.

Lèvres bien dessinées, aux contours rouges qui remuent au rythme de sa main et je comprends. Maman me demande de descendre dans la cuisine.

– Enlève tes doigts de ta bouche, Sophie.

Je grogne. Ça me rassure, moi, de caler mon index et mon majeur sur ma langue. C'est pas si grave de téter ses doigts. Pourtant j'obéis. Je les remettrai dans ma bouche plus tard, quand il me faudra passer les grilles blanches de l'école. Ça m'aidera à ralentir les battements de mon cœur.

Quand j'arrive dans la cuisine, Violène est déjà là, le nez collé dans son chocolat chaud. Elle lève à peine sa tête et me décoche un sourire en me disant bonjour. Ma sœur est secrète. Les effusions ça n'a jamais été son truc. J'apprends à déceler ce qu'elle ressent dans les plis de son front ou les chemins que tracent ses sourires au coin de ses yeux. Mais je n'ai jamais douté de son amour. Aussi fort que les liens du sang. La preuve : elle me comprend toujours. Parfois même avant que je me sois exprimée. Je m'assois à côté d'elle en saluant mon papa. Il est grand et fort, puissant comme une montagne. Avec lui à mes côtés, il ne peut rien m'arriver, c'est sûr. Son corps fait barrage. Je le regarde me servir mon lait chaud en me disant que je n'ai pas envie de m'en éloigner. Surtout pour aller à l'école.

C'est tellement fatigant, ça me demande tellement d'efforts de suivre en classe. Heureusement que l'instituteur est patient. Il a agencé la salle de façon à ce que je puisse avoir une vue sur la classe. Il m'a placée au centre à droite, dos à la fenêtre pour me permettre de lire sur ses lèvres et sur celles des autres élèves. Mais il n'empêche que ça m'épuise de rester concentrée si longtemps sur des visages, de m'accrocher à leurs traits pour en faire des mots, de compléter les phrases prononcées trop vite. Une minute d'inattention et je peux perdre le fil.

– Tu as préparé ton sac, Sophie ? me demande Maman en souriant.

Je hoche la tête, en réprimant un soupir. J'ai pratiquement terminé mon chocolat. Il va falloir y aller, me mêler de nouveau aux autres, à l'école.

– N'oublie pas ta peluche, ajoute Maman déjà prête à partir.

Je me lève en soufflant pour aller choisir le compagnon que je vais emporter avec moi. Après la fermeture du magasin, ma mère a rapporté à la maison la plupart des jouets qui le décoraient. Je garde quelques images de cette époque. Des rayons interminables de vêtements plus jolis les uns que les autres. Des grands miroirs qui me permettaient de jouer avec mon reflet. Des défilés de couleurs. Et moi qui essayais de m'y cacher. L'odeur particulière de l'arrière-boutique qui donnait sur une petite cour paisible et lumineuse. Ce sont peut-être ces souvenirs qui m'attachent autant à ces peluches.

Après quelques minutes de réflexion, j'opte pour un ourson rose, assorti à mon chemisier. Je le cale entre mes petits bras et plaque contre ma poitrine ce personnage silencieux qui me permettra de me sentir moins seule. Ensuite, je suis Maman, armée de mon cartable, jusqu'à la voiture. En sortant, mon regard s'arrête un moment sur la cabane que Papa m'a construite. Une petite maisonnette devenue mon refuge. J'y aurais bien passé ma journée avec mon armée de poupées, à l'abri.

– Sophie, tu viens ?

Maman agite la main pour détourner mon attention de ce jardin qui me retient. Serrant Nounours plus fort, je vais lentement la rejoindre. J'ai beau quitter cette maison pratiquement tous les matins, je n'aime pas ce rituel. Les séparations, tout ça. M'arracher à la sécurité de mon foyer et de la famille pour retrouver l'école Chantemerle. Heureusement qu'on m'autorise à emporter une peluche avec moi.

– Je rentre déjeuner à la maison aujourd'hui, hein, Maman ?

– Oui, je viendrai te chercher, ne t'inquiète pas, me répond-elle en démarrant la voiture qui fait vibrer le siège arrière.

Elle sait que je n'aime pas la cantine. Trop de monde. Trop d'enfants partout. Impossible de lire sur toutes les lèvres, de trouver une place qui me donnerait une vue d'ensemble du réfectoire. Et puis je préfère de loin les petits plats de Maman à la nourriture bizarre qu'on y sert, le calme de la maison à l'agitation de la cantine. Alors, la plupart du temps, je demande à ma mère de passer me prendre. Ça me permet de relâcher un peu ma concentration, de recharger les batteries pour affronter l'après-midi.

– Valérie va venir avec toi en classe aujourd'hui, non ?

En voyant le nom de mon orthophoniste fleurir sur la bouche de Maman, un sourire décore aussitôt mon visage. J'avais oublié que c'était son jour aujourd'hui. En l'imaginant m'attendre devant la porte de la classe, mes bras relâchent aussitôt l'ourson. Mon corps se détend, je me figure déjà son visage lumineux et tendre, sa bouche expressive que je connais aussi bien que celle de mes parents désormais. Sa main fine et chaude se poser sur mon épaule pour attirer mon attention sans me faire sursauter. Les regards admiratifs des autres élèves qui apprécient sa présence autant que moi. Les journées de classe passent plus vite quand Valérie se trouve à mes côtés. Elle me traduit tout en LPC, m'explique lorsque je n'ai pas compris, me sourit quand elle sent que j'ai besoin d'encouragements. Les autres jours, il y a bien ma copine Marie pour me filer un coup de main. Pour répéter en articulant soigneusement si la consigne de l'instituteur m'a échappé. Mais mon orthophoniste ajoute des gestes près de sa bouche et ça me demande moins d'efforts du coup pour les décrypter.

– Oui, elle va venir aujourd'hui, je suis contente, dis-je à Maman tandis qu'on arrive devant l'école.

La grande cour de récréation fourmille déjà d'élèves. Certains courent entre les arbres. D'autres jouent aux billes ou à la marelle. Les bâtiments sur un étage s'étendent les uns derrière les autres. Le gymnase, puis les classes avec leurs grandes fenêtres qui laissent entrer la lumière. Je cherche Marie ou Valérie des yeux. Je n'aime pas traverser la cour toute seule. Sentir les yeux sur moi, deviner des murmures. Si quelqu'un m'accompagne, son corps fait bouclier et me protège. C'est alors que Maman tapote sur mon épaule.

– Regarde, Marie t'attend près de la grille, me dit-elle en désignant un endroit un peu en retrait près de l'entrée.

Je l'aperçois presque aussitôt. Petite et ronde avec les cheveux châtains. Elle agite sa main pour m'inviter à la rejoindre. Je suis soulagée. Sa présence va m'épargner l'angoisse de la traversée. Cette journée se passera bien. Je le sais désormais.

– À tout à l'heure, Maman !

*

* *

– M. Godet a insisté pour que tu participes au voyage dans les Pyrénées.

Ma mère m'annonce ça de but en blanc. À table. Pendant le petit déjeuner. Violène et Papa attendent ma réaction. Et elle ne tarde pas. Instinctive.

– Non !

M. Godet est le directeur de l'école Chantemerle. C'est un homme grand, immense en fait, avec des cheveux bruns et bouclés. Son visage sévère fait automatiquement penser à la punition. Et la simple mention de son nom me fait un peu peur.

– Non, je ne veux pas y aller ! dis-je en croisant les bras.

Je refuse de partir plusieurs jours sans ma famille. Je me sens trop vulnérable sans eux, à la merci de l'incompréhension, du danger que recèle le silence. Maman pose sur moi un regard attendri. Je vois bien dans ses yeux qu'elle non plus, elle n'a pas envie que je m'éloigne d'elle. Je vois bien sur son front les marques de l'inquiétude. Elle sait très bien que j'ai peur du noir, que je m'endors plus facilement avec l'idée que je peux aller me réfugier dans sa chambre si je fais un cauchemar, que je crains d'être exclue plusieurs jours durant. Je suis sûre qu'elle me comprend.

– Sophie, calme-toi, m'ordonne Papa sur un ton doux.

Je bougonne. Pas envie de me calmer. L'instituteur a parlé de ce voyage en classe la dernière fois. Il a dit qu'il voulait nous emmener, nous, les CM2 avec les CM1 dans les Pyrénées pendant quatre jours. J'ai senti l'excitation gagner la classe, les élèves qui se dandinaient sur leur siège à l'idée de se retrouver tout seuls, sans leurs parents. Mais moi, ça m'angoisse. S'ils étaient sourds comme moi, ils comprendraient.

– On va y réfléchir, d'accord ? M. Godet veut nous voir toutes les deux dans son bureau ce soir. On ira ensemble, m'explique Maman avant de se glisser derrière moi pour m'embrasser.

Je ne réponds pas. Mais au fond, ma décision est prise et je ne changerai pas d'avis. Pas moyen que j'y aille, dans les Pyrénées. Je ne vois pas ce que je pourrais bien y découvrir. L'instituteur a parlé de montagnes et de nature. De forêts et de ruisseaux. Il y a tout ce qu'il faut dans mon jardin. Les arbres, le gazon, l'étang. Les poules et les canards. Mes chats surtout qui viennent vibrer contre mes jambes. Qu'est-ce que je trouverais là-bas qu'il n'y a pas déjà ici ?

– Sophie, va prendre ta peluche, sinon on sera en retard à l'école.

Je me lève de table en boudant, m'accrochant fermement à ce « non » qui est tombé de ma bouche quelques minutes plus tôt. Quand je me retrouve devant les peluches de l'entrée, mon regard est aussitôt attiré par le prédateur. La petite panthère calée sur la droite. Tout à fait appropriée aux circonstances. La tirant du lot, je la colle aussitôt à mon cœur pour me redonner de l'assurance. Avec elle dans les bras, je serai plus forte, j'arriverai à maintenir ma position : hors de question que je mette les pieds dans ce camp de vacances !

*

* *

– Je crois que ce serait bien pour votre fille de passer ces quelques jours avec ses camarades, dit M. Godet en articulant pour que je saisisse le sens de ses mots.

J'ignore si c'est la présence de Maman ou l'objet de l'entretien, mais il me jette un regard plus doux. Lui que je crains d'habitude, je le trouve presque gentil aujourd'hui.

– Je n'aime pas trop me séparer de ma fille, vous savez.

Je devine les mots de Maman plus que je ne les lis sur ses lèvres. Je la connais si bien ma mère qu'il m'arrive de déduire ses paroles des traits crispés de son visage.

– J'accompagne les élèves durant ce voyage, commence le directeur. Je veillerai sur elle, je vous le promets.

Je sens que Maman fléchit. À ses mains qui s'ouvrent, son sourire hésitant. Mon cœur s'emballe dans ma poitrine à l'idée d'un départ, d'un éloignement. Pourtant, il faut bien me rendre à l'évidence : l'idée est tentante. Me retrouver avec des camarades de classe pendant quelques jours, m'insérer dans leur groupe. Et puis Marie y sera. Elle saura me protéger s'il arrive quelque chose.

– Sophie, tu aimerais aller dans les Pyrénées avec ta classe ?

Je vois l'issue dans le regard de Maman. L'échappatoire. Si je réponds non, elle m'appuiera. Je resterai à la maison, ne connaîtrai ni la peur ni l'exclusion. Je ne percevrai que des sons familiers et non la rumeur inconnue et parfois étourdissante des enfants qui jouent à crier.

Pourtant, comme malgré moi, j'amorce un hochement de tête discret en serrant ma peluche.

– Tu es sûre ? me demande-t-elle en posant sa main sur ma cuisse. M. Godet a les yeux qui brillent. Sa satisfaction creuse sa joue, une petite ridule qui me confirme sa gentillesse. À sa posture, je pressens qu'il tiendra sa promesse et veillera sur moi.

– Oui, dis-je avec un sourire timide.

– Parfait. Alors le départ est prévu dans deux semaines. Nous avons distribué aux élèves une liste de vêtements et d'effets à prévoir...

Tandis que le directeur explique le déroulement du voyage à Maman, sa main se crispe légèrement sur son genou. Elle l'écoute, en le regardant dans les yeux, mais son angoisse la rend inattentive. En le réalisant, j'entrelace ses longs doigts avec les miens pour la rassurer. Malgré mon inquiétude. Je veux lui montrer que je suis forte, que je parviendrai à affronter la séparation, les autres, que je peux être une petite fille comme les autres. Je tiens à lui prouver que ma surdité n'entame pas mon courage et que je saurai me montrer à la hauteur. À l'issue de l'entretien, M. Godet contourne son bureau massif et s'agenouille pour se placer à ma hauteur. Je ne suis pas habituée à le voir d'aussi près, à ne pas être obligée de lever la tête pour lui parler. Instinctivement, je resserre mon étreinte sur la panthère.

– Tu vas bien t'amuser, tu verras, m'assure-t-il avec un joli sourire.

*

* *

Maman et moi, on patiente dans la salle d'attente. Elle feuillette un magazine rempli de photos de jolies femmes avec des robes que moi aussi j'aimerais bien porter un jour. Parfois, il m'arrive de faire courir mes yeux sur les pages lisses et brillantes qui exposent des visages bien maquillés et des sourires rayonnants. Je me prends alors à rêver de défilés, de tissus soyeux aux couleurs éclatantes, de chaussures fines à talons comme celles que je vole à Maman pour jouer les grandes. Aujourd'hui pourtant, j'ai choisi un des livres pour enfants laissés sur la seule table à ma hauteur dans la salle. Pour regarder les dessins. Comme je ne comprends rien aux dessins animés parlants, je me contente des ouvrages illustrés où les paroles des personnages sont écrites. La dernière fois, Violène regardait *La Belle et la Bête* à la télé. J'ai bien essayé de saisir le gros de l'histoire. Mais beaucoup de choses m'échappaient comme cette histoire de rose au début, qu'une sorcière déguisée en princesse offre au prince charmant. J'ai deviné que le garçon avait dû faire quelque chose de mal pour se retrouver changé en monstre. En revanche, je n'ai pas réussi à comprendre pourquoi il avait mis la rose sous une cage en verre. Je n'ai pas osé déranger ma sœur en lui posant la question. Et puis c'est agaçant de devoir se concentrer à la fois sur l'image et les lèvres de votre voisin qui vous traduit ce qui s'y passe. Du coup, je préfère les dessins animés muets comme *Tom et Jerry*, *Titi et Gros Minet* ou *Bip-Bip et Coyote*. Parce qu'ils ne me renvoient pas à mes oreilles défectueuses, que je n'ai besoin de personne pour m'expliquer ce qui arrive aux personnages. Je regrette simplement que ces programmes soient si courts.

*

* *

Quelqu'un tapote sur mon épaule. Lorsque je me retourne, le sourire de Valérie, mon orthophoniste, me dit bonjour. Je lui réponds en fermant mon livre puis regarde les lèvres de Maman et ses doigts qui caressent ma joue pour m'informer qu'elle viendra me chercher à la fin de la séance. Après l'avoir embrassée, j'inscris mes petits pieds dans les pas de ma protectrice qui traverse le couloir avant d'ouvrir la porte de son bureau. Le doux parfum de Valérie plane dans la pièce. Odeur fruitée qui me rassure toujours lorsqu'elle m'enveloppe en classe. Elle va s'asseoir derrière son gros bureau et m'invite à m'installer en face d'elle. La nuit ayant commencé à tomber, elle a allumé les lumières. Les livres amassés sur les étagères jettent de belles ombres sur les murs.

– Alors, comment vas-tu aujourd'hui, Sophie ? me demande-t-elle, son joli visage attentif.

À chaque séance, elle commence par me poser cette question. Elle veut savoir comment ça se passe à la maison et à l'école avant de me faire travailler. On papote quelques minutes pour préparer mon esprit à l'effort. Je lui parle de Marie, de l'instituteur (qu'elle connaît puisqu'elle les voit quand elle vient à l'école). Je lui raconte mes disputes avec Violène, mes jeux dans le jardin ; parfois Valérie me dévoile un peu de son intimité. Elle me donne quelques détails sur sa famille, sur ses enfants. Et quand elle mentionne ses fils ou son compagnon, son regard luit de tendresse, son visage transpire d'amour. Tant d'affection dans une si jeune femme. Tellement d'empathie. Quand on discute comme ça, je ressors de la séance plus confiante. Comme si toute la bienveillance débordant de mon orthophoniste regonflait mon ventre et mon cœur. Je me sens prête à tout affronter, invulnérable un peu. Particulièrement les jours où, emportées par nos échanges, on en oublie les exercices de prononciation, de compréhension, etc., pour n'être que des amies.

– Ça va, dis-je sans conviction.

– Tu es sûre ? me demande-t-elle en haussant légèrement ses jolis sourcils bruns.

Valérie n'est peut-être pas sourde, mais elle sait, comme moi, lire sur les visages. Elle a perçu l'inquiétude dans mon sourire forcé ou dans ma voix que je ne connais pas encore assez bien pour la maîtriser.

– Ben... il y a ce voyage dans les Pyrénées...

Je baisse les yeux, ignorant quoi ajouter. En sortant du bureau de M. Godet tout à l'heure, je me sentais le courage de partir, de quitter ma famille quelques jours pour me retrouver avec la classe. J'avais même éprouvé une forme d'excitation. Mais maintenant que Maman n'est plus là, que je n'ai plus à la rassurer avec mon dos droit et mon visage ravi, mon assurance s'écaille.

– Oui, ta maman m'en a parlé. Elle m'a dit que tu voulais y participer. Ce n'est pas le cas ? me demande-t-elle en se penchant vers mois.

– Si... enfin...

– Tu as un peu peur. Et c'est normal. Mais ça va très bien se passer, commence-t-elle.

Ensuite, Valérie poursuit en énumérant les avantages de ce périple. Découvrir un nouvel endroit, se rapprocher des autres élèves, se faire de nouveaux amis. Elle me vend les Pyrénées comme M. Godet un peu plus tôt. Sauf que je connais mieux mon orthophoniste. Je sais qu'elle ne m'encouragerait pas à partir si c'était dangereux. Parce qu'elle est comme ma maman. Elle me protège. Ainsi ses arguments parviennent-ils à lever mes craintes, à détendre mon corps ankylosé par l'angoisse. À la fin de son discours, je sens même un sourire fleurir sur mes lèvres en songeant à toutes les promesses de ce voyage.

– Je compte sur toi pour tout me raconter dès ton retour, ajoute-t-elle en croisant ses mains sur la table.

– Promis, lui dis-je.

– Bien. Et maintenant, au travail !

Sur ces mots, Valérie sort le dossier rempli d'images qu'il va me falloir identifier puis nommer. Ensuite, je devrai faire des phrases. Il arrive que les exercices soient plus difficiles. Quand l'orthophoniste sort des petits flacons et transforme son bureau en cabinet d'apothicaire, la séance prend des allures de devinettes compliquées. Chaque fiole renferme une odeur particulière : celle d'un fruit ou d'un plat. Une fois que je l'ai respirée, je dois essorer mon esprit pour en tirer une image puis le mot qui convient. Je peux mettre plusieurs dizaines de minutes avant d'arriver à un résultat. Une fois sur quatre, je tombe à côté. Dans ces cas-là, je recolle mon nez au flacon pour l'inhaler jusqu'à la nausée. Et quand la séance se termine, je sors du bureau en titubant presque. Du coup, je préfère m'écorcher les yeux sur des images. Moins d'effets secondaires.

– Qu'est-ce que c'est ? me demande-t-elle en passant un carré en carton devant moi.

Un rond avec quatre pattes.

– Une chaise ?

– Pas tout à fait, objecte-t-elle.

Je suis sûre que j'ai déjà vu un objet pareil. J'essaie de me rappeler où. Un décor s'installe dans mon esprit : ma classe. Au coin à gauche près du tableau.

– Un tabouret ?

– Très bien.

Je soupire de soulagement, tandis que Valérie m'écrit le mot que j'ai trouvé sur un bout de papier. J'adore cette partie de l'exercice, lorsqu'elle s'empare d'un stylo et trace les lettres à l'envers pour me permettre de les lire à mesure qu'elle les dessine. J'ai essayé plusieurs fois de l'imiter dans le secret de ma chambre le soir. Mais je n'ai réussi qu'à former des termes grotesques, des « e » déformés, des « t » sans barre. Pourtant, quand on la regarde faire, ça paraît si simple. Comme si le mot naissait tout seul sur le papier. Après avoir répété ce terme plusieurs fois, on passe à une autre image. Puis une autre. Les cartons se succèdent et chaque fois qu'un nouveau se présente, mon cœur se serre un peu. Je n'aime pas échouer. Rester une heure sur le même objet à fouiller dans mon esprit, sans rien trouver. Quitter son cabinet en sachant que Valérie me montrera inlassablement le même dessin jusqu'à ce que je sois capable de prononcer le mot magique qui m'en libérera enfin. Au bout d'une heure, Valérie lève la tête et jette un coup d'œil vers la porte.

– Entrez, dit-elle.

Maman introduit sa jolie tête dans l'embrasure.

– Tout s'est bien passé ? demande-t-elle en entrant.

À la fin des séances, Maman discute toujours avec Valérie pour dresser un bilan, parler de mes progrès ou de mes difficultés. Mais je sais à la façon dont leurs visages s'expriment que leur relation n'est pas seulement celle d'un spécialiste avec la mère d'une patiente. Depuis le temps que Valérie m'accompagne, elle est quasiment devenue un membre de la famille à part entière. Quand mon handicap déroute ma mère, qu'elle ignore comment y réagir, elle appelle Valérie et raccroche toujours avec un sourire et les indices du soulagement sur son visage. Alors non, cette femme n'est pas qu'une orthophoniste parmi tant d'autres. C'est une magicienne.

– Oui, très bien. Sophie a très bien travaillé aujourd'hui.

Chaque fois que je lis cette phrase sur ses lèvres, je ne peux réprimer un sourire. Satisfaite de la maigre victoire que je remporte sur ma surdité. Un jour, je pourrai m'exprimer devant la classe ou en public. Dire ce que je ressens. Briser le mur de silence qui me sépare si souvent des autres. Bientôt, je vaincrai la peur de ne pas être comprise ou de ne pas comprendre. Je parviendrai à retenir mes camarades qui, se lassant très vite de devoir tendre l'oreille ou articuler pour communiquer avec moi, vont et viennent comme des animaux sauvages refusant d'être apprivoisés. Dans quelques années, je ne craindrai plus les moqueries. Je forcerai l'admiration. Une autre personne, Martine Taupin, venait deux fois par semaine m'aider pour les devoirs.

– Les Pyrénées...

Maman aussi a besoin d'être rassurée. Inutile que je les observe pour entendre ce qu'elles se disent. Je le devine. « Est-ce bien sérieux ? » demandera ma mère. « Elle est petite encore. » Et c'est vrai que je ne me sens pas grande. Pourtant, ce voyage pourrait marquer le commencement de quelque chose, prouver que je suis capable de faire taire mes peurs pour me lancer dans un inconnu en silence. J'ai envie d'essayer. De voir jusqu'où ce périple me conduira. Et pour la première fois, j'étais décidée à m'écouter.

*

* *

Maman m'a lâché la main en donnant tout un tas de recommandations au professeur, distrait par la foule d'élèves agglutinée devant le bus. Je sens les sanglots se bousculer dans ma gorge en m'éloignant. Mes camarades trépignent, rient et discutent. Aucun d'eux ne pleure à l'idée de quitter ses parents. Alors que moi, j'ai l'impression que mon cœur s'est perdu et qu'une moitié est restée avec Maman. En montant dans l'autocar, je serrai ma peluche contre moi pour contenir mes larmes. « Tu peux encore tout annuler. Ta mère est à quelques mètres. Il te suffit de faire demi-tour et de courir dans ses bras. Tu sais bien qu'elle ne te rejettera pas ! », me conseille mon âme craintive. Je secoue la tête pour retrouver mon silence et la lève pour repérer une place. Je n'aime pas les cars. Impossible d'avoir une vue panoramique des visages dans ces véhicules. Où que je m'assoie, je ne pourrai voir que des têtes chevelues, des profils insensés. Je ne saurai jamais ce qui se dit. Condamnée au mutisme. Finalement, je choisis de m'installer côté fenêtre, sur un rang laissé vide. Je suis persuadée que personne ne viendra s'asseoir à côté de moi, qu'on évitera le siège imposant le silence ou l'effort à celui qui l'occupe. Même Marie.

Derrière la vitre, Maman fait de grands signes, agite ses bras, les yeux embués. Dès que je l'aperçois, une larme s'échappe de mon œil pour courir le long de ma joue. Puis une autre et encore une autre. Quand le bus se met en mouvement, que les vibrations du moteur viennent chatouiller mes cuisses, j'ai le visage inondé. Et il n'y a que ma peluche pour les essuyer.

Pendant une bonne partie du voyage, je n'ai pas pu regarder le paysage défiler derrière la vitre ; mes yeux étaient trop voilés. Mais j'ai vu le chemin de terre, creusé à flanc de montagne, conduisant au bâtiment que nous allions tous habiter. Un endroit tout entouré d'arbres le protégeant des assauts du vent. Si bien que quand le car s'arrête, j'ai le pressentiment que je vais peut-être apprécier ces vacances.

Mes camarades se précipitent dehors, impatients de découvrir leur future chambre. Le professeur a dressé une liste sur laquelle figurent les groupes correspondant à chaque dortoir. Je me réjouis d'apprendre que je vais partager celui de Marie, Fanny et Noémie, mon amie et deux autres petites au visage sympathique et bienveillant. Chacun récupère son sac avant d'aller envahir la bâtisse. Mon nounours toujours collé à ma poitrine, je suis le mouvement à mon rythme ; le bâtiment sent la campagne, le renfermé. Des odeurs qui ont vécu emplissent l'atmosphère. Notre chambre se trouve au premier étage et compte deux lits superposés. Un détail qui m'aide à me sentir à l'aise parce que j'ai le même à la maison.

– Je peux prendre celui du bas ? dis-je à mes trois copines qui déballent déjà leurs affaires.

– Bien sûr, répond Noémie avec un sourire qui me prouve sa sincérité.

Au fil de la soirée, je me suis détendue. J'ai progressivement relâché ma peluche, sans pour autant m'en séparer et j'ai participé aux activités prévues par le professeur avec enthousiasme. Après le dîner – moins mauvais qu'à la cantine –, quand je me suis retrouvée calée dans mon lit, j'ai pensé à Valérie avant de m'endormir. Elle avait eu raison finalement : c'était agréable de se sentir comme les autres petites filles.

Le lendemain matin, on est tous partis se promener dans la nature. L'instituteur, avant de quitter le bâtiment, m'a demandé de bien rester derrière lui et m'a fait promettre de ne pas m'éloigner. Une promesse que je me serais bien gardée de briser. Je n'avais aucune envie de me perdre. Alors, obéissante, je m'amusais à placer mes pas dans les siens, suivant des yeux les montagnes verdoyantes que j'avais aperçues la veille, dans la cage en verre de l'autocar. Je nichais mes pupilles en haut des arbres, contemplais les ruisseaux qui serpentaient le long du chemin. Quand on s'est arrêtés près d'une rivière pour remplir nos bouteilles et déjeuner, je suis restée longtemps à regarder l'onde transparente qui jouait les miroirs. Certains de mes camarades se sont aspergés, bien sûr. Et l'instituteur les a réprimandés. Mais j'ai bien vu, à son regard rieur, qu'il les grondait avec moins de conviction que lorsque ça chahutait en classe. Après le pique-nique, on a repris le chemin de pierres qui nous ramenait aux dortoirs et le professeur a procédé à la distribution du courrier. Il brandissait chaque enveloppe en criant le nom du destinataire. Moi, je me suis assise en retrait ; j'ai observé mes camarades décacheter leur lettre avec hâte, le cœur serré. Avant de quitter la maison, j'avais demandé à Maman de ne pas m'écrire. Je voulais éviter de me mettre à pleurer devant tout le monde en découvrant son écriture ample et familière ; je m'étais dit que je vivrais mieux la séparation sans carte postale ni photo. Pourtant, en apercevant les visages ravis de Noémie et Marie en parcourant leur courrier, je regrettais d'avoir tant présumé de mes forces. Ainsi, après la distribution, ai-je senti mon corps s'alourdir et mes paupières trembler comme mes lèvres sous l'assaut des sanglots. J'abordais la fin d'après-midi avec une certaine amertume, redoublant d'efforts pour accrocher un sourire à ma face. Et le soir venu, quand je fus plongée dans cette obscurité que j'ai toujours redoutée, j'ai enfoui ma tête dans mon oreiller pour étouffer mon chagrin d'enfant.

La journée du lendemain se déroula sur le même mode que la précédente.

À quelques exceptions près : nous étions le 20 juin – la veille de mon anniversaire –, l'absence de ma famille se faisait donc plus durement sentir. Et je redoutais, plus que la veille, la distribution du courrier. J'étais donc d'humeur un peu mélancolique malgré les efforts de Marie, Fanny et Noémie pour me distraire. Après la promenade quotidienne, lorsque l'instituteur alla récupérer les précieux messages d'affection envoyés par les parents, je cherchais un endroit où me cacher pour être sûre de ne pas les voir, de ne pas les entendre exprimer leur bonheur à coups de sourires et d'expressions. Je trouvais un banc, légèrement à l'écart, d'où M. Godet pourrait m'apercevoir et détournais la tête pour me protéger. Ma peluche serrée contre moi, je songeais à Maman, à Papa et à Violène. J'essayais de les imaginer dans le contexte familier et sécurisant de la maison, en train de déjeuner tous ensemble dans la salle à manger, la lumière déclinant sur les arbres du jardin. Et tandis que je serrais les dents pour empêcher ma tristesse d'éclater sur mon visage, une main large et puissante se déposa sur mon épaule. Levant mes yeux brouillés de larmes, je découvris la silhouette familière et aimable de mon instituteur. Il affichait un sourire encourageant et tenait à la main une carte postale. Une vue de Saint-Junien qu'il me présenta.

– C'est pour toi, me déclara-t-il en arrondissant bien ses lèvres pour que je le comprenne.

Calant soigneusement la peluche à côté de moi, je m'emparai de la lettre cartonnée et lisse, en clignant plusieurs fois des paupières pour m'assurer que je ne rêvais pas. Et tout mon corps se détendit lorsque mon regard suivit les courbes familières des mots, comme des chemins qui me ramenaient à la maison. « *Ma chère Sophie, je sais que tu ne voulais pas recevoir de courrier. Mais je tenais quand même à t'envoyer un petit mot pour te dire que Papa, Violène et moi pensons très fort à toi. Houpette* [notre petit caniche noir] *t'attend à la maison. Tu nous manques à tous beaucoup. Je t'aime. Maman.* » Je balbutiais quelques remerciements à mon professeur, mais en réalité c'est à ma mère que je les adressais. Comme j'étais heureuse qu'elle n'ait pas tenu compte de ma demande, qu'elle ait enfreint mon interdiction. Je passais dix bonnes minutes à relire ces quelques phrases, à m'imprégner de l'affection qui s'en dégageait pour me regonfler de courage. Lorsque tous mes camarades commencèrent à regagner le bâtiment pour le repas, je les suivis le pas léger, un sourire invincible sur ma bouche. Moi aussi, j'avais reçu une lettre. Sans le savoir, ma mère m'avait encore une fois soulagée en faisant de moi une petite fille comme les autres.

*

* *

Je suis assise entre Noémie et Fanny à la grande table rectangulaire qui trône au milieu de la pièce. Les plats défilent, les élèves se tortillent sur leurs chaises, les visages s'éclairent devant toute cette nourriture. Moi je me concentre sur mon assiette ; inutile que j'essaie de me concentrer sur ce que tous ces enfants se disent. Je n'arriverai pas à les comprendre : quand ils mangent, leur bouche est illisible. Et puis il y en a tellement. C'est comme si on me demandait de lire plusieurs ouvrages en même temps, de passer de l'un à l'autre en sautant des passages. De suivre plusieurs histoires à la fois. Mission impossible. Alors je mâche tranquillement en repensant à la gentille petite carte que Maman m'a envoyée. Et à nos retrouvailles dans deux jours. À la fête que me réservera Houpette lorsque je franchirai le portail blanc de notre maison. À l'odeur rassurante qui plane dans notre foyer. À ma chambre peuplée de peluches et d'images protectrices. Même si je suis contente d'avoir fait ce voyage, j'ai hâte de rentrer. Une petite main passe devant moi pour récupérer mon assiette, interrompant ma rêverie.

– T'as fini ? me demande Fanny.

Je hoche la tête. Et rassemble mes couverts pour aider ma voisine. C'est l'heure du dessert, de la sucrerie. Je suis gourmande. J'adore le chocolat, les pâtisseries. Sentir la douceur irradier mon palais. J'ai vu qu'ils avaient préparé un gâteau pour ce soir. C'est l'anniversaire de Clara aujourd'hui, l'élève d'une autre classe. Je crois que c'est Noémie qui m'en a parlé. Bientôt les lumières s'éteignent et de faibles lueurs, brillantes comme des étoiles, entrent dans la pièce, éclairent par intermittence le visage noir de M. Godet. Je perçois le bourdonnement lointain et présume qu'il correspond au chant des enfants. Je souris en voyant la pâtisserie lumineuse s'arrêter non loin de moi, devant l'heureuse élue qui bientôt éteindra les petites lucioles en soufflant dessus. Mais, à ma grande surprise, le gâteau n'est même pas posé sur la table qu'il reprend son envol pour venir dans ma direction. Y a-t-il un autre enfant dont c'est l'anniversaire aujourd'hui ? Pourtant, j'étais persuadée qu'on allait fêter celui de Clara. Je suis, interdite, le cheminement des bougies et me pétrifie lorsqu'il s'arrête devant moi. Ahurie, je jette des regards interrogateurs autour de moi, traquant dans la pénombre des lèvres capables de me renseigner. Au même moment, le plafonnier s'allume et mes yeux tombent sur l'expression ravie du professeur.

– Ce gâteau est pour Sophie, c'est son anniversaire qu'on fête aujourd'hui.

Mon cœur s'emballe en voyant toutes les têtes d'enfants tournées vers moi. J'étais loin de m'attendre à pareille attention. Je n'aurais jamais pensé que l'instituteur me réservait une surprise pour mon anniversaire. En regardant les bougies fondre sous mes yeux, mes joues remontent pour dévoiler un sourire. C'est la première fois qu'il y a autant de monde autour de moi pour célébrer le jour de ma naissance, la première fois que je perçois si distinctement les applaudissements de mes camarades une fois que j'ai soufflé les bougies, et que je savoure autant un gâteau d'anniversaire.

*

* *

J'ouvre un œil. Puis deux. Réveil naturel. Personne ne m'a secouée pour me tirer du sommeil. J'ai levé mes paupières toute seule. Mon corps a dû sentir qu'il était le seul à être allongé. Car quand je m'assois dans mon lit, je découvre que Fanny, Noémie et Marie se sont déjà levées. Elles sont assises en triangle par terre, la tête inclinée, les mains manifestement occupées. Toujours en pyjama, les cheveux ébouriffés par leur nuit, elles semblent comploter quelque chose. Pourquoi ne m'ont-elles pas réveillée ? Pourquoi m'ont-elles exclue de leurs jeux ? Instinctivement, j'attrape ma peluche avant de me manifester. Mieux vaut prévoir une protection, au cas où.

– Qu'est-ce que vous faites ?

Elles sursautent, puis s'agitent, passant leurs mains sur le sol pour ranger ce qui ressemble à des crayons et des feutres de couleur. Ensuite elles se lèvent toutes les trois en même temps, une feuille à la main. Je cherche une explication dans leur regard amusé, une information sur les traits de leurs visages. Je n'y décèle ni méchanceté ni moqueries. Juste une expression joyeuse et enfantine.

– Qu'est-ce qu'il y a ?

Elles ne répondent pas, se contentant de sourire de plus belle. Puis, lentement, elles s'approchent de mon lit, tels de petits soldats, se baissent devant mon matelas et me tendent chacune ce qu'elles avaient à la main, sans remuer les lèvres. J'avais raison. C'est bien des crayons de couleur que j'ai aperçus par terre au moment où je les ai interrompues. Les trois feuilles qu'elles m'ont données sont des dessins, tous différents. Ils représentent quatre petites filles, au milieu de montagnes ou devant un bâtiment qui rappelle notre dortoir. Parmi les personnages, je me reconnais à mes longs cheveux bruns et au gâteau chargé de bougies. Un bonheur comparable à celui que j'ai éprouvé la veille dans le réfectoire bondé m'envahit en réalisant qu'elles ne me préparaient pas une farce mais un cadeau. Une petite main, légère comme une aile d'oiseau, caresse mon épaule pour me faire lever les yeux de leur amitié dessinée sur mes genoux.

– Joyeux anniversaire Sophie, lâchent-elles ensemble.

*

* *

On range les affaires, le périple est terminé. Je n'ai pas demandé à ce que mes parents viennent me chercher avant la fin du séjour pour me ramener à la maison. Je n'ai même pas trop pleuré. Pourtant, il faut bien admettre qu'en fourrant mes affaires dans mon sac, après avoir pris soin de ne pas abîmer mes cadeaux, je me réjouis de retrouver ma maison. Je me vois déjà raconter mes aventures à mes parents et à Violène, la surprise de l'anniversaire, les balades en montagne. Je m'imagine dans le bureau de Valérie, fière comme un petit paon en lui révélant combien je me suis montrée courageuse.

En fermant mon bagage, je jette un coup d'œil à mes copines qui m'attendent dans l'embrasure de la porte. Elles aussi semblent contentes de retourner chez elles. Même si j'ai eu l'impression qu'elles vivaient la séparation mieux que moi, je réalise maintenant qu'elles ont dû penser à leur maison elles aussi. Elles cachaient simplement leur nostalgie plus facilement que moi. Dans les couloirs, tout le monde s'affaire. Le bus nous attend. L'instituteur passe dans les chambres pour vérifier que les élèves en sont sortis et qu'ils n'y ont rien oublié. Il a l'air agité lui aussi. Je me dis qu'il doit avoir hâte, tout comme nous, de retrouver sa petite famille. Finalement, on est tous pareils.

Sur le chemin du retour, j'ai gardé les yeux rivés à la fenêtre de l'autocar, observant les montagnes s'éloigner pour céder la place aux habitations ou à la campagne. Au bout d'une demi-heure, je commence à chercher des indices, des détails. Cet arbre-là ne bordait-il pas la route conduisant de Limoges à Saint-Junien ? Et cette maison-là ?

Parfois, je m'agace, pestant sur la lenteur de ce grand cube de fer. Ne pourrait-il pas accélérer un peu ? Appuyer sur le champignon pour me permettre de lâcher ma peluche et de retrouver les bras de ma mère ?

Bientôt je reconnais le chemin. La route à plusieurs voies. Les plaines arborées, le paradis des plantes vertes. Puis la petite côte qui mène à Saint-Junien et les bâtiments familiers de Chantemerle. Un nuage de parents nous attend, et mon regard, affûté comme un radar, repère très vite la chevelure blonde de ma maman, ses jolis yeux soulignés de noir. Elle agite sa longue main pour marquer son impatience. Et lorsque le véhicule s'immobilise enfin, je fais partie des premières à en descendre. En nichant ma tête au creux du ventre de ma mère, j'ai éprouvé un soulagement sincère. Même si ce voyage s'est bien passé et m'a offert des moments de bonheur certains, j'étais souvent inquiète. Concentrée en permanence sur le mouvement des lèvres d'inconnus. Et j'allais enfin pouvoir me reposer. Longtemps. Car les grandes vacances approchaient à grands pas.

CHAPITRE II

Sortir de l'enfance

Des vacances pas comme les autres. Pour celles-ci, Maman a convaincu Papa de nous emmener tous à Lourdes. La ville des miracles. Quand elle nous en a parlé à table, je n'ai pas pu m'empêcher de sourire. Puis de rire aux éclats. Un miracle. Quelle drôle d'idée ! J'ai beau n'avoir que dix ans, je ne crois pas que ça existe vraiment. Si Dieu m'a faite sourde, je ne vois pas pourquoi il me rendrait brusquement mes oreilles. Tout ça pour nous récompenser d'un voyage en voiture et d'une petite marche à pied.

– Ça ne coûte rien d'essayer, a lancé Maman avec entrain.

Non, c'est vrai. Ça ne coûtait rien. Et puis j'aimais bien partir en famille, me retrouver à l'arrière avec Violène que je pouvais agacer avec mes jeux. C'était donc décidé. Nous partirions le lendemain pour Lourdes où nous passerions la journée. On s'arrêterait pour rendre visite à de la famille sur le chemin, à l'aller, passerions la nuit à l'hôtel et rentrerions le lendemain à la maison à la nuit tombée. Le matin du départ, je suis tout excitée. Ma sœur est un peu ronchon, l'humeur encore voilée par le sommeil. Mais dès que nous nous installons dans la voiture et que nous commençons à rouler, son visage se décrispe grâce au défilé du paysage. De mon côté, mon sourire ne m'a pas quittée. Je me demande de quoi ça a l'air un miracle. Si ça se manifeste avec des lumières partout, des flammes ou des éclairs. Si Dieu vous envoie un feu d'artifice pour vous montrer qu'il vous a guéri. S'il y a vraiment des gens pour qui ça a fonctionné. Quand on entre dans la ville de Lourdes, je lève les yeux pour admirer les vieilles pierres qui forment la ville. Au loin, on aperçoit la basilique au-dessus de la grotte et sa tour centrale qui semble percer la voûte céleste. Ce spectacle m'impressionne. Mais pas autant que celui auquel je vais bientôt assister. Une fois que Papa a garé la voiture, je prends une profonde inspiration et me prépare à humer un air différent. On est tous contents de pouvoir enfin se dégourdir les jambes avant d'entamer le petit pèlerinage qui conduira à la grotte. Une file de personnes s'étend déjà sur le chemin qui y mène. Et c'est lorsque nous la rejoignons que je perds mon sourire. Devant nous, une femme en chaise roulante, le visage inexpressif, roule des yeux. Puis un homme, armé d'une baguette blanche, caresse le sol pour y détecter des obstacles. Une autre femme, la cinquantaine, cache son crâne chauve sous un bonnet. Une armée de souffrants s'achemine en silence vers la grotte des miracles, tous avec l'espoir que Dieu leur rendra ce qu'il leur a ôté. Je sens une boule se coincer dans ma gorge en observant les visages cérémonieux de mes parents et de ma sœur. Je vois bien dans leur regard qui vogue d'une détresse à l'autre, qu'ils sont comme moi, terrassés par l'évidence. La maladie ou le handicap sont partout. Fourbes et invisibles ou flagrants. Nous tous luttons au quotidien pour empêcher le mal de nous engloutir. En marchant sur les traces de milliers d'autres avant moi, en percevant la douleur, parfois « submergeante » des familles, je réalise combien j'ai de la chance finalement. D'avoir des parents et une sœur aimants, une orthophoniste dévouée, des amis aussi. Ainsi, quand nous arrivons enfin devant la statue immaculée de la Vierge, logée dans la grotte, et que je m'incline devant l'idole, j'inscris une pensée pour toutes ces personnes dans mes prières. J'étends ma demande à la population : « Je vous en prie Marie. Venez en aide à tous ces gens. Et offrez-moi des oreilles. » J'ignore quel fut le contenu des méditations de ma mère, de mon père ou même de ma sœur. Je sais juste qu'en quittant la Vierge des yeux pour retourner vers l'hôtel, on a tous baissé un peu la tête en signe de révérence.

Papa y avait réservé deux chambres. Une qu'il partagerait avec Maman et l'autre dans laquelle je dormirais avec Violène. Quand nous en avons franchi la porte pour nous retrouver à la réception, je me sentis tout de suite mieux, loin de tous ces fidèles qui nous avaient rappelé l'existence de la misère. Maman nous a accompagnées jusqu'à notre chambre.

– Déposez vos affaires, faites-vous belles et on sortira dîner.

Il n'en fallut pas plus pour me rendre mon sourire. Je regrettais simplement de ne pas pouvoir fouiller dans les affaires de ma mère pour lui obéir. J'aurais volé un foulard, mis un peu de rouge à lèvres, souligné mes yeux verts au crayon et le tour était joué.

Violène passe la porte la première et inspecte les lieux, moi sur les talons. Un grand lit, une télé, un bureau et une salle de bains. Une vraie chambre d'adultes. Tandis que je m'assois sur le lit, ma grande sœur s'approche et demande en arrondissant bien ses lèvres :

– Alors, tu m'entends ?

– Ben oui.

Évidemment que j'ai compris ce qu'elle m'a dit puisqu'elle veille toujours à bien articuler.

– C'est vrai ? Tu m'entends ?

Ses yeux ronds et la lueur qui anime son regard, inhabituelle, m'indiquent sa méprise. Elle croit que ma bulle a disparu grâce à nos prières, que je perçois le sens de ses paroles grâce à sa voix et non aux contours de sa bouche. Elle a voulu croire à un miracle.

– Non, mais je t'écoute, lui répondis-je en riant.

Le soir même au restaurant, mes parents, eux aussi, sont restés vigilants. Ils m'ont jeté quelques coups d'œil pour voir si Dieu avait récupéré la bulle dont il m'avait fait cadeau à la naissance. Et lorsqu'ils réalisèrent que rien n'avait changé, qu'il fallait toujours agiter la main ou la poser sur mon épaule pour attirer mon attention, ils n'affichèrent pas leur déception. Au fond d'eux-mêmes, ils savaient bien, tout comme moi, que les miracles... ça n'existe pas.

*

* *

Nous sommes rentrés de Lourdes depuis plus de deux semaines. Aujourd'hui on est mercredi. Il n'y a pas d'école. Je quitte pourtant la maison nichée entre les arbres pour me rendre dans un autre établissement : l'ARES. L'école qui accueille les sourds et les aveugles, qui leur dispense un enseignement particulier. Mes parents m'y ont inscrite à l'âge de sept ans. Pour me montrer que je ne suis pas seule, que comme moi d'autres ne savent pas non plus identifier le chant de la flûte, le distinguer des vibrations du violon derrière leur double-vitrage. L'ARES est un joli bâtiment de Limoges, en vieilles pierres. Et quand on y entre, on est surpris d'y voir tant de lumières. Certains murs ont été remplacés par des grandes fenêtres qui laissent le soleil entrer.

Maman m'y dépose en fin de matinée et vient me récupérer le soir. Là-bas, un professeur organise tout un tas d'activités et de jeux pour rapprocher les enfants. Mais comme je suis sauvage, je mets toujours un certain temps avant d'accorder ma confiance à quelqu'un. Voilà pourquoi je traîne un peu des pieds aujourd'hui et me plains à ma mère de ne pas avoir envie d'y aller. Je préférerais rester ici, avec eux. Jouer avec mes peluches, dans ma cabane que Papa m'a construite près de l'étang. Ou même m'agiter autour de Violène pour qu'elle accepte de coiffer des Barbie avec moi.

– Allez, Sophie, on y va.

Que je n'aime pas lire cet ordre sur les lèvres de ma mère !

– Mais…

– On ne discute pas, Sophie. En plus, j'ai rendez-vous avec le directeur à onze heures.

Boudeuse, je prends une peluche avec moi et baisse la tête pour ignorer la litanie de Maman. Je sais qu'elle me parle de Christelle. La jolie sourde brune qui est venue me voir dans la cour l'autre fois. Elle a quatre ans de plus que moi, le corps maladroit d'une adolescente et un sourire désarmé. Parce qu'elle ne parle pas, sa bulle est plus épaisse que la mienne, ses oreilles fonctionnent moins bien. Alors quand elle s'exprime, ses lèvres s'agitent, remuent mais sa voix n'aide pas ses mots à voler jusqu'aux entendants. Moi, en revanche, j'arrive à la comprendre, à lire ce qu'elle dit. Et ça nous a un peu rapprochées.

– Enlève tes doigts de ta bouche. Tu vas finir par la déformer, me lance Maman en agitant sa longue main avant de la reposer sur le volant.

Je soupire. Elle a raison, mais c'est tellement rassurant de sentir mes phalanges caresser mon palais. Résignée, je cache mes paumes sous ma peluche pour ne pas les voir et reporte mon attention sur les arbres qui défilent à la fenêtre. Immobiles et centenaires, à peine ébranlés par le souffle du vent. Un peu comme moi, finalement. Le ciel s'est chargé de nuages qui, je le sens, déverseront bientôt leur chagrin sur la ville. Bientôt, des immeubles succèdent aux plaines, des fils noirs viennent quadriller les nuages pour conduire les bus. On est bientôt arrivées à l'ARES.

– Je passerai te voir en sortant de chez le directeur, dit Maman en ourlant bien ses lèvres pour me rassurer, tandis qu'elle gare la voiture.

Nous nous séparons dans la cour où je retrouve Christelle recroquevillée dans un coin. Après avoir embrassé ma mère, je m'approche lentement de la figure brune et chiffonnée, sans prêter attention aux autres enfants qui jouent, signent ou discutent sur l'asphalte. Elle ne va pas bien ; je le vois tout de suite. À son corps replié, son visage voilé par ses longues mèches de cheveux, ses mains crispées sur ses genoux. Il est arrivé quelque chose qui l'oblige à mettre sa silhouette en bouclier pour renforcer sa bulle. Quand je parviens à sa hauteur, elle baisse la tête, cherchant un refuge pour son visage. Mais c'est inutile. Ses larmes, je les ai vues. Alors lentement, je m'assois face à elle, les yeux bien ouverts, attentifs à ses lèvres crispées par les sanglots derrière le rideau de ses cheveux. Au bout de quelques minutes, elles s'ébranlent.

– J'en ai marre qu'on se moque de moi, lâche-t-elle, le regard brillant de colère et d'impuissance. Quand ce ne sont pas les entendants, ce sont les sourds, j'en ai marre.

– Je sais, lui dis-je en articulant bien.

Mais ses yeux ne me voient pas, brouillés par la pellicule d'eau qui s'y est formée. Mercredi dernier, elle m'a parlé un peu de son parcours. De ses redoublements à répétition. Ses parents l'avaient inscrite dans une école normale, croyant que sa bulle de silence finirait par se fendre au milieu des autres élèves. Mais ça n'a pas marché. Sourde profonde et oralisant avec peine, elle n'avait que ses yeux pour lui permettre de s'exprimer. Face à ses échecs scolaires, son père et sa mère ont décidé de la mettre à l'ARES pour qu'elle apprenne avec des gens comme elle, sans oreilles pour les aider. J'ai tout de suite remarqué son isolement quand je l'ai vue ici la première fois. Je me suis dit qu'elle était seule parce qu'elle était nouvelle. Ou sauvage ou timide même. Et maintenant, en mesurant l'ampleur de sa rage au rythme de ses sanglots, je réalise que je me suis trompée.

– Les autres élèves ne sont pas gentils avec toi ?

– Ils me critiquent parce que je ne sais pas signer, répond-elle en essuyant ses joues trempées du revers de sa manche.

On ne lui a pas encore appris à mettre des images dans ses mains, à communiquer avec les doigts. À moi non plus d'ailleurs. Je ne viens là qu'une fois par semaine. Ce n'est pas assez pour décrypter les signes ou m'exprimer sans parler. Et puis Maman n'y tient pas. Elle a peur que les gestes m'éloignent de la parole, que ma surdité s'aggrave si j'arrête de lire sur les lèvres pour comprendre. Les autres gamins m'ont raillée moi aussi. Mais j'ai pris l'habitude d'afficher l'indifférence sur mon visage. Ils sont bêtes de ne pas admettre qu'on a tous un sacré truc en commun : le silence.

– Ne fais pas attention à eux. Ils n'en valent pas la peine, lui dis-je en tâchant de réprimer la colère qui gonfle dans mon ventre.

– Je sais, réplique-t-elle, mais c'est dur quand même.

Christelle balaye la cour du regard. Elle a arrêté de pleurer. Pourtant la douleur n'a pas encore déserté sa figure. Mélange de peur, de rage, de résignation. Même si je sens à son dos qui se redresse qu'elle reprend courage. Qu'elle recommence à se blinder. L'adolescente se prépare à les affronter en les ignorant. À faire comme moi lorsque je dois endurer les commentaires des enfants, leurs yeux moqueurs, leurs sourires éloquents. Lever la tête, cacher sa peine derrière un masque d'indifférence et ne leur accorder que de la pitié. Ils ne méritent guère plus.

Pourquoi s'obstinent-ils tous à voir le handicap, à s'attacher aux différences plutôt que de prêter attention aux points communs ? Nous sommes tous des humains, avec nos forces et nos faiblesses, nos rêves et nos espoirs. S'ils faisaient tous un petit effort pour aiguiser leur vue, ils comprendraient la détresse de Christelle. Ils lui serviraient des sourires plutôt que des critiques, noueraient leurs doigts moins vite pour lui permettre de voir les images qu'ils y ont logées.

– Bon, allons rejoindre les autres, lâche Christelle en se mettant debout.

L'ombre qui voilait son visage quelques minutes plus tôt a disparu. Sa face est revenue et avec elle son courage. Quand elle me prend la main pour m'entraîner derrière elle vers le groupe d'enfants, je devine à la chaleur de sa paume qu'elle ne se laissera plus atteindre par la méchanceté des autres. Parce qu'elle a érigé autour d'elle une bulle brûlante. Je le sais car aujourd'hui, pour la première fois, elle m'a invitée à y entrer.

*

* *

Sur le chemin pour rentrer à la maison, Maman me raconte brièvement son entretien avec le directeur. Je ne suis pas étonnée d'apprendre ce pour quoi il l'a convoquée. Il voulait lui parler de Christelle. L'homme a remarqué les difficultés de l'enfant. Pour apprendre. Pour s'intégrer. Il a noté ses yeux tristes et son isolement. Il pense qu'il faudrait discuter avec ses parents : le papa et la maman de mon amie ne connaissent pas le LPC, ni même la langue des signes. Alors le directeur a demandé à Maman d'aller les voir. Il pense qu'ils l'écouteront, ma mère. Parce qu'elle a combattu le handicap. Elle a livré une guerre sans merci contre le silence et trouvé un moyen de m'imposer au monde du bruit. Les parents de Christelle l'entendront peut-être si elle partage notre histoire avec eux.

– J'essaierai de fixer un rendez-vous avec eux dans la semaine, déclare Maman, les yeux rivés sur la route, les mains agrippées au volant.

J'ai vivement hoché la tête en repensant à ma copine recroquevillée sur son silence, remuant les lèvres sans émettre le moindre son, prisonnière de sa cage en verre.

*

* *

J'appris quelques semaines plus tard que je ne m'étais pas trompée. Ma mère était parvenue à discuter avec eux, à leur transmettre son expérience du handicap. Ainsi décidèrent-ils de déménager. De vendre la maison qu'ils possédaient à Limoges, de démissionner aussi pour partir s'installer à Montpellier, où un établissement accueillerait leur fille sans problème. Il faut beaucoup de courage pour se lancer dans une nouvelle vie.

Après leur départ, Maman resta en contact avec eux et me donna régulièrement des nouvelles de la jolie brune dont j'avais partagé les larmes. Mon amie apprenait vite. Elle maîtrisa rapidement la langue des signes et parvint même à s'exprimer oralement, à poursuivre sa scolarité sans échec. Quand j'y songe aujourd'hui, je ne peux pas m'empêcher de sourire en m'imaginant la tête que feraient les enfants moqueurs de l'ARES s'ils la recroisaient. Tous ceux qui n'avaient vu que la chenille, sans soupçonner qu'elle se transformerait un jour en papillon.

*

* *

Aujourd'hui, c'est les vacances. Mon jour préféré. Parce qu'il inaugure la fin des séparations avec ma famille, que je ne serai plus obligée de monopoliser toute ma force de concentration pour lire sur les lèvres des élèves ou de mon professeur. Et puis mes parents voient toujours beaucoup plus de monde pendant les vacances. Pendant l'année aussi, bien sûr. Ils aiment se fondre dans des groupes, partager des repas gargantuesques, profiter de leurs amis comme durant les week-ends de chasse. Une fois toutes les deux semaines, de l'hiver jusqu'au printemps, ils organisent des week-ends chez les uns ou les autres pour savourer le gibier que les hommes ont rapporté de leur balade. Ces jours-là, Violène, ses copines et moi, fouillons les armoires pendant que les femmes préparent le repas et défilons ensuite devant nos parents ravis, déguisées en adultes, le visage barbouillé de couleurs.

Ces week-ends marquent de belles pauses dans l'année. Eh bien l'été, je profite de cette ambiance tous les jours. Maman invite Jean-Pierre et Jeanine, des amis qui viennent d'entrer dans notre vie. Ma mère les a rencontrés par l'intermédiaire de Josette et Alain. Ils nous apportent toujours des biscuits et des tartes faites maison comme on n'en fait plus. Ainsi que la mère de Vincent Delage (son père travaillant à l'étranger). C'est mon seul et meilleur ami, il ne se lasse jamais de mes jeux. Je me rappelle encore la première fois que je l'ai vu. Ma méfiance à son égard. C'était un garçon. Et ceux que je côtoyais à l'école m'avaient appris à garder mes distances. Dissipés, casse-cou et souvent fauteurs de troubles, les petits mecs me faisaient un peu peur. Alors quand j'ai aperçu Vincent avec ses parents que Maman avait invités à la maison, j'ai fait comme d'habitude : j'ai gardé mes distances. Je n'ai jamais intéressé les garçons de toute façon. Je lassais déjà les filles en leur demandant de répéter, de fournir des efforts pour me permettre de les comprendre. Et les garçons, je crois que je les ennuyais encore plus. Mais Vincent se révéla bien différent des autres.

Lorsque mes parents l'informèrent de mon handicap, il ne m'observa pas comme une bête de foire, ni ne détourna les yeux pour m'ignorer. Au contraire. Il me regarda avec des sourires plein les yeux et me prit la main pour m'entraîner avec lui dans ses jeux. Depuis ce jour-là, je sais que Vincent n'est pas comme les autres. Qu'il me voit telle que je suis malgré ma bulle et j'adore voyager avec lui dans notre jardin.

– Quand est-ce qu'il arrive Vincent ?

Maman sourit tandis qu'elle me ramène à la maison, moi qui trépigne sur mon siège.

– Dans deux jours. Valérie et lui vont rester à la maison un bon moment cette fois.

Hier, ma mère et moi avons fait les lits exprès. Vincent va dormir dans ma chambre et prendre le matelas du haut dans le lit superposé. Valérie, sa sœur, occupera celui qui se trouve dans la chambre de Violène puisque c'est son amie. L'idée d'avoir tous ces enfants à la maison, d'improviser une colonie de vacances chez nous me plaît. J'aurai mes repères, mes habitudes et mon meilleur ami en même temps. Je m'imagine déjà mon compagnon arriver avec sa valise pleine de jouets. Il en a une collection impressionnante et il se débrouille toujours pour emporter les meilleurs avec lui.

– Il va quand même falloir que tu travailles un peu pour préparer ta rentrée en sixième, Sophie, me déclare Maman en souriant.

Une ombre descend aussitôt sur mon visage. M. Godet, l'instituteur et directeur, nous a expliqué les changements au collège. Plusieurs professeurs, des établissements grands comme des hôpitaux, des nouvelles matières. En l'écoutant me les décrire, j'ai senti l'angoisse me serrer le ventre. Sur ses lèvres, je ne voyais que des inconnus, tout un tas de personnes étrangères avec des bouches différentes auxquelles il faudrait que je m'habitue. Je ne supporte pas qu'on bouleverse mon quotidien. Je déteste l'idée d'abandonner l'école de Chantemerle, son cadre devenu familier, ses instituteurs... Et si les professeurs ne s'adaptaient pas à mon handicap ? S'ils me tournaient le dos tout le temps ou qu'ils n'articulaient pas bien ? Il y aurait aussi d'autres élèves. Des enfants venus d'ailleurs avec des jeux différents, des regards pas toujours bienveillants. Comment ferai-je pour m'y dérober ? Mon blindage y survivrait-il ?

Tandis que Maman arrive devant le cabinet de Valérie, mon orthophoniste, toutes ces questions tourbillonnent dans ma tête pour me donner le vertige.

– Mais bon, tu vas te détendre aussi. Et profiter de Vincent surtout.

Je hoche la tête. Elle a raison. Il sera bien temps de s'angoisser plus tard. Je vais profiter du séjour de mon meilleur ami chez nous, recharger mes batteries et travailler. Et quand je passerai la grille du collège et que je devrai traverser la cour devant des milliers d'yeux hostiles, je lèverai la tête et défilerai comme quand on se déguise en adultes avec Violène. J'afficherai un joli sourire sur mon visage.

*

* *

Je passai un été magique, de ceux que les enfants refusent d'oublier même une fois adultes. Vincent m'accompagna dans les jeux, me protégeant des dangers imaginaires que recélait notre jardin. Quand il me regardait, il ne voyait pas une sourde, une handicapée des sons, mais une petite fille fragile. J'ai dû retenir mes larmes le jour de son départ pour ne pas détruire l'image qu'il avait de moi. Malgré mes efforts, dès qu'il eut disparu dans la voiture de sa mère qui l'éloignait de notre maison, je suis montée dans ma chambre et j'ai pleuré. Quelques semaines plus tard, Maman m'annonça que mon compagnon et sa sœur Valérie partaient rejoindre leur père dans un pays lointain, l'île Maurice, dont ils ne reviendraient pas avant des mois. À cette époque-là, j'ignorais encore que cette séparation annonçait une rupture et que je venais de passer mon dernier été avec lui.

*

* *

Le jour fatidique de la rentrée approche à grands pas. Le mois d'août touche à sa fin et je sens que je devrai bientôt troquer mes après-midi dans le jardin contre une classe remplie d'inconnus. Hier, Maman m'a présentée à Patricia, le chauffeur de taxi qui va me conduire au collège. Ça aussi, c'est un changement. Une voiture différente avec une étrangère au volant qui viendra me chercher tous les matins pour m'emmener à Limoges. Son visage souriant et ses cheveux courts m'ont un peu rassurée. Mais je n'ai pas pu m'empêcher de me montrer froide avec elle. Réflexe d'autodéfense. « Elle va s'habituer », lui a expliqué Maman.

Oui... sûrement. Je finissais en effet toujours par m'adapter. Mais le plus difficile, c'était quand même de les prendre, ces habitudes. De s'y accrocher jusqu'à ce qu'elles ne me demandent plus aucun effort. Je savais que Valérie, mon orthophoniste, serait là pour m'aider, qu'elle viendrait me donner des repères une fois par semaine, comme avant. Lorsque, le soir, allongée sur mon lit, je songe à cette rentrée angoissante, je pense à elle pour me réconforter. L'image de son visage tranquille et souriant me permet souvent de trouver le sommeil plus facilement. Pourtant, cette nuit, c'est plus difficile. Parce que demain, je rentre en sixième. Violène a bien essayé de m'apaiser pendant le dîner en m'expliquant le fonctionnement du collège encore une fois, l'emploi du temps plus chargé, les professeurs différents. En m'assurant que je m'en sortirai très bien. Mais j'ai quand même des doutes. Je n'ai pas dû réussir à bien le cacher parce que Maman a fini par appeler Patricia pour la prévenir : « Je l'emmènerai à l'école demain. Venez plutôt mardi. » Si elle pouvait m'y accompagner tous les jours et rester avec moi toute la journée, ce serait tellement plus simple. Ça m'éviterait de me tourner et de me retourner dans mon lit sans arrêt, de fixer la lumière du couloir pour convaincre mes paupières de se fermer. Finalement, au bout de quelques heures, la fatigue engloutit mon angoisse et mon corps engourdi sombre dans le sommeil.

*

* *

– Sophie, dépêche-toi, on va être en retard, me dit Maman postée devant la porte d'entrée.

Je me hâte, vérifiant que je n'ai rien oublié dans mon cartable. Papa vient de partir. Il m'a collée contre son ventre rond avant de quitter la maison pour se rendre à son travail. Un geste d'affection pour me donner un peu de courage.

– Sophie !

Oui, voilà, voilà. Une petite minute que je puisse caler mon fardeau sur mon épaule. Je gravis la marche qui sépare la cuisine de l'entrée et me fige brusquement. La peluche. Violène m'a bien dit que personne n'en apportait au collège, que j'avais passé l'âge désormais, que je n'étais plus un bébé. Il n'empêche que j'en ai besoin, moi, de ce compagnon. Dans la cour, à Chantemerle, la peluche me donnait toujours l'impression d'être moins seule quand mes petits camarades ne m'impliquaient pas dans leurs jeux.

– On y va, maintenant.

Maman, qui s'impatiente, franchit la porte pour rejoindre la voiture. J'en profite pour filer vers le tas de peluches. Je vais en choisir une qui passera inaperçue. Une petite et fine qui rentrera dans mon cartable et que personne ne verra à part moi. Un ourson discret. Je le fourre dans mon sac et me précipite au dehors pour sauter dans la voiture. Le cœur dans les tempes en songeant à la journée qui m'attend.

*

* *

La salle est immense. Bien plus grande que la classe de Chantemerle. Il n'y a pas tout un tas d'images épinglées aux murs dont on voit les fissures. Les tables sont plus hautes et les chaises aussi. Mme Mahaud, la professeur de français, attend sur son estrade que tout le monde s'installe. Elle a le visage doux et bienveillant. D'ailleurs, elle n'a vu aucun inconvénient à ce que je m'assoie dans un rang du milieu. Au début, elle a semblé surprise.

– Tu ne veux pas plutôt te mettre devant ? m'a demandé l'enseignante.

À Chantemerle, j'ai remarqué que les instituteurs plaçaient souvent les élèves dissipés ou en difficulté juste devant eux. Pour les garder à l'œil. Mais moi, c'est différent : je suis sourde. Mes yeux ont remplacé mes oreilles.

– Il vaudrait mieux que je sois au milieu de la classe et sur le côté pour pouvoir entendre un élève lorsqu'il intervient, lui ai-je expliqué.

– Bien sûr, bien sûr. Installe-toi où tu veux.

Quand la foule d'adolescents entre dans la salle, je suis déjà assise, un stylo et une feuille sortis devant moi. J'examine le défilé de visages, sonde les personnalités du regard. Certains se connaissent déjà. Je le vois à leur sourire, à leur façon de se parler vite et sans retenue. D'autres semblent se trouver dans la même situation que moi. Leur tête inclinée et leur démarche mal assurée trahissent leur appréhension. J'essaie de deviner qui, parmi tous ces élèves, va venir prendre place à mes côtés. La jolie blonde avec son beau cartable rouge ? Non. Le garçon à lunettes ? Non plus.

Tandis que la classe se remplit, je repère bientôt une brune discrète au visage rond qui rayonne de gentillesse. Elle s'est arrêtée au fond de la salle, hésitant manifestement entre plusieurs tables. Lorsque ses yeux se posent sur moi, ses lèvres s'étirent en un sourire que je lui rends aussitôt. Cette fille me plaît. Elle dégage quelque chose de rassurant. Alors quand elle s'avance enfin dans ma direction pour venir occuper la chaise vide à ma gauche, je sens ma peur se dissiper avec sa présence.

– Bonjour, me lance-t-elle.

– Bonjour.

Il va falloir que je la prévienne de ma surdité. Pour qu'elle articule bien, qu'elle veille à bien exposer ses lèvres à mon regard, qu'elle ne s'impatiente pas quand je lui demanderai de répéter.

– Je m'appelle Sophie, lui dis-je timidement.

D'habitude, je ne fais pas le premier pas. Parce que je crains le visage impassible et fermé, le regard indifférent qui me chasserait. Mais cette fille me met en confiance avec ses yeux tendres et ses gestes lents, mesurés, tandis qu'elle sort les affaires de son sac. Il me semble avoir vu sa bouche remuer un peu. Pourtant avec sa tête baissée et son seul profil, je manque d'indications pour deviner ses paroles.

– Je suis sourde.

Je l'ai lâché de but en blanc, comme une pierre qu'on jette dans un lac. Je ne peux pas feindre d'avoir des oreilles qui marchent. À quoi cela servirait-il ? Mon aveu l'a pétrifiée un instant, la main fourrée loin dans son cartable. Alors j'enchaîne.

– Mais je lis très bien sur les lèvres. Il suffit juste d'essayer de me parler bien en face.

Ma précision la remet en mouvement. Elle se décale aussitôt pour me montrer sa jolie bouille souriante.

– Excuse-moi, je ne savais pas, lâche-t-elle, manifestement confuse.

– Ce n'est pas grave.

Pour moi, ça ne l'a jamais été. Je suis sourde de naissance. Les sons que je perçois, je les identifie à peine. Ce qui ne m'empêche pas de voir, ni de sentir, ni d'éprouver. Mes yeux relèvent des détails que beaucoup d'entendants ne remarquent même pas. L'épaisseur des lèvres. Les rides qui tracent des chemins éloquents sur les joues, le front, le coin des yeux, comme des lignes de vie que j'ai appris à lire. Je suis sourde mais voyante.

– Je m'appelle Sophie, moi aussi. Une drôle de coïncidence, tu ne trouves pas ? me demande-t-elle, le regard malicieux.

Je n'ai pas eu le temps de lui répondre parce que Mme Mahaud réclame le silence en tapant dans ses mains. Et tandis qu'elle se présente devant la trentaine d'élèves réunis dans la classe, je songe à la révélation que ma voisine vient de me faire. Le même prénom. Pas croyable. Je tâche néanmoins de ne pas trop me laisser distraire. Il faut que je me concentre sur la professeur pour comprendre ce qu'elle dit. Reporter l'emploi du temps chargé qu'elle s'apprête à nous donner. Je découvre rapidement que Violène avait raison : les journées d'un enfant de sixième sont bien plus chargées qu'en primaire. Plus de matières. Plus de cours.

Au bout d'une demi-heure, Mme Mahaud commence à inscrire des noms au tableau. Ceux des professeurs qui vont s'occuper de nous. Une dizaine d'inconnus avec lesquels je devrai me familiariser. Brusquement je remarque qu'un bras s'est levé au fond de la classe. Je focalise toute mon attention sur lui, sur cet élève qui s'apprête à poser une question. Pourtant, malgré mes efforts, je ne devine que deux mots : salle... différente. Quand on est sourd, on apprend vite l'art de compléter les phrases. De combler les trous laissés par des mots fuyants. La plupart du temps, on parvient à déduire le sens global du propos. Mais parfois, comme maintenant, il nous échappe. Et même si je suis souvent confrontée à ce genre de problème, je n'arrive pas à m'y faire. Ça me frustre toujours autant de ne pas comprendre. D'être condamnée à l'ignorance par mon handicap invisible.

Refusant de baisser les bras, je reporte aussitôt mon regard vers notre professeur de français. Peut-être sa réponse m'éclairera-t-elle sur le contenu de la question. Mais le temps de tourner mon visage dans sa direction, elle s'est déjà exprimée. L'information m'a filé entre les yeux. En le réalisant, je pousse un soupir contrarié. Ma voisine me tape alors sur l'épaule.

– Le garçon a demandé à Mme Mahaud si nous avions toujours cours dans la même salle ou pas. Et elle a répondu que cela dépendrait des cours, m'explique doucement Sophie.

Je hoche la tête et la remercie avec un sourire chaleureux. Je lui suis reconnaissante d'avoir colmaté mon angoisse, d'avoir deviné ma frustration dans mon soupir. Grâce à elle, j'aborde la fin de cette séance avec plus de sérénité. Parce que je sais que si un détail m'échappe, Sophie sera là pour me le rapporter.

*

* *

En rentrant à la maison ce soir-là, j'étais toute contente d'annoncer à mes parents que j'avais une nouvelle amie, prénommée Sophie, comme moi. Maman accueillit la nouvelle avec beaucoup d'enthousiasme et me proposa aussitôt de l'inviter à déjeuner à la maison. Elle aime bien mettre un visage sur les camarades dont je lui parle, surtout quand il s'agit d'une protectrice. Violène m'interrogea sur mes professeurs et mon emploi du temps, lâchant quelques commentaires lorsqu'elle les connaissait. « Bien », « Moyen », une succession d'adjectifs qui m'encourageaient à les imaginer. Je sentais bien qu'elle s'efforçait de passer plus vite sur les enseignants qu'elle n'appréciait pas trop. Comme pour ne pas m'influencer dans mon jugement ou m'angoisser avec les siens. Et cette marque d'attention de sa part m'a fait sourire.

Une fois que la nuit est tombée et que j'ai regagné ma chambre après le dîner animé et familial, je me suis mise au lit plus vite que d'habitude. La journée m'avait éprouvée et mon corps engourdi par la tension qu'il avait subie s'est rapidement détendu. Quand je me suis endormie, toute l'appréhension de la veille m'avait quittée.

Chapitre III

Je voudrais apprendre la langue des signes

– Bonjour Sophie.

– Bonjour Madame, dis-je en m'installant à côté d'elle à l'avant de la voiture.

Tandis que le véhicule démarre, je frotte mes yeux pour en chasser le sommeil. Il est tôt. Je dois me lever à l'aube désormais, pour monter à bord du taxi VSL qui me conduit vers le collège. Parce que je ne suis pas la seule que Patricia est chargée de conduire. Il y en a un autre. Un étranger... encore.

– Qui est-ce qu'on va chercher maintenant ?

Patricia sourit et tourne légèrement la tête de mon côté sans quitter la route des yeux pour me répondre.

– Il s'appelle Davy. Il est en cinquième, je crois. Il n'habite pas très loin, ne t'inquiète pas.

La femme parle doucement et distinctement. Je commence à la trouver sympathique.

– Alors ? Cette rentrée des classes ? Elle s'est bien passée ? renchérit-elle.

Je hoche la tête et lui raconte brièvement l'intervention de ma professeur de français ainsi que ma rencontre avec ma nouvelle amie. Patricia acquiesce de temps en temps, l'œil rieur. Son expression m'indique qu'elle connaît sûrement l'émoi de la rentrée des classes. L'appréhension et l'excitation de l'enfant avant de se lancer dans l'inconnu. Même si elle ignore ce que c'est d'être sourde.

– Voilà, on est arrivés.

Je jette un coup d'œil curieux au dehors pour voir où nous sommes arrêtées. On se trouve dans un quartier résidentiel, peuplé de jolies maisons, semblables pour la plupart. Celle devant laquelle Patricia s'est garée est pourvue de plusieurs grandes fenêtres dont certaines au rez-de-chaussée sont allumées. Il y a un petit portail devant, comme chez nous. Mais l'allée qui mène au seuil de la porte est plus longue que la nôtre. Au bout de quelques minutes, une silhouette masculine apparaît dans l'embrasure, un sac sur l'épaule. Je détourne aussitôt les yeux de celui qui m'a fait lever plus tôt. Ma bulle se renforce. Un masque d'indifférence vient se caler sur mon visage. Et quand il monte à l'arrière de la voiture, je suis parée. Sur la défensive.

– Bonjour, lance-t-il après avoir refermé la portière sur lui.

Il signe en s'exprimant. Sa main droite a accompagné son salut, se collant à sa bouche avant de se tendre vers moi. Je lui réponds froidement, en m'efforçant de ne pas paraître trop désagréable. Rester polie sans être trop amicale. On partage peut-être la même voiture, mais on ne se connaît pas. Dans ces cas-là, moi, je garde mes distances.

– Je m'appelle Davy, et toi ? me demande-t-il en souriant.

– Sophie.

– Tu es en quelle classe ?

– Sixième.

Il a le visage amical, mais une assurance qui m'agace un peu. Je suis habituée à fréquenter des enfants discrets, voire timides. Des gamins qui savent laisser des blancs entre les phrases pour m'apprivoiser avec leur silence. Et lui, il n'arrête pas de me poser des questions en appuyant ses phrases avec ses mains. En mettant des images sur ses lèvres.

– Moi je suis en cinquième, réplique-t-il en se redressant.

Je jette un coup d'œil vers Patricia pour voir si elle porte le même regard que moi sur ce garçon. Si elle ne le trouverait pas, elle aussi, un peu arrogant. Et son sourire me déçoit. On dirait que ça l'amuse cette rencontre forcée.

– Ta rentrée s'est bien passée, Davy ? s'enquit la chauffeur qui a dû deviner mon malaise.

Le garçon se lance alors dans une description détaillée de son premier jour de classe. Il parle de ses camarades avec un tel enthousiasme que je les lui envie un peu. Il mentionne ses professeurs, dont il en connaît certains, ses activités, etc. Et tout ça en continuant de pratiquer la langue des signes avec ses mains. Sait-il que je ne la comprends pas ? Se doute-t-il que mes parents se sont toujours opposés à ce que je m'exprime avec des gestes ? Devrais-je le lui avouer ? Je secoue la tête. Je le comprends très bien puisqu'il remue les lèvres. Pourquoi lui dire que je ne signe pas ? Ça n'apporterait rien. Nous partageons cette voiture, rien de plus.

Patricia et Davy continuent de discuter tandis que moi, je reste bien tranquillement dans ma bulle, me contentant d'intervenir ponctuellement quand la conversation m'y oblige. Et lorsque la voiture s'arrête devant le collège, je dois avouer que j'éprouve un léger soulagement à l'idée de ne plus être enfermée entre quatre portières avec des inconnus.

En rejoignant Sophie qui m'attend devant la grille, je suis à mille lieues de me douter que je m'éloigne de celui qui va devenir l'homme de ma vie.

*

* *

Ça fait bientôt trois mois que les cours ont commencé. Heureusement que c'est bientôt les vacances de Noël parce que je commence à fatiguer. Les journées sont longues, interminables. Non seulement je vais en classe avec les autres élèves, mais je fais aussi des heures supplémentaires. Quand mes camarades quittent l'école à quinze heures pour rentrer chez eux, moi je prends un cours particulier avec le professeur d'anglais ou un cours de soutien avec Valérie, mon orthophoniste. Et lorsque Maman passe me chercher, il fait nuit. Je travaille plus que le soleil, plus que les autres et parfois, comme aujourd'hui, il m'arrive d'avoir envie de tout abandonner, d'éteindre mes appareils et de me murer dans le silence et la solitude de ma bulle. Ce matin, Patricia est passée me prendre, aux aurores, comme d'habitude, avant d'aller chercher Davy. Le garçon respecte mes distances désormais. Il se montre aimable sans pour autant me noyer sous des questions. Ces trajets sont ancrés dans mon quotidien. Je me suis faite à la conduite nerveuse quoique prudente de Patricia, à ses sourires amusés et à l'assurance tranquille de mon compagnon de voyage.

Quand la chauffeur nous a déposés, Sophie m'attendait en bas des marches devant l'école. Nous sommes devenues amies. Elle s'assoit toujours à côté de moi en classe, me prête ses lèvres à lire si le prof tourne le dos, répète quand je n'ai pas compris. Sophie est une bonne élève, bien meilleure que moi. J'en ai encore reçu la preuve ce matin. Mme Mahaud nous a rendu notre contrôle de français. Ma copie était couverte de rouge, bariolée de corrections avec deux chiffres écrits en gros : 08/20 et une appréciation de la professeur : « Sophie doit continuer ses efforts. » Mon cœur s'est serré. 08/20. Même pas la moyenne. Si elle avait noté le travail que je fournis, les heures supplémentaires, j'aurais frôlé les 20. J'ai parcouru ma copie un long moment pour essayer de comprendre mes erreurs, les fautes commises par mon cerveau brouillé par mon handicap. Et quand j'ai levé les yeux, je suis tombée sur la feuille de ma voisine et protectrice : 16/20. Le double de ma note. J'étais contente pour elle, bien sûr. Elle la méritait. Je le sais parce qu'elle s'applique toujours en classe, qu'elle fait bien ses devoirs, que j'ai décelé l'intelligence sur son visage la première fois que je l'ai vue. Mais je n'ai pas réussi à masquer ma déception. Moi aussi je bossais dur, trimant toute la journée pour faire oublier ma surdité. Pourtant ça n'empêchait pas cette fourbe de venir s'inscrire en rouge sur ma feuille à carreaux : 08/20.

– Tu vas progresser Sophie, ne t'inquiète pas, m'a assuré ma voisine en m'adressant un sourire réconfortant. Cet après-midi, le prof nous rendra notre contrôle de maths. Je suis certaine que tu auras une bien meilleure note.

Je hoche la tête, avant de la replonger dans ma copie. C'est vrai. J'ai toujours préféré les chiffres, même en primaire. La logique des calculs m'est familière. Je la trouve amusante. Jouer à additionner, soustraire, obtenir un résultat et juger soi-même de sa justesse, ça me plaît. Mais les mots sont traîtres. On change une lettre et c'est tout le sens de la phrase qui est chamboulé. Une minute d'inattention et c'est la faute. Et je ne parle même pas de l'histoire. Matière abstraite avec des dates qu'il faut apprendre par cœur, des chiffres certes, qui ne signifient pourtant rien s'ils ne sont pas associés à un événement, à une phrase. L'angoisse.

Après avoir rendu les copies, Mme Mahaud s'est lancée dans une leçon de grammaire. Pour éviter de me laisser distraire par ma frustration et le 08 écarlate qui me renvoyait à mon impuissance, j'ai rangé ma copie dans un livre. Tandis que la professeur amorçait son explication du COD, elle s'est interrompue et une ombre inhabituelle est venue obscurcir son visage. Une ombre que je sais détecter sur n'importe quel visage. Comme un nuage noir qui annonce la tempête. Celle de la colère.

– Mathieu ! Arrête de discuter avec ton voisin ! Tu perturbes la classe, lança-t-elle. Je te préviens, si tu continues, je te mettrai une heure de colle.

Le garçon en question s'est figé, un sourire niais et provocateur sur le visage. Cet élève est dissipé. Ce n'est pas la première fois qu'un professeur le réprimande. Il n'écoute jamais, toujours prêt lorsqu'il s'agit de faire le malin. Et moi ça m'agace. Parce qu'il ne se rend pas compte de la chance qu'il a. Il peut écrire et entendre en même temps. Reporter tout ce que dit l'enseignant sur son cahier sans en oublier une phrase. Alors que moi, je perds les informations dès que mon regard se détache de ses lèvres. Quand j'écris, je n'entends plus. Sans Sophie, mes leçons seraient toujours incomplètes.

– Oui, Madame, a-t-il répondu sans se départir de son sourire.

Je lui ai adressé un regard noir, même s'il ne me voyait pas. Ça me soulageait d'exprimer ainsi ma rage. Je ne le quittais pas des yeux, comme si je laissais mes pupilles bleues s'exprimer à ma place : « Pense un peu aux autres qui n'ont pas la possibilité de suivre les cours correctement. Ne gâche pas les chances qui te sont offertes. » C'est à se demander qui est le handicapé dans cette classe parfois.

Une main posée sur mon épaule a détourné mon attention du fauteur de troubles. Ma voisine, Sophie, qui me rappelle à l'ordre. Il faut que je recolle mes yeux aux lèvres du professeur pour y décrocher les fameuses lois du COD, que j'oublie l'élève ingrat, la note injuste pour me hisser dans le monde des entendants. Et ainsi suivre le conseil que Mme Mahaud a inscrit en lettres rouges sur ma feuille : continuer les efforts.

À midi, je déjeune à la cantine avec Sophie. Avec les diverses contrariétés que j'avais subies durant la matinée, j'aurais bien eu besoin d'un moment de paix, de tranquillité rassurante, des bras affectueux de Maman.

À la fin du cours de Mme Mahaud, j'ai suivi ma copine au réfectoire en tâchant d'oublier les mésaventures de la matinée. Nous nous sommes placées dans la queue pour prendre un plateau. Le brouhaha ambiant me gêne, ça parasite ma concentration. J'ai plus de mal à me focaliser sur la bouche de ma camarade. Je crois comprendre qu'elle me parle de sa grand-mère et... d'une invitation. À déjeuner. Oui, c'est ça. Son regard interrogateur m'informe qu'elle attend une réponse.

– Tu veux m'inviter à déjeuner chez ta grand-mère, c'est ça ?

Elle acquiesce. Ouf ! Je ne me suis pas trompée.

– J'en parlerai à Maman. Ça me ferait plaisir.

J'ai voilé ma réponse, omettant de lui avouer ma crainte. J'ai toujours un peu peur de me retrouver dans une famille différente de la mienne, avec des gens qui ne veillent pas toujours à bien articuler, qui oublient ma surdité. Mais je sais que Sophie veillera à bien m'inclure dans les conversations, à colmater les trous dans les phrases ; comme elle le fait en classe. Alors peut-être que j'irai, à ce déjeuner.

– On s'installe à cette table ? me propose-t-elle une fois que nous avons été servies.

Mon amie a choisi un emplacement un peu reculé, encore épargné des assauts de la marmaille affamée, juste à côté de la fenêtre. Tandis que je la suis lentement, je détecte des regards sur ma gauche. Ceux de mes camarades de classe qui ont un sourire moqueur sur leur visage. Ils parlent de moi. Inutile de lire sur leurs lèvres pour le savoir. Je suis peut-être sourde, mais loin d'être aveugle. Mes yeux sont beaucoup plus efficaces que ceux des entendants pour détecter les sentiments d'autrui en se basant sur une simple ridule, un léger rictus ou une lueur dans l'iris. Instinctivement, je redresse la tête et affiche une indifférence totale. Ils ne méritent pas mon attention. En inscrivant mes pas dans ceux de Sophie, qui, elle, ne semble rien avoir remarqué d'inhabituel, je me dis que ce sont eux les handicapés, les déficients, les faibles, incapables de la moindre empathie. En m'asseyant, je n'ai même pas la rage. Tout juste de la pitié.

– Ça va, Sophie ? me demande ma camarade une fois que nous sommes installées.

– Oui, très bien.

Je lui réponds en me collant un masque joyeux sur la face.

– Tu as compris ce qu'ils ont dit, pas vrai ?

Ses yeux se sont voilés de tristesse. Elle a entendu leurs moqueries et moi je les ai vues. À nous deux, on reconstruit la scène de méchanceté enfantine.

– Non, mais je sais qu'ils parlaient de moi.

Mon amie réfugie sa tête dans son assiette. Comme si un poids invisible lui écrasait les épaules. D'habitude, elle ne marque aucune hésitation pour me traduire, me résumer, me compléter la parole des autres. Elle le fait même avec enthousiasme. Mais elle n'aime pas endosser le rôle d'émissaire lorsque le contenu du message est blessant. Parce qu'elle ne veut pas me voir souffrir. Sophie est bonne. Je n'en ai jamais douté. Et son silence ne fait que le confirmer.

– Je m'en fous ! lui dis-je en piquant farouchement un morceau de viande avec ma fourchette. Qu'ils me critiquent si...

– Ils ont dit que tu parlais comme un singe.

Je m'efforce de sourire. Je sais que mon élocution n'est pas parfaite, qu'il y a des sons que je n'émets pas bien puisque je ne les entends pas. Mais un singe, ça ne parle pas. Un singe sourd, encore moins. Alors qu'ils aillent au diable avec leurs gamineries.

– Laisse-les critiquer s'ils veulent, moi ça ne m'atteint pas.

Elle se redresse. Ses pommettes se soulèvent légèrement de soulagement. Sophie commence à saisir l'ampleur de ma force. Je ne me laisserai pas terrasser par des enfantillages. Jamais. Maman m'a appris à ignorer les mesquineries, à garder la tête haute en toutes circonstances. Et ce n'est certainement pas une bande d'enfants agités qui me la feront baisser.

On a donc poursuivi notre déjeuner comme si de rien n'était, essayant chacune d'oublier le groupe d'ados moqueurs dans mon dos. Ensuite, nous avons attendu dans la cour que la cloche sonne pour terminer cette journée de cours qui commençait sérieusement à prendre des allures de cauchemar malgré mes efforts pour conserver de l'assurance. Heureusement, notre professeur de maths commença par nous rendre nos copies. Et ma note me réchauffa un peu, me hissant, jusqu'à la fin de l'après-midi, au-dessus de la moyenne. J'avais obtenu un 12. Le chiffre rouge me rendit le sourire et m'encouragea à m'appliquer pendant toute la leçon qui suivit.

Lorsque le professeur nous autorisa à ranger nos affaires, j'éprouvais un profond soulagement à l'idée de retrouver Maman et mon orthophoniste ensuite.

– Ta journée s'est bien passée ? s'enquit Maman tandis que je me glissais sur le siège à côté d'elle.

Sa question souleva un torrent de mots dans ma bouche. J'avais tant contenu ma frustration, ma colère, mon venin, qu'ils se déversaient maintenant sur ma langue pour remplir la voiture. Je lui parlais de la note en français, d'abord, et de mon indignation : pourquoi n'arrivais-je pas à dépasser les 10, avec tous les efforts que je fournissais ? Ensuite je mentionnais l'incident de la cantine, mes problèmes d'expression. Avaient-ils raison ? Je ne m'entendais pas bien. Se pouvait-il que... ?

– Tu ne parles pas comme un singe, cracha Maman en agrippant le volant de ses ongles rouges. Et ne laisse personne te faire croire le contraire, d'accord ? Personne !

Je commence à me sentir mieux. Depuis que je suis toute petite, je sais très bien déguiser mes sentiments profonds. Je les sens remuer dans mon ventre, mais j'arrive très bien à les rendre invisibles, à les gommer avec un sourire. Pourtant, il faut toujours qu'à un moment ou à un autre je les fasse sortir. Que je mette des mots ou des images dessus pour m'en libérer.

Désormais la pression sur mon estomac s'est relâchée. Je respire mieux. Et brusquement, sans prévenir, une phrase s'échappe de mes lèvres pour combler le blanc qui s'est installé dans notre conversation.

– Maman, je voudrais apprendre la langue des signes.

Ça fait quelques semaines que j'y pense. Peut-être même des mois. À force de voir Davy et les autres sourds de l'ARES signer pour souligner leurs paroles, ça m'a donné envie de faire comme eux. D'étudier la parole des gestes qui me paraît plus fluide, plus facile aussi que le français parlé. Pourtant je n'avais jamais trouvé le courage et l'occasion de le formuler. Maman tressaille. Un sursaut qui marque sa surprise. Je pressens le refus à venir.

– Non !

– Pourquoi ? Pourquoi n'aurais-je pas le droit d'apprendre à signer ? Je parle bien, maintenant. J'écris et je lis correctement. Je travaille comme il faut à l'école. Alors pourquoi ?

Les lèvres de Maman se rétrécissent. Je sais qu'elle n'aime pas les signes parce qu'elle les craint. Elle les voit comme des barreaux, une séparation de plus qui m'éloignera du monde des entendants et donc d'elle. Pourtant, quelque chose en moi me dit que c'est important. J'éprouve ce sentiment-là chaque fois que je regarde des sourds communiquer entre eux. Toute mon identité le réclame. Comment se fait-il que ma mère, qui me connaît si bien, ne l'entende pas ?

– Je vais y réfléchir, me dit-elle en arrêtant la voiture devant le cabinet de Valérie.

Je l'observe un moment avant de descendre de voiture. Ses yeux soulignés de noir brillent de fureur et d'impuissance. Mais ce que je décèle surtout, c'est de la tristesse. Je ne voulais pas lui faire de la peine. J'ai juste laissé mon âme s'exprimer sans me douter que ça la toucherait autant.

– Je vais y réfléchir, me répète-t-elle en retirant précipitamment les clés du contact avant d'ouvrir la portière.

Lorsque je sors du véhicule à mon tour pour la rejoindre, elle détourne la tête pour me cacher son visage et tirer un mouchoir de son sac.

*

* *

Valérie pose ses yeux couleur de ciel sur moi pour m'envelopper d'une tendresse toute maternelle. Lorsqu'elle me regarde comme ça, je m'imagine le bonheur de ses enfants… immense, comparable à celui que j'éprouve quand Maman me serre dans ses bras. Petite, je lui attribuais des pouvoirs de magicienne. Aujourd'hui, je sais qu'il s'agit d'un talent : elle est faite pour rassurer, pour guider les autres sur le chemin de la vie. En la voyant, n'importe qui se dirait la même chose.

– Alors, comme ça tu veux apprendre la langue des signes… commence-t-elle en articulant bien. Pourquoi maintenant ?

– Parce que je suis assez grande. Et puis quasiment tous les sourds que j'ai rencontrés pratiquent cette langue. J'aimerais bien mieux les comprendre quand je vais à l'ARES.

Valérie hoche la tête en souriant. Elle a les traits tirés par la fatigue aujourd'hui. Elle aussi, elle a de longues journées. Ça demande de l'énergie de s'occuper de tous ces gens que je croise dans la salle d'attente à chaque fois que je viens. C'est sûr.

– J'en parlerai avec ta maman après la séance, d'accord ? Maintenant, il faut travailler, me déclare-t-elle en sortant des listes de mots compliqués que je vais devoir lire et expliquer.

J'ai rencontré quelques difficultés pendant cette séance-ci. J'avais la tête ailleurs, l'esprit englué dans les événements forts en émotions qui avaient constitué cette journée. Je n'arrivais pas à me concentrer sur la liste de termes devenue quasiment illisible avec toutes les images qui parasitaient mon champ de vision. Alors Valérie et moi, on a commencé à discuter. Son expérience lui a soufflé que quelque chose clochait chez moi aujourd'hui, qu'il n'y avait plus assez de place dans mon esprit pour faire rentrer de nouvelles informations. Mon orthophoniste m'a donc parlé un peu de ses enfants, puis de mes progrès. Elle m'a redonné courage à coups de compliments, exactement ce dont j'avais besoin après la journée que je venais de passer.

Quand Maman pénètre dans le bureau à la fin de la séance, Valérie met la langue des signes sur le tapis. Et quasiment aussitôt, le visage de Maman se ferme.

– Hélène, je crois que Sophie est prête. Ça ne la ralentira pas dans son apprentissage du français parlé, je vous assure, lui a-t-elle promis.

Ma mère ne semblait toujours pas convaincue. Tendue comme un « I » sur sa chaise, on aurait dit que tout son corps refusait de me voir un jour signer.

– Après tout ce que nous avons fait pour qu'elle parle..., lâcha-t-elle finalement en fermant les poings sur ses genoux.

– Et vous avez réussi, Hélène. Sophie s'exprime très bien aujourd'hui. Et elle travaille dur.

– Je vais y réfléchir. Il faut que j'en parle avec mon mari, l'interrompit-elle pour clore la question.

Je devinais les sentiments de ma mère bouillonnant dans son ventre. Comme si ma requête avait réveillé une armée de souvenirs, ces années de lutte pour fendre la bulle dans laquelle j'étais née.

En quittant le bureau de l'orthophoniste quelques minutes plus tard, nous n'avons pas échangé un mot. Je savais qu'il fallait lui laisser le temps de penser à tout ça, d'en discuter avec mon père et que j'avais suffisamment insisté pour qu'elle ait conscience de l'importance que cette langue avait pour moi. Et lorsque nous nous sommes installées dans la voiture et que j'ai perçu les vibrations de l'engin qui démarrait, je n'ai pas pu m'empêcher de me dire que l'intervention de Valérie aiderait ma mère à prendre la bonne décision.

*

* *

Depuis hier, on n'a plus parlé des signes. J'ai beau être sourde, je me doute bien que mes parents en ont débattu en murmurant dans le secret de leur chambre. Parce que ce matin, quand je suis descendue pour le petit déjeuner, j'ai découvert des auréoles bleues sous leurs yeux tendres, des sillons tracés par la fatigue au coin de leur bouche. Je brûlais de leur demander leur verdict, mais je n'ai pas osé. Trop tôt. Je craignais que mon insistance les braque sur un refus. Alors j'ai fait comme si de rien n'était, cachant ma curiosité derrière le voile que le sommeil avait descendu sur ma face.

La journée se déroula normalement, sans incident. Ni critiques ni mauvaises notes. Aussi lorsque Maman vint me chercher à la sortie du collège, je la lui contais calmement. Les mots se décrochèrent lentement de ma bouche, sans produire d'avalanches. Elle m'écouta l'air un peu distrait. Les traits moins tirés que le matin même, mais le regard perdu sur la route. Je lui rapportais les sujets que nous avions abordés en cours de français et d'histoire, les problèmes posés en mathématiques et ma leçon particulière d'anglais. Mon professeur, conscient de mes difficultés, avait gentiment proposé de me donner des cours sans les autres élèves. Il s'asseyait en face de moi pour me permettre de bien lire sur sa bouche, d'apprivoiser ces nouveaux mots venus d'ailleurs sans les entendre. Et contre toute attente, je faisais des progrès, j'étais bien contente.

Quand Maman arrête la voiture devant le gymnase, j'ai terminé mon petit rapport. Elle m'a prévenue quand je suis montée : on devait passer chercher Violène au karaté avant de rentrer à la maison. La pénombre enveloppe déjà le bâtiment au moment où nous en franchissons la porte d'entrée. Une odeur de tapis en mousse et de pieds nus plane dans la salle immense. Une trentaine d'adolescents répartis à divers endroits par groupes de deux s'entraînent au combat. Je repère rapidement la silhouette familière de ma sœur, au fond à droite. Comme tous ses camarades, elle porte une tenue blanche avec une ceinture de couleur. Maman et moi sommes manifestement arrivées en avance. Le cours ne semble pas terminé. J'en profite donc pour observer les apprentis karatékas remuer leur corps pour lancer des attaques. Leurs mouvements me captivent. Précis et travaillés, j'y lis des intentions : agressives ou au contraire défensives.

Un manque d'assurance aussi parfois. Aucun d'eux ne parle, entièrement concentrés sur leurs gestes. Et tandis que je contemple ce spectacle surprenant, un corps se détache de l'ensemble. Un homme musclé, le teint mat, les cheveux noirs et bouclés vient dans notre direction, le sourire aux lèvres. Son kimono lui donne un air altier et viril qui m'impressionne. Instinctivement, je recule pour me rapprocher de ma mère, me placer sous sa protection.

– Bonjour, lâche-t-il en révélant des dents blanches comme des perles.

– Bonjour, vous allez bien ? demande Maman en tendant sa main au professeur prénommé Juan.

– Très bien, et vous ? rétorque-t-il. C'est votre deuxième fille ?

Il plie ses genoux en posant sa question pour se mettre à ma hauteur. L'homme a l'iris noir et le regard profond. Ses mains larges indiquent sa force, ses lèvres épaisses, sa gentillesse. Mais sa carrure m'intimide. Et puis, je ne suis jamais très à l'aise avec les étrangers, même quand ils n'ont pas l'air méchant.

– Oui, Sophie. Elle est sourde, explique-t-elle.

Ma mère veille toujours à bien le préciser chaque fois que nous rencontrons quelqu'un. Pour contrer la fourberie de mon handicap. Faire en sorte que les gens articulent bien, ne crient pas pour se faire entendre.

– Je peux vous l'enlever quelques minutes ?

Maman me jette un coup d'œil encourageant, un regard tendre me signifiant que je ne cours aucun danger. Juan de son côté a dû sentir mon hésitation parce qu'il me présente sa paume large et blanche, tel un écrin pour mes doigts tout fins. Lentement, comme le ferait un animal craintif, j'amorce un pas vers lui pour l'autoriser à m'éloigner de ma mère. Mais pas longtemps, hein ? Quelques minutes. Le professeur de karaté me conduit alors au fond de la salle, à l'endroit où des échelles courent sur les murs pour mener au plafond. Je me demande bien pourquoi il m'emmène là. Souhaite-t-il tester ma résistance au vertige ? Parvenu tout près de la cloison, il s'arrête devant un petit tas multicolore de ceintures, en tire trois et revient devant moi. Perplexe, je l'observe étaler les rubans sur le sol vert et moelleux. Je m'aperçois rapidement qu'il est en train de tracer un dessin par terre. Un « T » avec une deuxième barre à l'autre extrémité. Une fois qu'il a terminé, il contemple un instant son œuvre avant de me faire signe d'avancer jusqu'à la frontière qu'il vient de créer.

Ensuite, il se place en face de moi, de l'autre côté de la barrière imaginaire et les bras le long du corps, il s'incline pour me saluer. D'abord stupéfaite, je finis par l'imiter et me courbe à mon tour. Juan hoche imperceptiblement la tête avant d'exécuter quelques mouvements simples sur la gauche, sur la droite, que je suis à la lettre pour les reproduire. Pendant toute cette démonstration, il n'a pas besoin de prononcer le moindre mot. Chacun de ses gestes tient lieu de discours, délimité par une image en forme de « T » inscrite sur le sol. La leçon particulière improvisée a duré dix minutes à peine. Pourtant elle a suffi pour susciter en moi le désir de poursuivre mon apprentissage.

Pour la première fois, j'ai envie de m'inscrire à un sport. Et dès que le professeur me libère, après m'avoir saluée de nouveau, j'ai hâte de recommencer. J'imagine que c'est justement parce que l'homme aux yeux noirs a su s'adapter à moi, qu'il n'a construit aucune phrase, se contentant de cadrer son enseignement dans un dessin, décrit sur le sol.

– Votre fille est douée, lâche-t-il à ma mère aussitôt que nous l'avons rejointe.

Je sens un sourire s'étaler sur mon visage, l'irradier d'un coup. Ça me plaît de m'être illustrée dans une discipline sans avoir eu l'impression de fournir le moindre effort, sans avoir dû me concentrer sur les lèvres du monsieur pour comprendre ce qu'il attendait de moi.

– Ça t'a plu, Sophie ? me demande Maman en me prenant la main.

J'acquiesce vivement.

– Je donne aussi des cours pour les plus jeunes. Il reste de la place si jamais Sophie souhaite s'y inscrire, je serais ravi de la compter parmi mes élèves. Je suis persuadé que nous pourrions en faire une excellente karatéka, lance le professeur avant de signaler la fin du cours aux adolescents attroupés derrière lui.

Je jette un coup d'œil à ma mère pour voir ce qu'elle en pense. Elle paraît aux anges. Peut-être a-t-elle remarqué, en assistant à mes premiers pas sur le tatami, que j'avais apprécié cette nouvelle forme d'expression. Que j'avais aimé maîtriser mon corps, le faire parler en écho à celui du professeur.

– On pourrait t'inscrire à ce cours, qu'est-ce que tu en dis ?

Je hoche la tête sans hésitation en songeant à toutes les images que l'homme fera surgir sur les tapis, au sentiment que j'ai éprouvé en le saluant près des échelles : celui d'être comprise sans avoir à pousser ma voix.

– Bien, je passerai dans la semaine, alors, me promet Maman tandis que Violène vient nous rejoindre.

Ma sœur s'est rhabillée comme ce matin. Elle a remis son jean et son gros pull à col roulé. Une certaine sérénité marque son visage ; je n'ai pas besoin de lui demander ce qu'elle ressent à cet instant précis. Je le sais.

Une fois que ma mère a salué Juan et que Violène et moi l'avons remercié, nous repartons toutes les trois vers la voiture. L'obscurité étouffe les paroles de ma mère en me dérobant ses lèvres. Mais je devine de quoi elle parle avec ma sœur. De sa journée. Peut-être du compliment que m'a fait le professeur. Quand nous arrivons à la maison, il est vingt et une heures passées. Papa nous y attend avec le sourire. Je me précipite aussitôt vers lui pour lui raconter l'aventure survenue au gymnase, pendant que ma mère prépare le dîner. Il m'écoute, l'air amusé, avant d'encourager Maman à m'inscrire au cours.

J'ignorais encore à ce moment-là que mes parents me préparaient une surprise pour le dîner. Au moment du dessert, après nous être régalés avec les petits plats succulents de ma mère, cette dernière, arborant l'air énigmatique du comploteur, m'annonça qu'elle m'offrirait deux livres pour ma communion. Deux manuels pas comme les autres. Épais et précieux. Une méthode pour apprendre la langue des signes.

Chapitre IV

Elle reviendra

Grâce au soutien de Sophie, de Valérie et de ma famille, je suis passée en cinquième. Je me suis sérieusement mise à la langue des signes, que je pratique de mieux en mieux grâce à l'ARES et peut-être un peu à Davy. Quant aux autres élèves, aux moqueurs qu'on trouve toujours dans toutes les classes, je suis désormais complètement immunisée contre leur venin. Leurs murmures, leurs sourires en coin et leurs coups d'œil torves ne m'atteignent plus. Et puis je me sens protégée par la présence de mon amie Sophie, à mes côtés, ça me fait du bien. J'ai commencé le karaté aussi. Juan avait raison : je progresse vite. Reproduire des gestes, se mettre en position d'attaque ou de défense tout en gardant son calme, c'est tout à fait dans mes cordes. J'ai déjà passé une ceinture et ne tarderai pas à décrocher la suivante. Pour une fois, je suis récompensée sans avoir l'impression de fournir le moindre effort. Je vois mes progrès dans le changement des couleurs autour de ma taille.

Aujourd'hui, il neige. Un épais manteau blanc enveloppe le jardin, lui donnant un côté complètement féerique.

Limoges en revanche a pris des teintes grises. Les voitures et les passants teignent les rues de boue. Ma journée de cours est enfin terminée et Maman m'accompagne au cabinet de Valérie. Le ciel s'assombrit à l'approche du crépuscule. Il fera bientôt nuit.

– Cette semaine, Valérie ne sera pas au cabinet, m'annonce Maman avec une ombre sur le visage que je mets sur le compte de l'obscurité qui gagne du terrain.

– Pourquoi ? m'enquis-je.

– Parce qu'elle est malade. On l'a hospitalisée.

Il y a quelques mois de ça, mon orthophoniste m'a en effet prévenue qu'il lui arriverait de s'absenter. J'ai bien remarqué les croissants de lune bleus sous ses yeux, les traits tirés par la fatigue sur ses joues, le voile anormal sur ses pupilles bleues. Elle m'a nommé sa maladie, me l'a écrite sur un papier, à l'envers, comme toujours, la main peut-être un peu plus tremblante que d'habitude : cancer. Je ne sais pas vraiment ce que c'est. Elle a bien essayé de m'expliquer : des mauvaises cellules qui se multiplient dans le corps. Des cellules qu'il faut éliminer avec des traitements forts. Des traitements qui la retiendront parfois loin du cabinet, loin de moi.

Dans ces cas-là, Agnès s'occupera de mes séances. Agnès, c'est sa collègue, celle qui a son bureau tout de suite à droite en entrant. Elle a l'air gentille, mais ce n'est pas Valérie. Elle ne connaît pas aussi bien le LPC, elle ne sait pas écrire à l'envers et je dois faire des efforts pour la comprendre.

– Mais elle reviendra la semaine prochaine, hein ?

La nuit s'est pratiquement installée dans la voiture. Les phares des véhicules qui arrivent en face éclairent le visage de Maman par intermittence. Je lui trouve l'air triste, tandis qu'elle cherche quoi me répondre.

– Nous l'espérons tous. Mais tu sais, la maladie...

– Oui, elle reviendra.

Je détourne les yeux après l'avoir interrompue. Je sais très bien ce qu'elle voulait ajouter. Elle me l'a déjà précisé deux semaines plus tôt, en m'apprenant que Valérie allait séjourner à l'hôpital : « C'est une maladie grave », a-t-elle lâché du bout des lèvres. Et je refuse désormais de lire ça sur la bouche des autres. Je refuse de penser que Valérie est en danger. Je refuse l'idée même qu'elle peut mourir. Les gens comme elle, les magiciennes qui savent écrire à l'envers, faciliter la vie des autres, les aimer sans intérêt, ces gens-là ne meurent pas. Ils sont invulnérables et indestructibles. La gravité n'existe pas pour les bons. Elle ne concerne que les méchants. Et je ne laisserai personne prétendre le contraire. Pas même ma propre mère. D'ailleurs, elle le devine à ma tête tournée vers la vitre, à mon regard qui fuit pour ne pas l'écouter, que je crois à la rémission de mon orthophoniste. Plus que jamais.

Lorsque nous arrivons devant le cabinet, la ruelle me semble plus noire que d'habitude malgré la neige. Le petit immeuble qui abrite les orthophonistes, plus bas. Le décor familier de la salle d'attente me paraît hostile, les femmes des magazines sans intérêt. Je n'ai pas envie de travailler avec quelqu'un d'autre que Valérie.

– Sophie, on y va ?

Agnès est apparue dans l'embrasure de la porte. Elle est brune avec les cheveux courts comme sa collègue malade. Pourtant, malgré son sourire aimable et son regard bienveillant, elle ne lui ressemble pas. Personne n'est aussi doux que Valérie. Personne.

Je m'arrache néanmoins de mon fauteuil en soufflant et sens ma bulle s'épaissir tandis qu'on passe devant la porte close du bureau de ma protectrice. Je sais d'avance que cette séance avec Agnès ne donnera rien. Je me demande même pourquoi je suis venue. Le cabinet de cette femme a beau comporter un bureau et des étagères comme dans l'autre, je ne retrouve pas le désordre rassurant de mon orthophoniste, les piles de papiers et de livres en pagaille de mon amie. Je ne peux pas bosser dans ces conditions. Impossible.

– Alors, comment s'est passée ta journée aujourd'hui, Sophie ? me demande-t-elle en articulant soigneusement.

– Bien.

Jusqu'à présent, je vois bien dans ses yeux que cette femme ne me veut aucun mal. Qu'elle veut m'aider. Qu'elle n'a pas mauvais fond. Mais je me refuse à lui laisser croire qu'elle pourrait remplacer ma bienfaitrice. J'aurais l'impression de la trahir, de lui avoir été infidèle.

– Bon, tant mieux. Alors nous allons commencer, m'annonce Agnès en sortant une feuille remplie de mots compliqués.

Je soupire encore. Quel calvaire ! L'heure s'écoule tellement lentement dans ce cabinet. Et puis cette femme ne me comprend pas bien. Elle ne saisit pas qu'aujourd'hui je n'ai pas envie de travailler. Qu'elle est certainement compétente, mais pas avec moi. Je veux Valérie. Je veux Valérie. Je me le répète en boucle jusqu'à ce que la porte s'ouvre enfin sur ma maman qui va pouvoir me libérer.

– Coucou, ma Sophie, lance-t-elle avec un sourire. Comment s'est passée la séance ? demande-t-elle à Agnès en s'asseyant à côté de moi.

La jeune femme me jette un coup d'œil interrogateur derrière ses lunettes. « Qu'en penses-tu, Sophie ? » semble-t-elle lancer. Je baisse la tête en boudant, devinant ce qu'elle s'apprête à dire à ma mère. Je ferme ma bulle. Pas envie de les écouter. Au bout de quelques secondes, je sens une main me tapoter l'épaule pour m'arracher à mon silence.

– ... difficile, c'est vrai ? s'enquit Maman.

Bien sûr que c'est difficile. Je ne suis pas habituée aux lèvres de cette orthophoniste, à la rumeur de sa voix, ni même à son écriture. Et je passe sur son parfum qui n'a rien à voir avec celui de Valérie. Je me contente de hocher la tête sans révéler les colonnes de détails qui me viennent à l'esprit. Je ne veux pas vexer Agnès. Mais je sens la blessure inévitable. Ce n'est pas de ma faute si elle n'est pas Valérie. Ma mère le comprend, je crois. Aux plis qui se forment à la commissure de ses lèvres au moment où ces quelques mots apparaissent :

– Elle est un peu perturbée par la maladie de Valérie. Elle n'aime pas trop le changement.

Agnès acquiesce sans répondre, en esquissant un sourire triste. Elle a essayé. J'ai bien remarqué ses efforts pour me donner des repères, pour me mettre à l'aise. Ça n'a pas marché. On ne m'apprivoise pas facilement. Parce que je suis sauvage, comme dit Maman. Je garde mes distances pour pouvoir me replier si je me sens attaquée. L'orthophonie, c'est le territoire réservé à Valérie. Je suis bien décidée à le préserver jusqu'à son retour.

*

* *

Les mois se poursuivent, ponctués par les absences de plus en plus fréquentes de mon amie. Quand je la sais à l'hôpital, je pense souvent à elle. Je l'encourage, je lui demande de s'accrocher. Il m'arrive même de prier pour elle. De supplier Dieu qu'elle me soit rendue. En attendant qu'elle revienne, je continue à redoubler d'efforts en classe. Comme ça, je me dis que je pourrai lui montrer mon bulletin, lui prouver que je fais des progrès et que c'est grâce à elle. J'essaie d'y mettre un peu du mien avec Agnès aussi. Mais c'est moins facile. Je n'accepte toujours pas l'idée que mon amie soit remplacée par quelqu'un d'autre. Ça me donnerait la sensation de l'oublier. Et ce n'est pas envisageable du tout.

Aujourd'hui quand Maman vient me chercher au collège, elle m'annonce, le visage radieux, que Valérie m'attend à son cabinet. Moi qui avais redouté la séance chez l'orthophoniste tout l'après-midi, je l'aborde désormais avec enthousiasme. Ma protectrice est rétablie. À partir de maintenant, elle ne m'abandonnera plus. On ne lui substituera plus personne. Jamais. En pénétrant dans le couloir qui conduit à la salle d'attente, je jette un coup d'œil impatient à sa porte, si souvent restée close ces derniers temps. Dans la salle d'attente, je ne parviens pas à rester en place tant j'ai hâte de la voir. Je feuillette furieusement les magazines en surveillant le battant qui s'ouvrira bientôt sur ma protectrice. Ça fait presque trois semaines que je ne l'ai pas vue.

Puis enfin, la porte s'ébranle et la silhouette amaigrie de la seule orthophoniste capable de me guider vers le monde des entendants apparaît sur le seuil.

– Bonjour, Sophie, me lance-t-elle en souriant.

Je lui réponds en masquant ma surprise. Je la connaissais pâle, je la découvre livide. On dirait presque que sa peau est devenue transparente, fragile comme du verre, susceptible de se fendre. Le voile de fatigue s'est épaissi sur sa pupille et elle semble nager dans ses vêtements trop grands. Pourtant, elle n'a rien perdu de sa douceur. Elle dégage toujours la même tendresse mêlée de force qui l'a rendue indestructible. Tandis que j'inscris mes pas dans les siens pour traverser le couloir et gagner son bureau en face de la salle d'attente, j'inspire profondément pour m'imprégner de son parfum ténu, quasiment imperceptible, qui m'a tant manqué.

En pénétrant dans la pièce, je retrouve le désordre familier, la fenêtre sur la ruelle, les lignes irrégulières des livres sur les étagères. Et quand elle s'assoit pour me demander comment s'est déroulée la journée, j'ai l'impression qu'elle n'est jamais partie. Je lui raconte les cours, les autres élèves parfois méchants, et Sophie ma fidèle amie. Je lui parle du conseil de classe qui aurait lieu bientôt et déciderait du passage en quatrième pour lequel j'ai bon espoir.

– C'est bien Sophie, je suis fière de toi, me dit-elle en se dandinant sur son siège.

– Et toi, comment tu vas ?

Je lui pose la question en sondant son regard. J'y ai repéré une lueur de douleur. Une lueur qui n'a rien à y faire. Il n'y a pas de place pour les nuages dans ses yeux bleus.

– Eh bien, je continue à me battre, me répond-elle en forçant un sourire.

Ses mains se sont légèrement agrippées à la table. Elle s'accroche. Et je suis persuadée qu'elle ne tombera pas. Sa douceur est plus forte que la souffrance, que la maladie, que la mort même. Je suis persuadée qu'elle se remettra. Alors je le lui dis. Avec l'assurance dont seuls les enfants inconscients sont capables.

– Oui, tu guériras.

Son sourire redevient confiant, plein d'espoir. De ceux qu'elle me sert pour m'encourager à nourrir mes efforts. Ensuite, elle tire une feuille de papier du tas qui trône sur son bureau en bois noir pour commencer la séance. Cette fois, je m'applique, je me concentre, ne m'autorisant aucune erreur. Je décortique chaque mot avant de les prononcer. Je tiens à la satisfaire, à voir son visage si blanc s'empourprer légèrement en déclarant à Maman les progrès que j'ai faits. Je veux voir apparaître des compliments au creux de sa bouche et la fatigue disparaître de son front. Voilà pourquoi je mets tant d'ardeur dans cette leçon pour une fois. Je m'y investis tellement que l'heure s'enfuit et que je suis surprise d'apercevoir si vite ma mère dans l'embrasure de la porte.

– Bonjour, Valérie. Alors ? Comment allez-vous ? demande-t-elle en s'asseyant.

Malgré ses efforts pour le cacher, j'ai bien remarqué que Maman s'inquiétait ces dernières semaines. Depuis le temps qu'elle s'occupe de moi, mon orthophoniste est devenue une amie. Quasiment un membre de la famille. Je sais qu'elle a aidé ma mère à venir à bout de mes crises de petite fille, qu'elle l'a rassurée et accompagnée dans son combat contre ma surdité. Ça explique que son front se plisse en lui demandant des nouvelles de sa santé. Elle s'en fait autant pour Valérie que pour nous quand on est malades.

– Ça va, je tiens le coup, répond celle-ci avant de changer de sujet. Sophie a très bien travaillé aujourd'hui.

*

* *

Je suis passée en quatrième, comme prévu. Mes efforts ont payé. Pas beaucoup ; juste assez pour entrer en classe supérieure. Quand je l'ai annoncé à Valérie, son visage s'est éclairé d'un sourire étrange : familier et inconnu à la fois. Je refuse de l'admettre, mais sa maladie progresse. Elle empiète sur sa jeunesse, ça se voit. Aux empreintes laissées par la fatigue sur son visage. Indélébiles.

Nous sommes au mois d'octobre et ces deux dernières semaines, c'est Agnès qui s'est occupée de moi. Je vais au cabinet en traînant les pieds, persuadée que ces séances ne servent à rien sans ma protectrice. Je ne peux pas progresser avec une inconnue qui ne me comprend pas, qui ignore comment percer ma bulle. Alors j'attends que Valérie se rétablisse, retrouve ses couleurs et se libère enfin de cet hôpital qui la retient prisonnière. Aujourd'hui, je n'ai pas classe, ni cours de rattrapage, ni rendez-vous chez l'orthophoniste, ni karaté. C'est le week-end. La trêve dans mes semaines surchargées. J'ai dormi longtemps, ouvrant les yeux parce que la lumière cognait derrière mes paupières. Quand je suis descendue pour prendre le petit déjeuner, Maman était dans la cuisine en robe de chambre et m'a adressé un sourire en forme de blessure lorsqu'elle m'a vue entrer. Le brouillard du sommeil m'a empêchée d'y trouver un présage. Je n'ai pas fait attention. Je me suis assise dans la véranda qui donne sur le jardin.

Je mange un petit pain en feuilletant le journal qui traînait sur la table. Je tourne les pages, les yeux embrumés, l'esprit encore coincé dans mes songes. Les images défilent en couleur ; parfois je suspends mon regard à une phrase, lis le paragraphe d'un article. Et alors que je m'apprête à fermer le quotidien, tout s'arrête. Le temps, mon souffle, mon rythme cardiaque. En gros titre : rubrique nécrologique. En dessous, dans un encart en forme de cercueil, un nom que je connais : « Valérie ». Je lis, je relis. Ils se sont trompés. Pas possible autrement. Je me frotte les yeux. Le sommeil, ce traître, me joue un mauvais tour. Je ferme le journal en gardant la page, le rouvre : « Valérie... ». Une odeur de mort plane dans la pièce, étouffante. Mon cœur va exploser sous la pression de cette nouvelle inacceptable. C'est parce que je le sens enfler que je crie. Fort. Un hurlement comme je n'en ai jamais poussé. Un appel au secours.

– Sophie... Sophie, qu'est-ce qu'il y a ?

Maman est entrée, l'air affolé. Elle me prend dans ses bras, me berce. Mais moi je continue à me briser la gorge, à faire vibrer mes entrailles. Comment se fait-il que ce journal n'ait pas disparu ? Que ce cauchemar continue ? Que les mains de ma mère qui, d'habitude ont le pouvoir de me tirer du sommeil le plus profond, ne parviennent pas à m'arracher à ce délire ?

– Sophie, calme-toi, voyons. Calme-toi !

J'ai l'impression que je ne vais jamais réussir à me taire, que je ne cesserai jamais de crier. Tremblante, la gorge en feu, je montre à Maman la mort inscrite en lettres noires sur le journal, en espérant qu'elle va démentir, plisser son front en traitant les journalistes d'incapables. Mais au lieu de ça, elle se courbe, la tête penchée en avant, pinçant ses lèvres pour retenir les larmes qui menacent de lui déchirer le visage. Puis lentement elle relève les yeux vers moi. Et moi je recule. Parce que j'ai repéré dans son regard l'inacceptable confirmation. Valérie... morte.

– Je ne savais pas comment te le dire, m'avoue sa bouche.

– Non !

– Je l'ai appris par Patrick, continue-t-elle.

Patrick est un ami de la famille. Médecin. Mon cœur réclame un deuxième avis.

– Non !

– Valérie nous a quittés.

– Non !

Aucun autre mot ne me vient. Cette mort, je ne peux pas l'accepter. J'ai vu mon amie il y a une semaine à peine. Elle se portait bien. Malgré ses cernes, son teint livide et sa maigreur. Elle respirait, elle parlait, elle remuait ses doigts fins sur sa joue pour m'aider à coller des images sur sa parole. Alors non ! Ils se trompent tous ! Ce médecin, ces journalistes, ma mère. Ils se sont laissé berner par sa maladie. Valérie est un roc. Les montagnes, ça ne meurt pas. C'est indestructible, invulnérable.

– Calme-toi, Sophie !

– Non !

J'éloigne ma tête du regard triste et irrespirable de ma mère. J'étouffe ici. Besoin d'air.

– Sophie ! dit Maman en s'approchant de moi.

Je l'ai deviné. Mon nom prononcé avec tendresse pour essayer de m'apaiser. Un mot que je ne verrai jamais plus fleurir sur les lèvres roses de Valérie. En y songeant, je recule encore, m'éloignant de la preuve, de ma mère. Et je crie. Encore. Parce que je ne vois pas comment me sortir de cet enfer autrement. J'ai besoin d'expulser. Et je n'ai pas assez de vocabulaire pour exprimer ce que je ressens. De la colère, de l'incompréhension, de la souffrance. Cet encart m'a volé une partie de moi-même et je ne sais que hurler pour essayer de la retenir.

– Sophie, arrête. Arrête, Sophie !

Maman titube en me rejoignant, ivre de ma douleur. Quand elle me prend dans ses bras, je sens sa joue vibrer contre la mienne. Des vibrations douces, correspondant certainement à des phrases de réconfort. Doucement mon cri s'éteint, balayé par une vague de sanglots. Puis une seconde. Moi qui ne pleure jamais, qui retiens toujours les flots de détresse dans mon ventre, je me transforme en torrent. Je m'épuise dans le chagrin avec l'espoir insensé que ça ramènera la seconde maman qu'un journal vient de tuer.

*
* *

Beaucoup de gens disent qu'il faut se préparer à la mort, à la disparition de nos proches. Parce qu'elle fait partie de la vie. Pourtant, moi je n'ai jamais réussi à m'y faire. Je me suis toujours convaincue que ma famille, mes amis étaient protégés, que mes sentiments les mettaient à l'abri des misères.

Voilà pourquoi je n'admets toujours pas le décès de Valérie, même vêtue de cette robe noire, à l'aube de cet enterrement. Je continue de penser qu'elle va revenir. En descendant les escaliers pour rejoindre mes parents, je me sens bouillir de révolte et suis obligée de serrer les poings pour ne pas crier. Depuis que j'ai vu le nom de ma bienfaitrice dans le journal, son épitaphe dans la rubrique nécrologique, mon cœur n'a pas cessé de hurler. Et j'ai un mal fou à ne pas le laisser vibrer dans ma gorge. Il cogne dans mes tempes quand on rentre dans la voiture, me donne des coups de poing dans le ventre quand on en descend, scelle mes lèvres quand nous nous retrouvons, ma famille et moi devant l'église. Les parents de Valérie sont là, ainsi que son compagnon et ses trois enfants. Je tressaille en repensant à toutes ces fois où mon amie m'a parlé d'eux pendant nos séances, à son sourire rayonnant d'amour, à ses yeux débordant d'affection. En voyant leur visage, je reconnais le gouffre vertigineux qui s'est creusé sur le mien en apprenant sa disparition. Des centaines de fleurs sont amassées dans l'église pour rendre hommage à une femme d'exception. Nous sommes venus tellement nombreux que le bâtiment peine à nous contenir tous. Alors certaines personnes restent debout, près de l'entrée.

Après quelques minutes, une fois que tout le monde s'est installé, le prêtre commence à parler. Je ne perçois pas ce qu'il dit puisque je ne vois pas ses lèvres. Mais je sais très bien qu'il n'arrivera pas à justifier la mort de Valérie, à expliquer pourquoi Dieu a choisi de la rappeler auprès de lui. Il aurait pu désigner une vilaine personne, sans famille, sans ami, qui n'aurait manqué à personne. Alors que Valérie... elle était appréciée de tous. Sa gentillesse et son courage ont marqué tous nos esprits. Je sens mes larmes brûler mes joues, la rage grandir en moi devant cette injustice. Comment va-t-on faire sans elle ? Comment réussira-t-on à vivre sans sa présence, ses conseils, son sourire ? À cet instant précis, je dois bien admettre que ma foi s'étiole, que Dieu a pris pour moi un autre visage : machiavélique et sans pitié. Ainsi, lorsque nous sortons de l'église, je sais que je ne prierai plus. Parce que je me suis rendu compte aujourd'hui que le père de l'Église est sourd et qu'il ne lit pas sur les lèvres de ses fidèles pour les exaucer.

*

* *

Je n'ai pas envie d'aller à l'école. Ni au karaté. Encore moins chez l'orthophoniste. Je veux rester à la maison, enfermée dans ma bulle renforcée par ma couette. Maman est passée ce matin pour me réveiller comme d'habitude. Sauf que rien n'est plus comme d'habitude depuis la disparition de Valérie. Elle a emporté ma joie de vivre avec elle et je ne parviens à trouver la paix que dans ma chambre, plongée dans la pénombre. Me lever tôt pour être prête à l'arrivée du taxi, passer prendre Davy, retrouver Sophie : tous ces rituels qui ponctuaient mon quotidien et me le rendaient plus facile me demandent trop d'efforts. Je me sens terrassée, plus la force de maintenir mon masque souriant. Et mon âme qui n'arrête pas de hurler. Alors quand ma mère m'a frôlée de sa main délicate, je l'ai suppliée de me laisser rester à la maison, loin des bouches et des paroles à déchiffrer. Je n'ai pas eu à gémir trop longtemps. Maman a bien compris en voyant mon visage sans sommeil, grimacer pour éviter d'aller à l'école, que je ne faisais pas simplement un caprice. Que j'avais besoin de m'isoler pour faire mon deuil.

– Je vais prévenir l'administration, m'a-t-elle promis en caressant ma joue brûlante avant de quitter ma chambre.

Je suis restée allongée une bonne partie de la journée, entre le sommeil et l'éveil, le cauchemar et la réalité, écrasée par mon chagrin. Et quand je suis descendue pour le dîner, que j'ai rejoint mes parents sous la véranda, le fantôme de ma protectrice m'a suivie. Je n'arrêtais pas de revoir des images de nous, d'elle, de moi sans elle, de moi dépossédée d'elle par un journal. Papa, Maman et Violène ont bien essayé de me divertir, mais ma bulle avait épaissi pendant la journée. Comme si ma réclusion avait éteint mes appareils, rendu leurs lèvres illisibles. J'avais sombré dans un puits sans lumière et je ne voyais pas comment m'en sortir.

De retour dans ma chambre, je me suis remise sous la couette et j'ai étouffé mes larmes au creux de l'oreiller. Ensuite je me suis endormie de désespoir.

Les jours suivants, j'ai repris petit à petit le chemin de l'école. J'ai recommencé à voir Sophie, Davy, mes amies de l'ARES. Pourtant, lorsqu'ils m'interrogeaient sur les raisons de mon absence, en signes ou en paroles, je n'arrivais pas à leur répondre. J'avais l'impression que je ne pouvais formuler la mort de Valérie qu'en criant. Aucune image, aucun mot ne semblait capable d'exprimer ce que j'éprouvais. Et puis, c'est peut-être idiot, mais je refusais de tuer celle qui m'avait guidée jusqu'ici en prononçant sa mort. Ainsi gardais-je ce deuil au fond de moi, l'enfouissant le plus loin possible, en veillant chaque jour à ce qu'il ne ressurgisse pas.

CHAPITRE V

Davy, mon secret

– Sophie, il faut que tu continues tes séances d'orthophonie, dit Maman.

– Non !

Pas question. Je refuse de céder la place de Valérie à quelqu'un d'autre. Personne ne lui arrive à la cheville. Personne ne sait m'apprendre comme elle m'enseignait, me cerner comme elle me comprenait. Personne n'a son sourire, son regard. Personne.

– Sophie, c'est important. Tu ne vas pas tout lâcher maintenant ? Je sais que tu as de la peine pour Val...

– Non ! Arrête ! Je ne veux plus t'entendre !

J'ai éteint mes appareils et détourné la tête. Comme ça, elle peut bien me gronder, crier, hurler, je ne l'écoute pas. Je ne l'entends plus. Je m'engage dans l'escalier pour regagner ma chambre. Je perçois les vibrations des marches me signalant que ma mère me talonne de près. Qu'elle me suive ; je ne changerai pas d'avis. J'arrive devant ma porte. Et alors que je m'apprête à la pousser, une main m'agrippe le bras, une autre me soulève le menton pour me forcer à déchiffrer l'ordre sur les lèvres.

– Sois raisonnable Sophie.

Je secoue la tête. Retourner au cabinet est au-dessus de mes forces. J'aurais l'impression de la voir partout. Son souvenir a imprégné la salle d'attente. Sa présence hante le couloir. Et son bureau. Non, je n'y arriverai pas.

– Sophie, tu dois continuer à travailler. Pour nous, pour elle…

Maman essaie de me convaincre. Elle n'arrête pas de remuer les lèvres pour m'encourager. Mon père, qui était resté en bas, vient bientôt la rejoindre. Des arguments pleuvent de sa bouche. « Continuer », « vivre », « poursuivre ses efforts » : des mots qui s'immiscent dans ma bulle malgré l'absence de mes appareils. Au bout de quelques minutes, mon corps se relâche, fatigué de faire barrage.

– D'accord, dis-je finalement. Mais à une seule condition.

Les visages de mes parents se sont figés. Papa se rapproche lentement de moi et pose sa main large et puissante dans mon dos. Il veut tirer cette exception que je tarde à sortir.

– Je refuse de remettre les pieds dans cette salle d'attente et dans le bureau de Valérie.

Maman hoche la tête. Je vois dans ses yeux qu'elle comprend ma crainte. Si je profane le sanctuaire, je crains d'être submergée par une armée de souvenirs, d'y trouver son fantôme.

– Très bien. Dans ce cas, je préviendrai Agnès, déclare ma mère.

Je dégage doucement la paume de Papa et me glisse enfin dans mon refuge, ma chambre, laissant mes parents sur le seuil de ma porte.

*

* *

– Allons Sophie, reprenons cette leçon ! me dit Agnès.

Je n'ai pas envie. Je suis fatiguée. Mes journées sont trop longues. Je veux rentrer à la maison.

– Relis l'énoncé, m'ordonne-t-elle.

Je ne comprends pas bien quand elle me parle. Je ne suis pas habituée à ses lèvres, à son visage, à son parfum. L'impression d'être hermétique à cette étrangère qui vient me donner des cours deux fois par semaine. À la place de Valérie. Je soupire en m'exécutant, suivant des yeux cet énoncé d'histoire que je ne saisis toujours pas. Une fois que j'ai terminé, je jette un coup d'œil discret à ma montre. Encore trois quarts d'heure. Quelle plaie !

– Alors, qu'as-tu compris ? me demande-t-elle.

Rien. Mon esprit est en surchauffe, mon cerveau a calé. Trop sollicité pendant cette journée, il a décidé de faire grève. Je marmonne, essayant d'inventer quelque chose qui la satisfasse. Ça ne marche pas ! Je le vois bien à ses yeux fixes, sa bouche pincée. Elle va perdre patience, je le sens.

– Bon, je vais t'expliquer..., commence-t-elle après avoir pris une profonde inspiration.

Je me suis trompée. Elle a réussi à garder son calme. Plus coriace que je ne l'avais pensé. Je tâche de me concentrer sur ses lèvres. De suivre ses explications. Mais certains de ses mots m'échappent, se décrochent de la phrase. J'en ai marre de jouer aux devinettes. Et c'est là que je me mets à penser à Valérie, à ses yeux couleur de ciel, sa peau laiteuse, son timbre comme un grésillement familier. Son image se superpose lentement à celle d'Agnès. Puis brusquement le souvenir s'évanouit, me renvoyant au présent.

– Tu as compris maintenant ?

Je hoche la tête sans conviction. Pour mettre un terme à cette sensation, ce sentiment que j'éprouve. Proche du harcèlement. J'ai besoin de temps pour accorder ma confiance et laisser quelqu'un pénétrer dans ma bulle. On ne me conquiert pas. On m'apprivoise.

La séance se poursuit, traînant en longueur ; quand enfin Agnès me libère, je respire. Soulagée. Et tandis que je quitte son bureau pour retrouver Maman qui m'attend dehors, un murmure m'échappe tel un serment : « Valérie ne sera jamais remplacée, jamais. »

*

* *

Mon année de quatrième touche à sa fin. Aujourd'hui, c'est le dernier jour avant les grandes vacances. Le quotidien a progressivement repris son cours et l'ombre de Valérie s'estompe peu à peu. Je ne l'ai toujours pas remplacée. Mon cœur conserve son souvenir précieusement et je vais mettre une rose sur sa tombe une fois par semaine. En revanche, je me suis habituée à Agnès et à mon nouveau professeur, Mme Matthias, qui remplace Mme Taupin – à leur regard, à leur visage. À force de patience et d'attention, elles ont réussi à m'attendrir, à m'amadouer et j'ai repris goût à l'apprentissage. Je suis retournée au cabinet aussi. Une fois par semaine, comme je m'y étais engagée auprès de Maman. Mais toujours à l'heure dite, sans passer par la salle d'attente ni devant l'ancien bureau de ma protectrice. Les premières séances se sont avérées très pénibles pour moi. Accepter l'aide d'Agnès, sa main tendue, m'a demandé beaucoup d'efforts. Et je commence tout juste à m'y faire.

Ma mère vient de poser sa main sur mon épaule pour me tirer du sommeil. Dans un peu moins d'une heure, le taxi m'attendra en bas pour me conduire chez Davy, puis au collège. Pour la dernière fois avant les vacances. Tandis que je remets mes appareils sur mes oreilles, je sens un nœud se former dans mon ventre malgré moi. Je suis contente que l'année scolaire se termine, bien sûr. Malgré le décès de Valérie et la vague de chagrin qui a bien failli me noyer, je passe en troisième. Et Sophie sera dans ma classe l'année prochaine. Mais un changement va survenir et bouleverser un peu mes habitudes. Davy entrera en seconde et va quitter le collège pour aller au lycée. Je ne me lèverai plus aux aurores ni ne reverrai sa petite maison au portail en bois, ni ne sourirai en apercevant sa silhouette familière franchir la porte pour venir me rejoindre. Au fil des ans, je me suis attachée à sa présence, à sa façon de signer, au mouvement particulier de ses lèvres. Même si notre relation s'achève avec le trajet, que nous échangeons à peine quelques mots lorsque nous nous croisons dans la cour, je sais qu'il me protège. Je l'ai remarqué de plusieurs occasions, pendant la récré. Si quelqu'un s'avise de me critiquer, de se moquer de moi, il prend ma défense, ordonnant aux importuns de me laisser en paix. Je ne lui ai jamais dit que je l'avais surpris en train d'intervenir en ma faveur. Je ne l'ai jamais remercié non plus, me contentant d'afficher un sourire radieux sur mon visage.

Pourtant, en franchissant le seuil de la maison pour grimper dans la voiture, je sens que Davy va me manquer. J'aimais savoir qu'il veillait sur moi, dans l'ombre, comme les chevaliers dans les contes pour enfants. Je traversais la cour avec moins d'appréhension en le sachant là, quelque part, avec ses amis, gardant sur moi un œil protecteur. Le chauffeur s'arrête devant la maisonnée éclairée par les rayons du soleil levant. Aussitôt la porte s'ouvre, découvrant celui qui, bientôt, désertera ma vie. Je l'observe discrètement, sans trop appuyer mon regard sur lui, par à-coups. J'essaye d'imprimer son image sur ma rétine. Son pas déterminé, son visage encore légèrement pétri par le sommeil, sa façon de placer son sac sur son épaule. Profiter de ce dernier instant. Garder précieusement ce souvenir de lui sortant de chez lui, à l'abri.

– Bonjour Sophie. Ça va ?

– Très bien, et toi ?

Je cache mon mensonge derrière mon masque souriant. Jamais je n'oserai lui avouer que j'appréhende notre séparation et cette année qui s'annonce sans lui. Jamais je ne pourrai lui dire que son absence va me rendre plus vulnérable ; qu'il tient une place dans mon quotidien. Une place importante. Et que j'ai peur du vide qui va la remplacer.

– Bientôt les vacances, commence-t-il.

Tandis qu'il me parle de ses projets, je réalise que je connais bien mieux la langue des signes désormais. Je ne regarde plus ses lèvres quand il s'adresse à moi. Je me contente de suivre le défilé d'images qui naissent au creux de ses mains. J'ai déjà commencé à mesurer l'ampleur de mes progrès jeudi dernier lorsque je suis allée à l'ARES. En deux ans, je me suis fait quelques amies là-bas, sourdes comme moi. Une autre Sophie, brune elle aussi. Maeva, dont les cils longs et recourbés ombragent ses yeux noirs. Samantha aussi. Avec elles, j'ai appris plus vite. Mes doigts ont trouvé facilement le chemin qui conduit à la parole silencieuse. Maintenant, j'ai beaucoup moins de mal à comprendre et à me faire comprendre. Les signes me viennent naturellement, beaucoup plus que les mots. D'ailleurs, lorsque je rencontre de nouveaux élèves à l'ARES, je mets beaucoup moins de temps à me lier d'amitié. Parce que ma bulle disparaît alors, chassée par le mouvement des mains qui créent des images.

– ... et puis je suis content. J'ai réussi à décrocher mon brevet, continue Davy tandis que nous nous approchons dangereusement du collège.

Je fais tout pour réprimer le sentiment coupable qui m'étreint : j'aurais préféré qu'il soit recalé au brevet, qu'il redouble son année de troisième, qu'on se retrouve dans la même classe et peut-être que...

La voiture s'arrête, interrompant brusquement le flot de mes pensées. Mon cœur s'accélère. Le moment est venu de lui dire au revoir. J'ai beau y avoir réfléchi ce matin, m'être imaginé la scène, là, devant l'établissement, je ne me sens pas prête à le laisser partir.

– Bon... eh bien, passe de bonnes vacances, me dit-il avec un sourire qui a un effet étrange, inqualifiable sur moi.

– Oui, toi aussi.

Et puis, je suis partie. Je l'ai abandonné derrière moi en levant bien ma tête pour ne pas révéler qu'au fond je me sentais écrasée. J'ai retrouvé Sophie, au même endroit que d'habitude, près du portail du collège. Et je ne me suis pas retournée pour voir si Davy m'avait suivie. J'ai fait taire mon cœur à coups de sourires ; je l'ai noyé sous le récit de ma soirée, la veille, avec mes parents. Parce que j'avais décidé de préserver cette intimité que nous avions créée durant nos trajets le matin, ce sentiment étrange qui avait éclos en moi au fil des jours. Davy serait mon secret.

Chapitre VI

« *Si vous écoutiez* »

Mon année de troisième s'écoula tranquillement. Je comblais les vides, suscités par l'absence de Valérie et de Davy en travaillant plus et me concentrant sur le BEPC. Mme Matthias m'y aida beaucoup. Maintenant que je l'avais laissée m'approcher, elle me tenait par la main et m'entraînait vers le succès dans l'étude. C'est d'ailleurs elle qui m'accompagna le jour de l'examen, m'éclairant sur les énoncés obscurs des épreuves.

Une fois que j'eus décroché mon brevet, on décida de mon orientation. Compte tenu de ma préférence pour les chiffres, ces signes qu'on assemble ou qu'on ajoute, mes parents approuvèrent mon choix. Je m'inscrirai l'année suivante en BEP de comptabilité et ferai mon entrée dans un lycée professionnel. Il me faudrait donc, encore une fois, lutter contre ma peur de l'inconnu, des étrangers, et ce, sans allié puisque Sophie irait dans un autre établissement. J'essayais de ne pas trop y songer durant l'été qui précéda ma rentrée scolaire, profitant des longues soirées auxquelles mes parents conviaient Jean-Pierre et Jeanine ou Josette et Alain. Je passais mes soirées à essayer de décrypter leurs conversations, mon regard volant d'un visage à l'autre pour les suivre. Je me rendis compte alors que j'avais beaucoup moins de mal à m'insérer dans une discussion entre sourds, que la langue des signes me permettait de suivre plusieurs conversations en même temps, que j'arrivais à faire rentrer plusieurs personnes dans ma bulle quand elles parlaient avec les mains. Mais pour les entendants, les amis de Maman, c'était différent. Je ne réussissais à me concentrer que sur un visage à la fois. Alors si je faisais l'effort d'étudier leurs lèvres en début de soirée pour y trouver des mots, je finissais souvent par me lasser de ne comprendre qu'à moitié. Et refusant d'interrompre les adultes pour leur demander un résumé, je portais mes yeux au-dehors, nichant mes pupilles dans la cime des arbres qui m'aidaient à rêver.

Cet été-là, mes parents me firent un cadeau qui allait bouleverser complètement mon quotidien : ils m'offrirent mon premier portable. Moi qui avais toujours détesté le téléphone qui me rappelait sans arrêt mon handicap, je découvrais avec enthousiasme la magie des SMS. J'allais enfin pouvoir m'exprimer à distance, échanger avec mes parents de loin et conserver les liens que je tisserai avec mes camarades, même sans les voir. J'étais folle de joie. Cette invention me permettait d'aborder ma rentrée avec moins d'appréhension : tous mes proches, présents dans mon répertoire, m'accompagneraient et me soutiendraient dans cette épreuve. Je ne serai plus complètement seule dorénavant.

*

* *

Ma rentrée s'est plutôt bien passée. Ça fait déjà deux mois que je suis en BEP et j'ai réussi à m'intégrer. Enfin, à peu près. Aujourd'hui, j'ai cours avec un professeur qui me terrorise. En dix ans de scolarité, c'est la première fois que ça m'arrive. Dès le premier jour, j'ai bien senti que cet homme, au regard planqué derrière ses lunettes, ne m'appréciait pas. À sa façon de pincer les lèvres chaque fois qu'il me considérait. Au début, je me suis dit que je me faisais des idées. Ma surdité me rend plus vulnérable et parfois légèrement paranoïaque. Pourtant mes soupçons furent rapidement confirmés : non seulement il ne m'aimait pas, mais en plus il pensait que je mentais, que je n'étais pas vraiment sourde, que j'utilisais ma déficience comme un prétexte pour justifier mes difficultés de compréhension : en un mot ma bêtise. Cet homme me détestait. Et sa haine m'ébranla plus d'une fois.

Aujourd'hui, je ne comprends pas pourquoi mes camarades sortent une copie double avec leur trousse dès leur arrivée. D'habitude, certains prennent leurs cours dans des classeurs ou des cahiers. Mais là, tous les élèves tirent de leur sac une feuille à carreaux avec, sur leur visage, une angoisse qui me laisse perplexe. Pour comprendre ce qui se trame, j'interroge ma voisine ; et c'est là que la jeune blonde assise à côté de moi m'annonce que nous avons un contrôle. Pendant un instant, je suis pétrifiée par la nouvelle. J'essaie de repasser le cours de la veille dans mon esprit, de me représenter le mouvement des lèvres, les mots du professeur. J'ai beau essorer ma mémoire, pas moyen d'en tirer cette info. Alors je lève la main pour attirer l'attention de l'homme à lunettes.

– Oui ? me répond-il avec ses lèvres pincées pour souligner son hostilité.

– Excusez-moi Monsieur, mais il y a un contrôle aujourd'hui ?

– En effet.

Je sens les battements de mon cœur s'accélérer. Ses vibrations dans ma poitrine. Et je m'efforce de les ignorer.

– Pourtant personne ne m'a prévenue.

– Mademoiselle Vouzelaud, commence-t-il avec des yeux qui dardent des éclairs, si vous écoutiez en classe, que vous suiviez correctement mes cours, vous sauriez que j'avais fixé une interrogation écrite aujourd'hui.

Sur ces mots assassins, le professeur me tourna le dos pour inscrire le sujet au tableau.

« Si vous écoutiez », « Si vous écoutiez ». Ces trois mots tournent dans ma tête et lèvent une tempête dans mon ventre. Mes joues s'empourprent et je dois inspirer profondément plusieurs fois pour tasser ma rage dans mes entrailles. Il y a un contrôle et je n'ai pas révisé. Parce que personne, ni l'enseignant ni les élèves ne se sont souciés de savoir si j'avais relevé cette information. J'aurais voulu sortir de la salle en claquant la porte. Balancer ce que je pensais à la tête de ce prof impitoyable qui osait reléguer mon handicap au rang des caprices et ne plus jamais mettre un pied dans cette classe. Mais je me suis ressaisie. J'ai puisé au fond de moi la force de tirer une copie double de mon sac et de me concentrer sur le sujet au tableau. Bien sûr, j'ai complètement raté cet examen. C'était couru d'avance. Mais au moins n'ai-je pas donné au prof de compta la satisfaction d'un scandale.

En revanche, je dois bien admettre qu'en sortant de la classe, je suis complètement abattue par l'injustice dont j'ai fait l'objet. Dans les couloirs, je n'arrête pas de me demander pourquoi cet homme prend tant de plaisir à s'acharner sur moi ? Et malgré mes efforts, je ne comprends pas.

Désormais je suis dans la cour. Je tape fébrilement un texto pour appeler Maman et Papa au secours : « Tu peux venir me chercher s'il te plaît ? » J'ai de plus en plus de mal à maintenir un masque d'indifférence sur mon visage. Besoin de retrouver la sécurité des murs de mon enfance.

Au bout de quelques instants, je reçois un SMS en réponse : « Dans 20 min. » Une éternité. Il va me falloir tenir ma colère secrète encore tout ce temps. Trop longtemps. Légèrement affolée, je balaye la cour du regard à la recherche d'un allié. Un camarade avec lequel je pourrais discuter de ça, expulser un peu de cette rage qui me fait mal au ventre. Et c'est là que mes yeux tombent sur un fantôme de mon enfance qui a grandi. Le seul garçon qui ait partagé mes jeux, mes rires et ma chambre durant tout un été. Vincent. Mon copain d'enfance parti vivre à l'île Maurice pendant plusieurs années. Je me rappelle son sourire, ses cartes postales qu'il m'envoyait régulièrement, parfois accompagnées de cadeaux que je gardais précieusement dans une boîte sous mon lit.

Je cligne des yeux plusieurs fois pour m'assurer que je ne me suis pas trompée. Ce garçon aux cheveux longs et noirs qui porte la barbe est-il le même que celui de mon souvenir ? Oui, pas de doute. Je reconnais son sourire lorsqu'il croise mon regard. Un rictus qui ne tient pas compte de mon handicap. Mon visage s'éclaire tandis que je me lève pour aller le rejoindre. Il n'est pas seul. Trois garçons discutent activement avec lui. Ses nouveaux amis sûrement.

– Bonjour Vincent, lui dis-je, arrivée à sa hauteur.

Une lueur d'hésitation traverse ses pupilles. J'imagine que lui aussi trouve que j'ai changé.

– Sophie ! Qu'est-ce que tu fais là ?

Je perçois tout de suite son malaise. À sa façon de se balancer discrètement d'un pied sur l'autre. Ma présence le dérange. Un constat qui fait mal.

– Je suis en BEP comptabilité. Et toi ?

– Je suis en terminale.

On bavarde quelques minutes. On prend des nouvelles de nos familles respectives. Pourtant je sens une distance, un fossé entre nous que nos mots ont du mal à franchir. Peut-être à cause de ses camarades, témoins involontaires de nos retrouvailles, qui s'impatientent à côté. Ou encore de la hauteur qu'on a prise avec l'âge. Toujours est-il que lorsqu'on se sépare et que je vais retrouver Papa qui est venu me chercher, je ne peux pas m'empêcher d'être un peu déçue. Ses cartes, ses lettres et ses cadeaux m'avaient fait croire qu'il ne m'avait pas oubliée, que ni la vie ni la distance ne nous éloigneraient l'un de l'autre. Et en m'asseyant dans la voiture, je réalise que je m'étais trompée. Notre amitié d'enfants s'était envolée avec les années.

*

* *

J'ai seize ans maintenant. Et j'aimerais bien sortir avec des ados comme les autres élèves de mon âge. Enfin sortir... dans des bars, disons. Parce que j'ai essayé les discothèques. Violène a insisté pour que je l'y accompagne. « Viens ! Tu verras, c'est marrant », m'a-t-elle assuré.

J'y suis allée un peu sceptique. La musique, je n'ai jamais aimé ça. Je sais qu'il y a des sourds qui l'apprécient, qui adorent sentir les vibrations et se trémousser au rythme de la batterie ou des percussions. Mais ce n'est pas mon cas. Enfin, Violène voulait tellement m'y emmener que j'ai fini par céder. Elle avait décidé qu'on se rendrait dans une boîte à Limoges. Papa et Maman avaient accepté à une seule condition : ils viendraient nous chercher en voiture une fois qu'on se serait suffisamment amusées. Ma sœur était tout excitée à l'idée de me conduire dans le monde de la nuit. Elle avait même invité plusieurs copines à se joindre à nous. On les retrouverait là-bas à partir de vingt-trois heures. Je dois bien admettre que j'ai pris plaisir à me préparer. J'aime bien passer du temps à choisir la tenue appropriée aux circonstances, glisser le pinceau de l'eye-liner sur mes paupières pour souligner mes yeux. Ça me donne l'impression de retomber en enfance, de redevenir la petite fille qui fouillait dans les placards de sa maman pour jouer les adultes.

En revanche, une fois que je fus prête à partir, je regrettais aussitôt d'avoir accepté de participer à cette soirée. J'allais me retrouver dans une salle, bondée d'inconnus ; et s'ils venaient me parler ? Comment ferai-je si je ne les comprenais pas ? En montant dans la voiture, ma peur égalait quasiment l'enthousiasme de Violène. Le jour et la nuit. La bonne humeur et le masque boudeur.

– Allez Sophie ! Tu vas voir, ça te plaira ! me lança-t-elle tandis qu'on approchait de l'endroit.

Franchement, j'avais des doutes. Et ils se confirmèrent une fois qu'on fut à l'intérieur. La pénombre d'abord. L'obscurité m'empêche de communiquer. Comment puis-je lire sur les lèvres si je n'y vois pas clair, hein ? Et puis il y avait de la fumée. Odeur de tabac froid ainsi que celle âcre et bizarre des engins cracheurs de nuages. La foule aussi. Dense, compacte et transpirante. Avec des vibrations qui me remuaient les tripes, et des projecteurs aveuglants. Au bout de quelques minutes, je n'avais qu'une seule envie : fuir. Échapper au brouhaha infernal, à la masse d'inconnus, aux percussions diaboliques. Je voulais rentrer à la maison.

Pourtant, en devinant le visage rayonnant de ma sœur qui ondulait en cadence avec ses amies, j'ai pris un peu sur moi. Une heure. Dans une heure, je la ferai sortir pour lui demander dans la lumière des réverbères de la rue de téléphoner à nos parents pour qu'ils viennent nous chercher... Alors j'attendis. En éteignant mes appareils pour me réfugier dans ma bulle. En sirotant un jus d'orange pour me donner une contenance. Ce fut une des heures les plus longues de ma vie. De temps en temps, Violène se détachait de la foule amassée devant moi pour m'attirer avec elle. Alors je faisais l'effort de danser. Même si j'ai toujours préféré remuer mon corps dans le secret de ma chambre ou dans le jardin, à la lumière du jour.

Deux heures s'écoulèrent avant que je trouve le courage d'interrompre ma sœur pour l'entraîner à l'extérieur et... respirer enfin.

– Violène, j'en ai marre. Je veux rentrer à la maison.

– Mais attends, on vient d'arriver, on ne va pas déjà partir.

Elle semblait si déçue. Ma sœur s'amusait. Elle était avec ses amis, dans un environnement familier, à percevoir nettement la musique. Mais moi, je ne me sentais pas à ma place dans cet endroit. J'avais envie de retrouver ma couette, la tranquillité de ma chambre, la sécurité de la maison.

– S'il te plaît, Violène, appelle Papa.

Ma sœur a poussé un profond soupir. Pareil à ceux qui lui échappaient quelques années plus tôt, quand ma mère la priait de m'aider pour mes devoirs de français.

– Tu ne veux pas rester encore une petite heure ? Rien qu'une petite heure. Il est à peine une heure et demie du matin, lança-t-elle en articulant à peine.

J'ai secoué la tête. Non, je ne voulais pas. J'en avais assez de l'obscurité et des bruits indistincts.

– Pff ! T'es chiante ! lâcha-t-elle, le regard incandescent en sortant son portable de son sac.

Elle a boudé sur tout le chemin du retour. Je comprenais en même temps. Violène passait une bonne soirée, elle, avec ses amis. Mais pas moi. Je lui avais pourtant bien dit que ça ne me plairait pas. Que je préférais encore m'ennuyer à la maison. C'était elle qui avait insisté pour que je la suive. Même si je regrettais un peu d'avoir gâché la fin de sa soirée.

Depuis cette nuit-là, j'évite les discothèques. Et Violène sort sans moi.

*

* *

Heureusement qu'on a inventé MSN. Depuis que je l'utilise, je me sens un peu moins seule en dehors des heures de cours. Je peux parler avec Sophie du prof qui me martyrise ou lui raconter ma récente expérience en boîte. Depuis peu, j'ai aussi ajouté Davy à mes contacts. Quand il m'a donné son adresse, je me suis réjouie de retrouver mon protecteur du collège. On se parlait d'un peu de tout : de son nouveau lycée, du mien, de nos familles. Et hier, pour la première fois, j'ai pris mon courage à deux mains pour l'inviter à passer à la maison, aujourd'hui dans l'après-midi. Papa et Maman sont d'accord. On pourra boire de l'Oasis dans la véranda. Il ne devrait plus trop tarder maintenant d'ailleurs. Et j'appréhende un peu. Il n'est jamais venu chez moi. On ne s'est jamais vus ailleurs que dans le taxi qui nous conduisait à l'école ou dans la cour, de loin. Ça fait bizarre de penser que bientôt il sera là, assis dans le canapé et qu'il pourra voir tous nos arbres qui me font rêver. Je l'attends dans la cuisine pour être sûre de percevoir le son familier des coups sur la porte, les vibrations particulières du bois sous le poing. Je ne patiente que quelques instants. Il est ponctuel.

– Bonjour Sophie.

Le geste qu'il m'a adressé tous les matins pendant des années. Allié à son joli sourire. Quand il entre, son parfum m'enveloppe comme une caresse. J'apprendrai plus tard qu'il porte Hugo Boss. Lentement, je le conduis dans le salon et lui offre à boire. « Un jus de fruits sera très bien. » Papa et Maman qui l'ont vu arriver abandonnent le jardin pour venir nous rejoindre. Ils ont entendu parler de lui, mon compagnon de voyage, mais ne l'ont encore jamais rencontré. Mon père sourit, ma mère garde ses distances. Comme si elle avait deviné la place que ce garçon prendra bientôt dans ma vie. Après avoir échangé avec lui quelques politesses d'usage, ils nous laissent seuls sous la lumière. Le soleil brille aujourd'hui, jouant à créer des reflets sur l'étang derrière la verrière. Davy et moi discutons de notre année en utilisant les mots du silence qui s'échappent de nos mains.

Au bout de quelques minutes, je finis par lui avouer mon ennui. J'ai seize ans et je sens bien que ma vie ne ressemble pas à celle des jeunes de mon âge. Eux, ils sortent, ils vont en boîte pour agiter leur corps sur une musique que je n'entendrai jamais. Je vois bien Sophie de temps en temps. Mais le bac approchant, elle se consacre davantage à l'étude. Il devient de plus en plus difficile de lui voler quelques instants.

Je pourrai te présenter des gens, des jeunes qui font partie de la maison des sourds, me suggère Davy.

J'ai entendu parler de cette infrastructure offrant un lieu de rencontre pour les personnes malentendantes ou sourdes. C'est la mère de Davy qui la préside. Elle met des salles à disposition pour les cours de langue des signes, organise des sorties, des voyages, favorise les rencontres. Davy s'y rend souvent. C'est notamment par ce biais qu'il a fait la connaissance de Fabien et Isabelle, un couple qui habite Clermont-Ferrand désormais. Il me propose de me laisser leur adresse MSN pour que je rentre en contact avec eux. J'accepte avec un sourire de gratitude. La description qu'il m'a faite de ces deux personnes me donne envie de les connaître.

L'après-midi se poursuit lentement au rythme de ses gestes. Il maîtrise parfaitement la langue des signes, mieux que moi. Il signe avec assurance sans jamais aucune hésitation. À tel point que je ne peux pas m'empêcher d'y déceler bientôt une pointe arrogance. Cette même prétention qui me l'avait rendu antipathique la première fois, lorsqu'il était monté dans le taxi. J'en viens presque à souhaiter son départ. Il doit l'avoir senti d'ailleurs parce qu'après quelques minutes, il se lève.

– Il faut que j'y aille, m'annonce-t-il en se penchant vers moi pour me faire la bise.

Son parfum me caresse de nouveau la joue. Cette odeur, si agréable quelques instants plus tôt, je ne sais plus à quoi l'associer à présent. Ami ? Plus ? En le raccompagnant à la porte, ma bulle s'épaissit, imposant une distance entre lui et moi. Connaissance. Une connaissance, ce sera très bien, me dis-je tandis qu'il s'éloigne de ma maison. Inutile de lui accorder une place trop importante. En refermant la porte, je prends une décision : limiter mes contacts avec lui à l'écrit. Parce que son arrogance transparaît moins à l'écran.

*

* *

Quelques jours après l'entrevue avec Davy, je me suis connectée sur MSN pour rentrer l'adresse de ses deux amis, Fabien et Isabelle. Ils étaient tous les deux en ligne. J'hésitais quelques minutes avant de cliquer sur leur pseudo. Après tout, qu'est-ce qui me disait qu'ils me répondraient ? Ils ne me connaissaient pas, n'avaient même peut-être jamais entendu parler de moi. Davy avait peut-être oublié de les prévenir qu'une sourde, légèrement esseulée, prisonnière de l'ennui allait leur écrire.

Mais rapidement, la boîte MSN m'indique qu'ils ont accepté de me voir figurer parmi leurs contacts. Alors je me lance. Un double-clic et une icône de conversation apparaît. « Bonjour, je m'appelle Sophie. C'est Davy qui m'a donné votre adresse. » J'appuie vite sur la touche « Entrer » pour ne pas me laisser le temps de changer d'avis, de me raviser. J'attends, inquiète, une éventuelle réponse de leur part. Elle ne tarde pas. Dans leur message, ils se présentent à leur tour. Je découvre alors que Davy ne m'a pas menti. Leur gentillesse transparaît dans leurs questions, leurs répliques attentives. Malgré notre différence d'âge – six ans environ –, ils ne semblent pas me considérer comme une gamine. Moi qui ai toujours préféré la compagnie de mes aînés, je suis enchantée par le tour que prend notre discussion. Une tournure amicale. Depuis que je suis toute petite, j'essaie toujours de me greffer au groupe d'amis de ma sœur Violène. Mais mon statut de « petite », allié à mon handicap, m'a le plus souvent rendu la tâche difficile. Je ne lui ai jamais reproché parce que je sais qu'il en va de même pour les cadettes dans la plupart des familles. Il n'empêche que je suis d'autant plus contente d'avoir fait la connaissance de ce couple que ni mon âge, ni ma surdité n'indisposent.

Dans les jours qui suivent, nous échangeons sur ordinateur chaque fois que nous sommes connectés. Mon pressentiment se vérifie : nous nous rapprochons. Nos dialogues deviennent plus intimes et nous abordons tous les sujets sans pudeur. Ils m'informent qu'ils viennent à Limoges deux fois par mois. Je suis impatiente de les rencontrer, de mettre des gestes et des expressions, des visages en somme sur leurs phrases bienveillantes. « Nous t'avertirons dès que nous aurons fixé une date », me promet Isabelle.

Aujourd'hui, nous sommes samedi. Je n'ai pas cours et ai décidé de marquer une pause dans mes devoirs pour m'entretenir avec eux. Malheureusement, l'icône MSN me signale qu'ils ne sont pas devant leur ordinateur. Ils ont dû sortir, faire les boutiques sans doute, ou bien quelques courses. Ce qui est certain, c'est qu'ils ne sont pas comme moi, enfermés chez eux. Déçue, je m'apprête à éteindre l'ordinateur quand un carré bleu apparaît. Davy souhaite me parler. J'hésite quelques instants. Je pourrais tout débrancher, feindre de ne pas avoir ouvert son message : « Bonjour. Comment vas-tu depuis la dernière fois ? Isabelle et Fabien m'ont dit que tu avais pris contact avec eux... » Les mains étendues au-dessus de mon clavier, je garde les yeux rivés sur cette icône et finis par répondre. Après tout, c'est grâce à lui si j'ai fait la connaissance du couple. Et mon expérience m'a appris que nous avons les amis que nous méritons. « Bonjour, oui je te remercie. Ils sont très sympas. » Nous conversons ainsi quelques minutes.

J'ignore comment j'en suis venue à grogner en fermant brutalement la fenêtre de Davy avant de débrancher l'ordinateur. Je ne saurais préciser ce qu'il m'a écrit pour me mettre hors de moi et m'agacer au point d'accélérer mon rythme cardiaque. Toujours est-il que je me suis levée furieuse de mon bureau, bien décidée à l'exclure de mes contacts et à ne plus jamais lui adresser la parole. Je suis sortie de la chambre pour faire quelques pas et essayer de me détendre. Me dégourdir les jambes pour me vider la tête. Je retrouve Maman dans la buanderie en train de repasser. Dès que je pénètre dans la pièce, son radar infaillible repère aussitôt une anomalie dans mon comportement.

– Quelque chose ne va pas, ma chérie ? me demande-t-elle une fois que je suis arrivée à sa hauteur et que ses lèvres sont entrées dans mon champ de vision.

Je n'ai pas envie de lui en parler tout de suite. Quand Davy est passé à la maison la dernière fois, j'ai bien senti son animosité à son égard. Après son départ, elle m'a même confié qu'elle n'appréciait pas beaucoup ce garçon. Je ne l'ai pas interrogée sur les motifs de sa méfiance. J'ai mis ça sur le compte de son côté protecteur. Elle avait remarqué l'aisance avec laquelle Davy s'exprimait en langue des signes. Et même si ma mère a accepté que je l'apprenne, ça ne l'empêche pas de redouter notre silence.

– Tout va bien Sophie ? s'enquit-elle à nouveau, en poussant son fer d'avant en arrière.

Je hoche la tête sans conviction. Je préfère attendre que ma rage se soit diffusée dans mon sang, que mon visage refroidisse pour lui raconter ma dispute avec Davy. Afin de faire diversion, je détourne les yeux, cherchant une occupation parmi les piles de vêtements entassés dans la pièce. Mon regard s'arrête finalement sur un petit tas de papiers, mal rangés, qui attendent certainement là d'être triés. J'avance lentement ma main vers une copie double à gros carreaux, petit format, qui trône tout au-dessus. Une note inscrite en rouge à côté du titre *Rédaction* attire mon attention : 16/20. La marge me renseigne sur l'identité de son auteur : Violène Vouzelaud. Intriguée, je poursuis ma lecture et enferme mes yeux dans l'encart écarlate qui expose le sujet : « *"Ô choses de mon enfance, quelle impression vous m'avez laissée" dit le Petit Chose. Quel événement de votre enfance vous a marqué au point que vous en ayez gardé un souvenir vivace ? Racontez.* » Un bruit diffus me fait lever la tête avant que j'aie eu le temps de tourner la page. C'est Maman qui me parle avec son sourire.

– Elle est très belle cette rédaction, dit-elle, une émotion luisant dans sa pupille.

Désormais plus curieuse encore, je continue à lire sans me douter que c'est moi l'héroïne de cette copie d'enfant, où l'écriture arrondie et mal assurée de ma grande sœur se décline sur une feuille quadrillée.

« *En mille neuf cent quatre-vingt-sept, beaucoup de membres de ma famille s'agitaient. Nous avions de nombreuses visites. Mais peu de temps après j'ai su. On m'a annoncé :* "Tu vas avoir une petite sœur. Elle s'appellera Sophie." *J'ai sauté au plafond. J'étais tellement heureuse. Une petite sœur pour moi toute seule qui pourrait jouer avec moi tout le temps. C'était comme dans un rêve. Le mois de juin arriva et ma sœur est née le vingt et un. J'étais à la maternité et je la berçais dans mes bras ; elle était si belle avec ses grands yeux bleus et ses cheveux châtains. Quelques jours après, elle pouvait venir à la maison. Je m'en occupais beaucoup, je poussais son berceau, la prenais dans mes bras, lui disais des petits mots. Un an après, je sentais que quelque chose n'allait pas. Mes parents n'étaient pas bien, ma sœur allait souvent chez le médecin, mais je ne savais pas pourquoi et ne demandais rien. Alors je continuais à jouer avec Sophie qui commençait à marcher. Peu de mois plus tard, mes parents sont revenus en pleurant et ils ne pouvaient plus me cacher la vérité ; alors je me suis approchée d'eux et leur ai demandé la raison de leur tristesse. J'aurais préféré ne jamais poser cette question, car on m'a répondu que Sophie était sourde à quatre-vingt-dix pour cent. Je ne me rappelle pas trop bien ma réaction, car j'avais six ans et ne comprenais pas tout, mais je sais que moi aussi j'ai pleuré. Plus tard, Sophie a été appareillée et pouvait entendre nos voix. J'étais heureuse, mais pour moi, ma sœur n'était pas comme les autres. Pourtant, ce qui comptait, c'est que je l'aimais. On continuait de jouer toutes les deux et je m'en occupais toujours autant. C'est un événement très dur de mon enfance. Mais avec le temps, j'ai compris que ma sœur était comme les autres et que ce n'était pas deux oreilles qui allaient nous séparer.* »

Mes yeux se sont humidifiés au cours de ma lecture. En retournant la copie, je découvre que Violène a composé cette rédaction en quatrième. Tant d'émotion pour une petite fille. Ma sœur ne m'a jamais parlé de ce qu'elle avait éprouvé en apprenant ma surdité. Elle est secrète, Violène. Son visage est un écrin qui retient tous ses sentiments prisonniers. Ses expressions ne dévoilent jamais vraiment les palpitations de son cœur. Alors forcément, cette déclaration adressée à une enseignante, cette confession que je prends pour une preuve de son amour, me touchent sincèrement. Quand je lève la tête doucement, je discerne les lèvres de Maman qui remuent derrière la légère brume qui s'est formée sur mes pupilles. Je rabats mes paupières pour chasser le brouillard et l'entendre.

– La professeur de français de Violène avait été tellement émue par cette rédaction qu'elle lui avait demandé de la lire devant toute la classe, affirme ma mère avec un sourire rayonnant de fierté.

Une image surgit alors au creux de sa bouche. Je vois une jeune fille timide, le corps gauche comme tous les adolescents, se lever de sa place pour se rendre au tableau, tremblante d'appréhension. Je m'imagine ma sœur et sa pudeur naturelle témoigner de cet événement qui a marqué son enfance, insinué des larmes dans ses yeux d'enfant, et qui lui a enseigné à accepter la différence. Et une phrase, la dernière, danse devant moi et emmène mon cœur dans ses sauts : « *J'ai compris que ma sœur était comme les autres et que ce n'était pas deux oreilles qui allaient nous séparer.* »

– Violène est à la maison ? dis-je à Maman.

Cette dernière secoue la tête sans se départir de son sourire.

– Non, elle est sortie avec des copines. Mais elle devrait être rentrée pour le dîner.

J'emporte soigneusement la rédaction avec moi dans ma chambre et la relis plusieurs fois. J'ai toujours pressenti l'amour de ma grande sœur pour moi sans pour autant en connaître l'ampleur. Elle veille si bien à cacher ses sentiments... Je ne les soupçonnais pas si forts. Je ne me doutais pas de son bonheur lorsqu'elle avait appris la grossesse de notre mère, ses larmes – si jeunes – versées sur mes oreilles qui n'entendront jamais, sa crainte à l'idée de me voir rejetée par les autres enfants, ce lien qui nous unissait et qu'elle ne laisserait jamais se rompre. Moi qui étais entrée dans la buanderie le ventre serré par la colère, je me retrouvais liquéfiée par la découverte d'une vieille rédaction.

J'attends le retour de ma sœur avec impatience. Je trépigne en songeant à la tête qu'elle fera lorsque je la remercierai en essayant vainement de ne pas mouiller son épaule tandis que je la prendrai dans mes bras. Quand elle franchit la porte, peu de temps avant le repas, je ne lui laisse même pas le temps de poser son sac par terre. Je me jette à son cou, avec plus d'ardeur que jamais. Je la serre en logeant toute mon affection pour elle dans mon étreinte. En la pressant contre moi, je la sens démunie par cette accolade étrange et soudaine, provoquée par la lecture d'une rédaction. « Moi aussi, je t'aime, lui dis-je au creux de son oreille. Merci pour ta rédaction, merci. » Je perçois son souffle contre ma tempe, un vent humide et tiède qui m'indique qu'elle essaie de dire quelque chose. Mais je ne veux pas la lâcher, pas encore. Il me faut quelques secondes de plus pour récompenser ma sœur avec ma chaleur.

*

* *

Quelques jours plus tard, la dispute que j'avais eue avec Davy et que la déclaration de ma sœur m'avait fait oublier, m'explose de nouveau à la figure lorsque celui-ci tente de me recontacter sur MSN. Je me remets aussitôt à bouillir. Mes joues s'échauffent et j'applique la menace que j'avais formulée dans mon esprit au moment de l'altercation : l'éliminer de ma liste de contacts, le rayer définitivement de ma liste d'amis. Les lèvres pincées, je jette un regard noir à la fenêtre qui s'ouvre à l'écran, vais dans « fichier » et donne l'ordre à la machine de « bloquer » ce contact. Je le répète, j'ignore ce qu'il m'avait écrit de si terrible ; tout ce que je sais, c'est qu'il m'avait terriblement vexée. Suffisamment en tout cas pour que j'initie la rupture. Quand la machine me confirme que Davy n'apparaîtra plus à mon écran, je me sens soulagée. La colère me libère comme un ballon qui se dégonfle.

Dans l'après-midi, Fabien et Isabelle se connectent enfin. Ils devinent rapidement que quelque chose s'est passé entre leur ami et moi. J'essaie d'éviter le sujet. Je refuse de recontacter Davy, point barre. Inutile de revenir indéfiniment là-dessus. Ils semblent accepter mon obstination sans vraiment la comprendre, et me communiquent la date de leur arrivée à Limoges. Dans quelques jours à peine. Pour le week-end. Je vais enfin pouvoir les rencontrer ! C'est curieux, j'ai l'impression de les connaître depuis toujours. Nos échanges se font si facilement, sans que j'aie à fournir le moindre effort. La preuve : je n'hésite pas une seconde à les inviter à la maison. Je suis même impatiente de les accueillir dans mon univers, de leur présenter ma famille, mon chien et mon chat. Après leur annonce, les heures semblent s'écouler lentement. La fin de la semaine s'étire en longueur même si elle est toujours aussi remplie : les cours du BEP, les cours de soutien avec Mme Matthias, les séances d'orthophonie avec Agnès.

La semaine passée, pour la première fois depuis sa disparition, j'ai demandé à revoir une dernière fois le bureau de Valérie. Il est occupé par une autre femme, une autre orthophoniste. Et malgré les changements, l'ordre qui règne à présent dans son cabinet, son doux visage et son regard bienveillants me sont apparus dès que j'ai franchi la porte. Je ne suis pas restée longtemps dans l'embrasure. Quelques minutes à peine. Juste assez pour m'assurer que je ne l'avais pas oubliée, que les deux années écoulées depuis sa mort n'avaient pas raflé son sourire. Quand je me suis éloignée de sa porte, que j'avais soigneusement évitée jusqu'alors, un voile de larmes couvrait mes yeux. Et je veillais à ne pas le déchirer devant Agnès durant la séance. En sortant de son cabinet, je décidai de ne plus jamais pénétrer dans le sanctuaire qui transpirait trop la mémoire de Valérie. Ce fut la première et la dernière fois depuis son décès que je pénétrais dans son bureau.

Les jours suivants, je serrais les dents en cours. Le professeur refusant toujours d'admettre que je ne jouais pas la comédie, que mes appareils n'étaient pas des accessoires destinés à faire croire à ma surdité, que j'étais vraiment sourde. Je commençais maintenant à me demander si ce n'était pas lui le handicapé. S'il ne souffrait pas d'un problème de vue. J'en venais même à détester son regard que je jugeais carnassier chaque fois qu'il se posait sur moi. J'avais vraiment hâte que cette maudite semaine se termine et l'année avec elle. Mais il me faudrait attendre encore un bon mois avant la fin de la seconde. On n'est encore qu'au mois d'avril. Heureusement que les week-ends existent pour marquer des pauses dans mes semaines trop longues. Quand samedi arrive enfin, je retrouve mon sourire et ma gaieté à l'idée de rencontrer mes nouveaux amis. Il y avait bien leur photo sur MSN, mais les clichés s'avèrent souvent trompeurs. Il leur manque le mouvement de l'expression, le geste qui accompagne la parole pour y associer des images. Rien ne vaut le contact en chair et en os. J'ai prévenu Papa et Maman. Ça fait déjà deux semaines que je leur parle de ce couple, que je vante leur gentillesse et que je loue leur humour. Comme moi, ils sont curieux de les découvrir. Et aucun de nous n'a été déçu. Ils étaient exactement tels que je les avais imaginés. Isabelle a le visage allongé et fin, de longs cheveux bouclés châtain clair qui jouent à renvoyer la lumière du soleil. Elle sourit tout le temps et signe en silence. Fabien, quant à lui, a le visage rond et généreux, parsemé de poils hirsutes. Il met de la voix dans ses gestes, et son timbre indistinct me plaît. L'après-midi file et je ne le vois pas passer. Avant de me quitter, ils me promettent de revenir, de m'emmener avec eux dans leurs activités à Limoges, de rompre enfin mon ennui.

Je leur dis au revoir avec un sourire impatient. Et lorsque je les regarde franchir notre portail en agitant la main, je sens que ma bulle commence à se fendre.

*

* *

– La maison des sourds organise une soirée au bowling. On sera nombreux et on aimerait bien t'y emmener. Mais Davy y sera.

Un bowling. Je n'y suis encore jamais allée. Le mot danse sur mon poste d'ordinateur. Plein de promesses. Depuis notre dernière rencontre, Isabelle et Fabien sont passés plusieurs fois à la maison. Et le seul sujet sur lequel on n'arrive pas à tomber d'accord, c'est Davy. Ils pensent que mon silence a assez duré, que je devrais détruire le mur virtuel que j'ai construit entre nous, qu'il me faudrait débloquer son contact. Pourtant, je demeure inébranlable, le souvenir de ma colère est encore trop vivace pour que j'en fasse abstraction.

– Sophie ?

La fenêtre clignote pour m'arracher à ma réflexion. « Davy sera là » d'un côté, « bowling » de l'autre... Je songe à tous ces gens que je pourrais rencontrer là-bas, à cette sortie dont je rêve depuis des mois et qui me distrairait enfin. Ça va faire plus de six mois que je n'ai pas vu Davy.

– Oui, je suis là.

J'écris ça pour gagner un peu de temps, peser le pour et le contre. Après quelques minutes passées à me retourner la tête, je finis par prendre ma décision. Il y aura du monde à cette soirée. Une foule à laquelle je pourrai me fondre sans être obligée de rester collée à celui qui sait réveiller ma rage.

– Comptez sur moi pour le bowling, dis-je à Fabien.

Un bonhomme jaune, bondissant de joie, apparaît dans l'icône et me tire un sourire.

– Nous passerons te chercher en voiture pour t'y emmener.

Fabien a déjà son permis. Ses six années de plus que moi l'autorisent à arpenter les routes, à mesurer l'ampleur de sa liberté au volant d'une voiture. Moi aussi, je compte bien la conquérir cette autonomie qui permet de se déplacer sans déranger personne, sans avoir à fixer une date et une heure précises. Papa et Maman m'encouragent bien sûr à saisir cette occasion de prouver que je suis comme les autres, que ce ne sont pas deux oreilles qui m'empêcheront de quitter un endroit pour en rejoindre un autre.

– Super ! Quelle heure ?

– Dix-neuf heures.

Le rendez-vous est pris. L'excitation suscitée par la perspective de cette sortie l'emporte sur mon appréhension : celle de me retrouver les bras ballants, sans mot, ni aucune image à servir à Davy. Je me réjouis tellement de pouvoir enfin vivre un moment d'adolescence, de partager une vraie soirée avec mes nouveaux amis que je ne songe même pas au masque d'indifférence qu'il me faudra arborer pour affronter l'objet de ma colère.

*

* *

Maman énumère tout un tas de recommandations. Fabien, Isa et moi sommes sur le perron, prêts à partir. Et les angoisses maternelles nous font barrage : « Ne roulez pas trop vite, ne buvez pas, tu as bien pris ton portable ? » Tout un tas d'interrogations qui affluent de sa bouche écarlate et qui vont finir par nous mettre en retard. Je hasarde un soupir pour lui signifier mon impatience. Ma mère me jette un regard inquiet en me répétant de l'appeler si je souhaite rentrer plus tôt. Elle s'empressera de venir me chercher. Je lui décoche un sourire que j'accompagne d'un baiser pour la rassurer et nous voilà enfin partis. Fabien et Isabelle semblent amusés, comme attendris par les craintes de Maman. Ils doivent connaître ça, eux aussi.

Sur le trajet pour rejoindre le bowling, je discute avec Isabelle. Elle me dresse un tableau de ce que je trouverai une fois arrivée à destination : les jeunes de l'association, les couloirs interminables et les quilles au fond. Ses descriptions lèvent petit à petit ma timidité. Depuis que je maîtrise la langue des signes, je réalise combien les rencontres avec les sourds sont plus faciles qu'avec les entendants. Les comprendre ou leur parler ne sollicite pas ma concentration. Les mots naissent au creux des mains avec fluidité. Je n'ai pas peur de passer à côté d'un détail, de devoir compléter des phrases boiteuses, de ne pas réussir à m'exprimer assez distinctement. La facilité avec laquelle on communique me rend moins méfiante, me permettant d'aborder cette soirée avec plus d'assurance que lorsque ma sœur m'avait emmenée en discothèque.

Lorsque nous pénétrons dans la salle de bowling, Fabien, Isabelle et moi, mon cœur ne s'emballe pas. Il rythme tranquillement mes pas. Quoi qu'il arrive, je sais que je suis en sécurité avec le couple. Même si j'aperçois déjà Davy, non loin d'une femme qui lui ressemble – sa mère sûrement – en train d'agiter la main pour nous inviter à le rejoindre. Quand nous arrivons devant lui, son parfum m'enveloppe, chatouillant mes narines pour briser le masque d'indifférence que je me suis collée sur le visage.

– Bonjour, me lance-t-il en me tendant sa main, comme si j'étais une inconnue.

Son geste me désarçonne un peu jusqu'à ce qu'une lueur traverse son regard.

– Sophie ? Excuse-moi, je ne t'avais pas reconnue, me signe-t-il en paraissant vraiment confus. Tu as tellement changé depuis la dernière fois qu'on s'est vus.

Son sourire m'indique que mes cheveux longs et mon corps qui a grandi lui plaisent. L'animosité que j'éprouvais à son égard fond sous la chaleur de sa joue qu'il colle à la mienne pour me saluer comme une amie. J'espère que je ne rougis pas. Fabien et Isabelle affichent un visage rayonnant, se réjouissant manifestement de cette réconciliation qui s'annonce entre leurs deux amis. Ensuite Davy me présente à la femme qui se tient à ses côtés et me confirme qu'il s'agit de sa mère. Sourde comme lui, elle signe avec l'aisance que seule l'expérience confère. Elle a le regard vif derrière ses lunettes. Tout de suite, elle me parle de l'association qu'elle préside, balayant les jeunes qui l'entourent avec ses petits bras en m'assurant que je ferai des rencontres ici, qu'ils sont tous ravis de m'accueillir.

– Viens, je vais te présenter, l'interrompt Davy en me prenant par le bras.

Ce contact soudain me procure une sensation étrange. Un léger malaise mêlé d'un sentiment agréable : celui d'être devenue invulnérable. Il m'introduit d'abord auprès d'un grand type affublé de petites lunettes. Davy m'informe qu'il s'agit de Vincent, son colocataire. Ensuite, je fais la connaissance d'un certain Vasiliy, d'origine russe, et suis surprise de le comprendre facilement. Bien que certains de ses signes diffèrent des nôtres, je vois quand même des images apparaître dans ses doigts qui me permettent de le comprendre. La soirée file en leur compagnie à une vitesse incroyable. Petit à petit, mon indifférence s'évanouit pour laisser place à un sourire sincère qui ne me quitte plus. J'ai même réussi un strike.

Ainsi, c'est un peu à contrecœur que je me sépare du joyeux groupe pour rentrer à la maison avec Isabelle et Fabien. Mais pas avant d'avoir pris les coordonnées de mes nouveaux camarades. Une fois que je suis assise à l'arrière de la voiture, fatiguée et heureuse, je réalise que pour la première fois j'ai mis moins de dix minutes à trouver ma place parmi des étrangers.

*

* *

Comme vous devez vous en douter, je n'ai pas tardé à réintroduire Davy parmi mes contacts MSN. Et puis nous nous sommes revus plusieurs fois. Tous ensemble, bien sûr. Je suis devenue une inconditionnelle de la maison des sourds et je ne m'ennuie plus. Tous mes week-ends sont pris. J'en viens presque à sortir aussi régulièrement que Violène. D'ailleurs, dans une heure, Fabien et Isabelle passeront me prendre pour m'emmener au karting. Ça me permettra de mettre en application les cours de conduite que j'ai commencé à suivre. Et puis de revoir le couple que je compte désormais parmi mes meilleurs amis.

Après avoir choisi ma tenue, je passe délicatement l'eye-liner sur les paupières puis sous mes yeux pour approfondir mon regard. Satisfaite, je coiffe ensuite mes cheveux bruns afin de les rendre soyeux. J'ai toujours été coquette.

Depuis ma plus tendre enfance. Je n'ai jamais cherché à séduire avec ma beauté, ce qui a toujours primé sur tout pour moi, c'est de me plaire. Et là, je suis contente. Le résultat de ma préparation me convient. Ainsi, quand Maman pénètre dans ma chambre pour m'annoncer que Fabien et Isabelle m'attendent en bas, je la suis aussitôt pour éviter de les faire patienter.

Dans la voiture, chacun raconte les événements marquants de sa semaine : le boulot, les profs, les autres élèves, comme tous les jeunes qui se retrouvent après une longue séparation. Quand nous arrivons sur le circuit, je remarque un bourdonnement inconnu et réalise bientôt qu'il provient des voiturettes. Davy nous attend à l'entrée avec un sourire témoignant son enthousiasme. Une fois que nous nous sommes tous salués, nous payons la course et nous approchons des petits véhicules. Un des employés du site nous donne rapidement quelques indications : le volant, la pédale de frein, l'accélérateur, faire attention dans les virages, contrôler sa vitesse. Dès que je prends place à bord du kart, je sens l'adrénaline fuser dans mes veines. J'adore conduire, utiliser mes yeux pour prévenir les dangers, mes mains pour contrôler la machine. Sensation agréable de maîtriser un parcours. Je mets néanmoins quelques minutes à m'habituer à cet engin. C'est beaucoup plus sensible qu'une vraie voiture ces trucs-là. Il faut veiller à ne pas tourner le volant trop brutalement pour éviter de valser dans le décor. Mais bientôt, après deux tours environ, je prends de la vitesse et commence à apprécier la bise chaude, soufflée par les moteurs, malgré la fraîcheur de ce mois de mai. Je réussis même à dépasser les garçons une ou deux fois.

Quand nous abandonnons finalement nos voiturettes, le soleil décline, annonçant l'arrivée précoce de la nuit. Fabien nous propose d'aller dîner chez lui. Encore grisée par cet après-midi, j'accepte sans hésitation. Je suis déjà passée chez eux à une ou deux reprises. Je me suis sentie à l'aise dans leur salon jaune, tout en lumière, quasiment aussi bien que chez moi. Pourquoi ne pas profiter encore un peu de leur compagnie dans ce cas ? Nous nous acheminons tous les quatre vers le vrai véhicule, la voiture à taille plus humaine. Fabien raconte des blagues comme d'habitude, jonglant entre les signes et le volant de sa main droite. Il me fait rire. Davy, en revanche, semble légèrement taciturne pendant le trajet. Il hoche la tête en arborant un sourire que je devine un peu forcé et se contente de ponctuer nos échanges de signes expéditifs. Même après, lorsqu'on sort de la voiture, ou encore dans l'appartement, c'est à peine s'il desserre les mains. Ce n'est qu'au moment où Fabien annonce son intention de se mettre aux fourneaux pour nous préparer à dîner qu'il sort de son apparente torpeur.

– Viens avec moi, me signe-t-il en se dirigeant vers la chambre.

J'adresse un coup d'œil chargé d'interrogation à son ami qui hausse les épaules. Une fois dans le secret de la pièce, Davy plonge son regard dans le mien et amorce un monologue précipité avec ses doigts. Un monologue qui devient vite une déclaration. La plus belle déclaration d'amour que j'ai jamais entendue. Chacun de ses signes me va droit au cœur, me soulève le ventre, me caresse les tripes. Dans ce défilé ininterrompu d'images, je vois son visage tendu par l'appréhension d'un rejet et néanmoins pétri d'affection... pour moi. Rien que pour moi. Si je m'étais attendue à ça... Quelques mois plus tôt, on ne s'adressait plus la parole. Et voilà qu'il ne cesse de lier sa main gauche à sa droite pour suggérer un « nous » qui jusqu'ici n'existait pas.

Pétrifiée par ce soudain revirement de situation, je demeure sans bouger, le regard luisant, mais les lèvres et les mains nouées. J'ignore quoi dire, comment réagir. Pas trop l'habitude des effusions. Pourtant je sens bien à ses doigts qui ralentissent qu'il va bientôt me falloir répondre. Et au moment où Davy s'apprête à conclure, Fabien passe sa tête dans l'embrasure : « Le dîner est prêt », nous informe-t-il avec un sourire sans se douter une seconde qu'il vient de rompre le charme lancé par son meilleur ami.

Ce dernier me jette alors un regard triste quoique résigné avant de me signer à la hâte : « Réfléchis à ce que je viens de te dire, d'accord ? », puis de disparaître dans le couloir. Assise seule sur le lit, j'essaie de reprendre rapidement mes esprits avant de rejoindre les autres au salon. En sortant, Davy a laissé un souffle parfumé derrière lui, et des images pleines de promesses. Au bout de quelques secondes, quand je réussis enfin à me recomposer un visage sans rougeur, je rejoins les garçons et Isabelle dans le salon. Je m'assois avec eux à la table, comme si de rien n'était, tâchant d'ignorer les coups d'œil pleins d'appréhension de celui qui vient de m'offrir son cœur. Vincent comble le vide silencieux avec ses mains. Je l'observe distraitement, l'esprit ailleurs. Depuis l'aveu de Davy, j'ai le vertige. La tête qui tourne. Le jus de fruits, le repas n'y changent rien. Chaque fois que les yeux du garçon au parfum enivrant se posent sur moi, un frisson menace de m'ébranler tout entière. Je sens à sa posture, à ses mains fermées sur tous les mots qu'il n'a pas eu le temps de tout me dire, qu'il n'avait pas terminé sa déclaration. Qu'il aurait pu me déclamer son amour toute la nuit pour faire fondre mon cœur.

Lorsque la nuit dehors s'est bien épaissie et que nous avons terminé de dîner, les garçons et Isabelle proposent de me raccompagner. Je hoche la tête en me forçant à sourire. Je serais bien restée encore. Tout près de lui. À m'étourdir avec son parfum et le souvenir de ses gestes émouvants. Fabien prend le volant tandis que Davy se met à l'avant et moi à l'arrière, derrière lui, pour mieux sentir son odeur. Le début du trajet s'effectue dans le silence. Sans signe. Mais au bout de quelques minutes, un mouvement vient combler le vide et me faire trembler. Davy passe timidement son bras entre les deux fauteuils et pose sa paume brûlante sur ma main. D'abord surprise par son geste comme par la sensation étrange mais tellement agréable qu'il suscite chez moi, je finis par déployer mes doigts autour des siens. Je n'ai pas répondu à sa déclaration tout à l'heure, pas même réagi. Pourtant, cette amorce d'étreinte, dans l'ombre, donnée en secret, remplace tous les mots et signes que j'aurais pu lui servir. La vérité du contact. À l'avant, Fabien feint de n'avoir rien remarqué. Comme un peu plus tôt dans l'après-midi, il observe des va-et-vient avec sa main droite entre le volant et la parole.

Mais je ne le regarde pas, ne l'écoute pas, tout entière concentrée sur la caresse de Davy qui ouvre en moi des gouffres d'amour. Davy garde les yeux rivés sur son colocataire. Je le sens néanmoins aussi distrait que moi, le cœur dans les tempes ; quand la voiture s'immobilise devant chez moi, je pousse un léger soupir. J'aurais aimé que ce voyage se prolonge pour me permettre de garder ma main entrelacée à la sienne. Déjà il desserre son étreinte pour récupérer son bras. Dès qu'il éloigne sa paume, la mienne se glace. C'est trop tôt pour se séparer, trop tôt.

– Je la raccompagne, signe Davy comme s'il avait lu dans mes pensées.

Un sourire naît aussitôt sur mes lèvres. Après avoir remercié Vincent pour le dîner et lui avoir dit au revoir, je me rue sur la portière et une fois dehors, ma main retrouve son écrin. Sans un mot, Davy me tire derrière lui, ouvre le portail et une fois derrière la petite barrière, il encadre mon visage de ses mains, puis lentement se penche vers moi pour décrocher mon cœur avec le plus doux des baisers.

Je ne sais pas combien de temps nous sommes restés là, à échanger nos serments du bout des lèvres, tout tremblants d'émotion sous les faibles rayons de la lune. Dans ces moments-là, les horloges s'arrêtent. Le temps suspend son écoulement, pétrifiant les amoureux dans leur étreinte. Quand nos bouches se sont éloignées pour sourire et que nous avons fait sonner l'heure de la séparation, Davy avait laissé son parfum sur moi.

Je ne bois jamais une goutte d'alcool. Pourtant, quand je suis remontée vers la maison, j'avais vraiment l'impression d'être saoule. Je titubais comme une ivrogne, le corps parcouru par un fourmillement comparable à celui qu'on doit éprouver en plein vol.

Une fois que j'ai retrouvé le secret de ma chambre et que je me suis allongée sur mon lit, je me suis endormie presque aussitôt. Et en me réveillant, je n'avais pas cessé de sourire.

*

* *

– Je sors avec Davy.

Je l'ai lâché d'un coup au dessert. Toute la famille est réunie. On est venus déjeuner chez mes grands-parents maternels à Dournazac. J'ai profité de l'occasion pour annoncer mon idylle, pour suggérer le baiser devant la porte de chez nous qui me fait encore frissonner rien que d'y penser. Maman a relevé la tête aussitôt, Papa a pincé les lèvres, Violène a amorcé un sourire et mes grands-parents tournent leur tête de gauche à droite pour observer les réactions.

– Davy ? Mais je croyais que tu le trouvais prétentieux, me répond ma mère, le regard surpris, avec des ridules d'angoisse au coin de la bouche.

Je sais qu'elle a peur. Peur de me perdre, de voir ma bulle s'épaissir au contact de Davy, sourd comme moi, d'admettre que j'ai grandi. Je décèle la même crainte chez Papa. Il n'y a que Violène qui semble se réjouir. Ça fait déjà quelque temps qu'elle sort avec le même garçon – un grand brun prénommé Vincent qui lui a collé des étoiles dans les yeux. Elle le connaît le frémissement du premier baiser, le vertige procuré par le parfum qu'on finit par connaître par cœur. Alors forcément, elle sourit en repérant chez moi les signes d'un amour qui commence.

– Et puis il est sourd lui aussi, déclare ma mère qui n'a pas réussi à se retenir.

– Ça ne durera pas longtemps. C'est une petite histoire comme ça.

Je lui réponds en essayant de me montrer la plus convaincante possible. En formulant cette objection, je réalise combien j'aimerais me tromper. Combien je voudrais que ça dure au contraire, que notre relation ne soit pas délimitée dans le temps. Je tâche néanmoins de masquer mes envies derrière une feinte indifférence. Je crois que ça marche parce que Maman hoche la tête en signe d'approbation. Mon petit mensonge l'a rassurée.

– Je suis content pour toi, ajoute Papa en me réchauffant avec son regard.

Ma mère se tourne aussitôt vers lui pour lui jeter un coup d'œil assassin qui lui arrache un sourire. Mon père sait mieux enfouir ses craintes. Même si je ne me fais pas d'idée : lui aussi redoute les effets, peut-être dévastateurs de cette relation naissante avec quelqu'un souffrant du même handicap que moi.

– Moi aussi, renchérit ma sœur en m'adressant un clin d'œil.

– Enfin ne nous excitons pas non plus. Pour l'instant, il n'y a rien de sérieux, lance Maman en tendant brusquement le saladier à Papa.

Ma mère a ainsi clos le sujet et je n'en reparlais plus de la journée. Je savais qu'il faudrait un peu de temps à ma famille pour digérer la nouvelle. Je les connaissais suffisamment bien pour ne pas douter : ils finiraient par s'y faire, par accepter celui que je pressentais déjà comme étant l'homme de ma vie.

*

* *

Fabien, Isabelle, Vincent et tous nos amis de la maison des sourds, laissèrent exploser leur joie quand ils apprirent que Davy et moi sortions ensemble. Le groupe s'agrandissait. C'est à peu près à cette période-là que Vincent commença à parler de projets de voyage. Il voulait organiser un petit périple au Cap d'Agde pour nous tous. Cette idée me séduisit aussitôt. Jusqu'à présent, je n'étais partie que dans le cadre scolaire, avec toujours la même angoisse au ventre : me retrouver avec des camarades que je connaissais à peine, sans cesse menacée par l'incompréhension. Et avec la terreur d'être arrachée au cadre sécurisant de ma famille et de ma maison.

Mais avec Davy, je me sentais tout à fait protégée. Quant à nos amis, j'avais déjà eu plusieurs fois l'occasion de voir que je ne courais aucun risque : entre nous ni moqueries ni malentendus possibles. Les signes m'avaient rendu la parole plus facile. Ainsi, ce fut avec beaucoup d'enthousiasme que je présentais ce projet à mes parents. D'abord un peu réticents, ils finirent par accepter de me laisser partir. Non sans recommandations, bien sûr. Et tandis que Maman m'exposait tous les dangers qu'il me faudrait éviter, des images défilaient devant mes yeux et mon cœur se soulevait. Une nouvelle vie se présentait devant moi, pleine de promesses : j'allais enfin connaître la vie d'une adolescente et passer mon premier été entre amis. Le voyage s'avéra d'ailleurs à la hauteur de mes espérances : encore aujourd'hui, il figure parmi les meilleurs moments de ma courte existence.

Deuxième partie

Miss !

Chapitre I

Miss Limoges

Cette année 2005 commence avec le froid. On est au mois de janvier et je grelotte en permanence. Dans la véranda, on a poussé le chauffage au maximum et pourtant j'ai l'impression qu'il ne fonctionne pas bien. Alors je frotte mes mains l'une contre l'autre en soufflant dessus. Heureusement qu'on est samedi. Rien ne m'oblige à me risquer au-dehors pour l'instant. Pas de lycée, pas de séance chez l'orthophoniste, plus de karaté – j'ai arrêté parce que je progressais trop vite et que je décrochais les ceintures trop facilement à mon goût. Je commençais à m'y ennuyer.

Je décide de profiter de cette journée pour me reposer. Et peut-être affronterai-je le froid pour rejoindre Davy chez lui. Maman commence tout juste à l'accepter, Papa fait des efforts, Violène aussi. La première fois qu'il est venu déjeuner à la maison, ma famille ne lui a quasiment pas adressé la parole. Il y avait du monde à table. Et puis je m'attendais à ce qu'ils se montrent un peu froids avec lui, ça ne m'a pas surprise. Je comprends leur peur. Ils ne le connaissent pas, craignent ses doigts agiles qui parlent avec moi une langue qu'ils ne comprennent pas. Malgré cela, Maman ne refuse pas de me conduire chez lui. Elle accepte même de m'y laisser la nuit, preuve qu'elle lèvera bientôt sa méfiance. Je vais lui demander si elle peut m'y emmener ce soir. Tout en continuant à me réchauffer les mains, je m'arrache du canapé pour aller la rejoindre dans la cuisine. Mais ma mère me devance. Elle fait irruption dans le salon ; un nuage de parfum l'accompagne. Elle sent toujours bon Maman, même si elle change souvent d'odeur.

– Sophie, assieds-toi, me dit-elle avec l'air solennel qu'elle adopte chaque fois qu'elle a une nouvelle à m'annoncer.

Je m'exécute, sagement ; une fois qu'elle s'est installée elle aussi, en face de moi, elle poursuit :

– Voilà. J'ai envoyé tes photos au Comité Miss Limoges. Et il se trouve qu'ils veulent te voir au plus vite.

Je reconnais son regard. Celui qui n'autorise aucun refus et qui me laisse un moment bouche bée. J'essaie de mesurer les conséquences de cette nouvelle. Maman, sans me prévenir, sans même me demander mon avis, a pris l'initiative de contacter les organisateurs d'une élection, une brochette d'inconnus chargés de juger de la beauté qui souhaitent désormais me rencontrer. Je sens mon cœur qui s'emballe. La peur de ce que ça implique.

– Mais… je n'ai pas envie de participer à cette élection, lui dis-je alors.

Pourquoi irais-je ? Je n'ai aucune chance de gagner. Et puis Maman oublie un détail : je suis sourde. Elle s'imagine peut-être que personne ne s'en rendra compte.

– Écoute, Sophie, commence-t-elle en s'approchant de moi pour essayer de me convaincre. Depuis que tu es toute petite, tu as toujours adoré défiler devant nous dans mes vêtements. En plus, tout le monde n'arrête pas de me répéter combien tu es jolie. Et les membres du Comité semblent d'accord. Je ne vois pas pourquoi tu refuses de les rencontrer. Ça ne t'engage à rien.

Elle ne voit pas pourquoi ? Elle ne voit pas pourquoi ? Mais enfin, elle est bien placée pour savoir que les foules d'entendants m'effraient, que je suis toujours méfiante vis-à-vis d'inconnus. Que je suis « sauvage » pour reprendre ses propres termes. Et puis défiler devant la famille en déguisement n'a rien à voir avec le fait d'arpenter une scène en maillot de bain devant un parterre d'étrangers. Non.

– Je ne veux pas y aller. Ça ne m'intéresse pas.

J'ai bien poussé ma voix et me suis levée du canapé pour lâcher ce verdict sans appel. Je crierai s'il le faut. Mais elle ne me traînera pas là-bas. Hors de question !

– Tu as intérêt à venir ma fille, lance Maman en se redressant à son tour pour me faire face. Parce que c'est fait maintenant. Je leur ai promis de t'amener en fin d'après-midi. Et tu m'y accompagneras que ça te plaise ou non.

Sur ces mots, elle tourne les talons et part dans la cuisine d'un pas décidé, m'abandonnant seule avec ma rage : « Je m'en fous, je n'irai pas, me dis-je en serrant les poings. Même si je dois essuyer la colère de ma mère ; elle pourra assister à ce rendez-vous si ça lui chante, mais ce sera sans moi. »

*

* *

Je me demande ce que je fais là. Comment est-ce que j'ai pu me laisser embarquer dans cette histoire ? Je souffle en croisant les bras pour marquer mon mécontentement et Maman feint de n'avoir rien entendu, rien remarqué. Elle garde les mains rivées sur le volant, résolue à me conduire à ce rendez-vous inutile puisque je ne participerai pas à cette élection. Après qu'elle a quitté la véranda, j'ai pris quelques minutes pour me calmer. Et puis je suis montée dans ma chambre pour allumer mon ordinateur et discuter de tout ça avec Davy. Quand je sens la rage bouillir en moi, j'éprouve le besoin urgent de m'exprimer, de la formuler pour l'exorciser. Je savais que mon petit ami serait de bon conseil, qu'il me dirait en toute honnêteté ce qu'il pensait de cette histoire. La seule chose que j'ai crainte en ouvrant la fenêtre MSN, c'est qu'il ne soit pas connecté. Il pouvait très bien être occupé à autre chose, être sorti faire une course avec Vincent ou tout seul. Tant pis. Dans ce cas, je lui enverrais un texto pour qu'il se mette devant son écran.

Heureusement, je n'eus pas à le faire : il était en ligne. Je crois que mes doigts n'ont jamais couru aussi vite sur le clavier qu'à ce moment-là. Je rédigeais des paragraphes entiers, lui rapportant ma conversation avec Maman, sans issue. Mon impression de me retrouver prise au piège. Envie d'y échapper. Davy ponctuait mon monologue de quelques répliques, plus positives que les miennes. Ça fait à peine sept mois qu'on sort ensemble, pourtant il trouve toujours les mots pour me calmer. Après quelques échanges, mon cœur ralentit, mon visage refroidit. « Ça ne coûte rien d'y aller », me lâche-t-il avec un smiley joyeux. J'essaie de l'écouter, de m'imprégner de ses phrases rassurantes pour m'en convaincre. Un peu plus tôt dans la conversation, il m'a avoué qu'il n'était pas forcément persuadé lui non plus que ce fût une bonne idée. Ces milieux-là ne lui plaisent pas trop. Les paillettes s'accompagnent souvent de coucheries. Si certains des membres du jury me couraient après ? Et s'il me perdait ? Au bout d'une heure passée à essayer de nous tranquilliser mutuellement, j'ai finalement pris une décision : j'accompagnerai Maman à ce rendez-vous puisqu'elle ne me laissait pas vraiment le choix. Toutefois, je n'accepterai jamais de participer à l'élection. Voilà comment je me suis retrouvée à l'avant de la voiture, tendue comme une planche, à faire une tête de six pieds de long pour bien montrer à ma mère que j'avais peut-être lâché sur la rencontre, mais que je ne changerai jamais d'avis sur le fond.

– Arrête de bouder. Tout va bien se passer, lance Maman en se garant non loin d'un magasin de photographe à Limoges.

Je bougonne, de mauvaise humeur. Moi qui voulais rester bien au chaud à la maison, c'est raté.

Lorsque j'ouvre la portière, un froid mordant m'enveloppe aussitôt. Je me blottis dans mon manteau, pleine d'appréhensions et suis ma mère en baissant la tête. On s'approche de la boutique dont les lumières jouent à percer l'ombre qui commence à gagner les rues. En vitrine, des photos de mariage, des portraits, des visages d'inconnus ridés par le bonheur. Je distingue trois silhouettes à l'intérieur et prends une profonde inspiration pour relever le menton avant de franchir la porte. J'accroche un sourire forcé à ma face et talonne Maman à l'intérieur. Trois personnes nous attendent. Un homme, la cinquantaine, avec des cheveux poivre et sel. Une femme, petite et châtain clair avec des yeux bienveillants. Et une autre, les cheveux mi-longs, au regard froid. Je devine aussitôt que cette dernière ne doit pas avoir un caractère facile.

– Bonjour Sophie, ravi que tu sois venue, déclare le monsieur en descendant du tabouret sur lequel il était assis. Je suis Pascal et voici mon épouse, m'informe-t-il en désignant la blonde installée à ses côtés. Et voilà Marie-Jeanne, membre du Comité.

Je salue tout le monde poliment en veillant à épaissir ma bulle. Une fois que les présentations sont terminées, Pascal se lance dans une série de compliments que j'essaye de prendre avec distance, même si je dois bien admettre qu'ils me touchent beaucoup. Il trouve mon physique peu ordinaire, ma beauté indiscutable et me croit donc tout à fait capable de prétendre à la couronne de Miss Limoges. De mon côté, je ne suis toujours pas convaincue. Je pense à toutes mes concurrentes. Et si je ne parvenais pas à communiquer avec elles ? À me faire comprendre ou à bien les saisir ? Si mon handicap me tournait en ridicule ? Je n'ose pas lui parler de tout ça, bien sûr, mais ne cache pas mon hésitation. Marie-Jeanne ne dit pas grand-chose, se contentant par moments d'appuyer les arguments de Pascal qui réussit peu à peu à me rassurer.

– Si tu ne te présentes pas à cette élection, dit-il en accompagnant ses mots d'un geste théâtral, je mets la clé sous la porte.

Au bout de deux heures environ, il sort un contrat que je parcours des yeux tandis qu'il se livre à des commentaires que je n'écoute pas. Parmi les premiers articles figurent les différents critères auxquels la participante doit répondre :

mesurer un mètre soixante-dix au minimum, être ni pacsée, ni divorcée, ni mère, avoir entre dix-huit et vingt-cinq ans, être de nationalité française ou naturalisée, etc. Rien dans le règlement ne s'oppose à mon inscription. Lorsque je lève les yeux, tous ont le regard rivé sur moi. Maman m'adresse un sourire encourageant, soutenue par la femme de Pascal. Je parcours une fois encore les feuillets qui décideront peut-être de mon avenir.

– Je te crois tout à fait capable de participer à cette élection et de terminer en très bonne place, m'assure le photographe après m'avoir tapoté l'épaule pour attirer mon attention.

Je sens ma bulle se fissurer sous sa gentillesse et ma volonté faiblir du même coup. Qu'est-ce que je risque à essayer finalement ? Ce ne sera que l'affaire d'une semaine. Sept jours. Et puis l'idée d'arpenter une scène sous les projecteurs me tente assez. En revanche, ignorant si on me comprendra lors de l'élection, je pose une condition : je demande un interprète pour cette soirée.

Au bout de trois heures de discussion, et une fois que j'ai leur promesse, j'étale le bloc de papier sur le comptoir, m'empare d'un stylo et signe. Maman paraît aux anges, Pascal soupire de soulagement tandis que sa femme applaudit. Seule Marie-Jeanne se montre légèrement moins expressive. Elle se contente d'amorcer un sourire discret. Une fois le contrat paraphé, le photographe m'informe des dates d'entraînement et de celle à laquelle a été fixée l'élection : le 11 février. Dans moins d'un mois.

Je tâche d'enfouir mon angoisse loin dans mon ventre. Je n'ai plus le choix désormais. Il va falloir que je concoure au titre de Miss Limoges sans faillir, ni trembler. Que j'en appelle encore à mon courage, si souvent sollicité depuis mon enfance.

*

* *

Vendredi 10 février. La veille du grand soir. Maman m'emmène à la salle Jean Moulin. Estrade où aura lieu le défilé, pour la répétition. Elle m'a promis de rester avec moi pendant toute la durée de « l'entraînement », ce qui me permet de mieux respirer malgré le nœud que j'ai dans le ventre. Dès que je franchis les portes de la salle, Pascal et Marie-Jeanne viennent m'accueillir. Leur sourire en m'apercevant m'aide à redresser la tête malgré les onze inconnues que j'aperçois derrière eux. Il s'agit certainement des autres concurrentes. Une jolie brune d'une vingtaine d'années se détache du groupe pour venir nous rejoindre, tandis que je salue le photographe et Marie-Jeanne. Maman, à côté de moi, m'apprend qu'il s'agit de Gwladys, une ancienne Miss Limoges, chargée de nous préparer pour le grand soir. C'est elle qui nous enseignera comment arpenter le podium avec grâce, séduire le jury ainsi que le public en maîtrisant notre déhanché. Son visage me fait bonne impression, même si ses lèvres m'effraient parce que je trouve qu'elles remuent vite. Je vais encore être obligée de jouer au texte à trous. Frustrée de ne pas avoir bien compris ce qu'elle me disait, je me tourne vers ma mère, le regard chargé d'interrogations.

– Il faut que tu enfiles tes chaussures à talons et que tu montes sur scène avec les autres.

Réprimant mes craintes, je hoche la tête, l'air conquérant et m'exécute. En mettant mes escarpins, je me félicite d'avoir toujours veillé à emprunter les chaussures de Maman, l'accessoire indispensable pour parfaire mes déguisements. Parce que désormais, je ne redoute plus de marcher sur des aiguilles. Je maîtrise la courbe sous mon talon et ne perds jamais l'équilibre. Ensuite, je me redresse, étire ma bouche pour y coller un sourire et traverse la grande salle pour me greffer au groupe des inconnues. Parmi elles, certaines esquissent un rictus timide, d'autres me jaugent des pieds à la tête pour évaluer mes chances de remporter l'élection, ou m'ignorent carrément.

Je décide de faire comme à l'école, de rester un peu en retrait et de me montrer discrète, attentive, tout en restant à l'abri de ma bulle. Gwladys abandonne Maman, Marie-

Jeanne et Pascal pour venir se poster sur scène. Elle se lance alors dans la description de ce qui nous attend. Notre coach va lancer la musique et nous devrons défiler les unes derrière les autres en respectant notre ordre de passage. Musique, ordre de passage. Quand je vois ces deux mots se former à la lisière de ses lèvres, je réprime un frisson. Musique, cette maudite musique qui charme tout le monde sauf moi. Je ne l'entendrai pas. Je ne suis même pas sûre de réussir à en percevoir le rythme, les percussions. Mon ouïe se montre si capricieuse. Comment ferai-je si Gwladys me demande d'ouvrir la marche ? De devenir le repère des autres alors que je n'en ai aucun ? Après avoir pris une profonde inspiration, j'amorce un pas en avant puis un autre pour demander la parole.

– Oui, Sophie ? lança-t-elle en essayant de dissimuler son agacement d'avoir été ainsi interrompue.

– Excusez-moi mais... je ne peux pas défiler la première. Comme je n'entends pas la musique...

La jeune femme paraît d'abord surprise par ma requête. Mon handicap, ce fourbe, joue encore son vilain tour. Rien n'indiquant les défaillances de mes oreilles, elle a dû les oublier. Puis brusquement, un éclair traverse son regard et me permet de respirer. Ça y est. Elle a compris.

– Bien sûr, bien sûr, s'empresse-t-elle de répondre. Tu porteras le n° 11 et passeras la dernière.

– Merci beaucoup, lui dis-je en reprenant ma place, soulagée.

Après nous avoir donné les instructions quant à la posture à adopter, Gwladys nous demande de regagner les coulisses et de nous tenir prêtes. La répétition a donc pu commencer. Les autres filles échangèrent quelques mots derrière la scène, à l'abri des rideaux. Je voyais les amitiés naître avec leur sourire complice, certaines se rapprocher. Mais aucune d'entre elles ne m'adressa la parole. Je me sentais exclue. Comme au collège, les fois où mon alliée et protectrice Sophie n'était pas là parce qu'elle était tombée malade. « Ne pense pas à ça, me dis-je alors que la première candidate s'apprête à faire son entrée. Concentre-toi sur le défilé. » Je baissai les yeux sur les jambes de celle qui me précéderait dans l'objectif d'inscrire mes pas dans les siens. Dès que son corps s'ébranle, je l'imite, calant le rythme de ma marche sur la sienne, l'arc de mon bras au sien. Nous reprîmes plusieurs fois l'exercice. Entrant sur le podium, sortant. Variant les chorégraphies selon la tenue à laquelle elle correspondait. À chaque passage en coulisse, je réalisais combien j'étais laissée de côté, toujours exclue des commentaires que se faisaient les filles sur leurs performances. Heureusement que Maman venait me voir de temps à autre, pour vérifier que tout allait bien et m'encourager. « Tu t'en tires très bien, me lançait-elle à la hâte. Continue comme ça. » Moi, je n'avais aucune envie de continuer. J'étais fatiguée, agacée. Je ne souhaitais qu'une seule chose : déclarer forfait et rentrer à la maison.

Pourtant, je me suis accrochée jusqu'au bout, me concentrant sur les indications de Gwladys pour en retenir l'essentiel, ignorant les autres et leurs regards parfois méprisants. Vers minuit, lorsque la répétition s'acheva enfin, j'éprouvais un profond soulagement et une certaine fierté : j'avais réussi à défiler sans tomber, à respecter les mouvements de la chorégraphie, à prouver que je pouvais surmonter mon handicap et concourir à cette élection.

*

* *

Nous avions toutes été convoquées en début d'après-midi à la même salle le lendemain pour nous faire coiffer et maquiller en vue de la soirée. L'élection se déroulerait en quatre temps : il y aurait un premier passage en pantalon noir et haut élégant, un deuxième en robe du soir, un troisième en maillot de bain fourni par le Comité – que, soit dit en passant, je ne trouvais pas très joli – et un dernier passage en robe au cours duquel nous prendrions connaissance des résultats.

Ainsi, dès que Maman et moi arrivons sur place, la maquilleuse m'installe devant un miroir en coulisse et se met à l'ouvrage. Nous échangeons à peine quelques mots. Je suis fascinée par le parcours du pinceau sur mes paupières, du tube de rouge sur mes lèvres, de la main délicate de Christophe, mon coiffeur, qui lisse mes cheveux pour mieux les relever en chignon ensuite. Je savoure cet instant où il révèle ma beauté en la soulignant, et une fois qu'il a terminé, je lui adresse un sourire sincère pour accompagner mes remerciements avant de laisser ma place à une autre fille. Quand je me lève de mon siège, je croise le regard de Maman.

– Qu'est-ce que tu es belle ! s'exclame-t-elle en me prenant le bras.

Ses yeux luisent de fierté et me donnent confiance. Ils me rappellent l'époque où, petite fille, je défilais devant mes parents et leurs amis, attablés devant un bon repas. Ma mère s'étonnait toujours du choix de mes tenues, me félicitant d'avoir bien assorti le haut et le bas.

– Vous allez bientôt répéter une dernière fois vos passages, m'informe-t-elle tandis que nous retournons dans la salle.

Avec elle à mes côtés, je me sens plus forte, capable d'endurer l'indifférence des autres concurrentes. Même si elle ne peut pas rester tout près de moi, son regard bienveillant et encourageant m'accompagne. Gwladys est sur le podium. Elle attend que les filles se rassemblent et je crois déceler une forme d'impatience dans ses lèvres pincées. Elle jette des coups d'œil inquiets à sa montre. Plus que quelques heures avant l'arrivée du public, puis l'entrée en scène décisive qui changera le destin de certaines d'entre nous. Gwladys connaît les enjeux d'une telle élection puisqu'elle y a elle-même participé des années plus tôt.

– Allez chercher celles qui manquent. Bon sang ! On n'a pas tout l'après-midi.

Les filles s'affolent. On court dans tous les sens, on appelle. Quelques minutes plus tard, on est toutes rassemblées. Le défilé commence, non sans accroc. Une des concurrentes rate son entrée, nous obligeant à reprendre. On se replace dans les coulisses en file indienne. Une jolie blonde devant moi me sourit. Je lui rends aussitôt sa marque d'attention, la première depuis que j'ai rejoint l'élection. C'est fou comme un simple étirement des lèvres peut réchauffer votre cœur. Ainsi, lorsque vient mon tour, j'arpente la scène, le pas aérien. Gwladys ne m'interrompt pas. En revenant dans les coulisses, n'ayant pas été arrêtée, j'en déduis que ma prestation lui a plu. Le deuxième passage se déroule mieux que le premier. La coach ne nous interrompt pas, suivant les enchaînements de son regard professionnel. Malgré quelques erreurs dans le troisième – une des filles ne marchait pas sur le rythme donné par la musique –, la répétition s'achève sur les encouragements de Gwladys.

– Bon, eh bien... il ne me reste plus qu'à vous souhaiter bonne chance ! finit-elle par dire en haussant les sourcils.

Nous la remercions toutes avant de nous disperser. En regagnant les coulisses, je croise la jolie blonde qui m'a souri quelques minutes plus tôt.

– Tu t'en es très bien sortie, me lâche-t-elle, le visage rayonnant et amical. Tu t'appelles Sophie, c'est bien ça ?

Je hoche la tête en signe d'approbation.

– Moi, c'est Melissande, répond-elle en articulant bien. Je vais fumer une cigarette dehors, tu m'accompagnes ?

– D'accord.

Je ne fume pas. En fait, l'odeur âcre de la cigarette, son nuage odorant, m'a toujours indisposée. Mais je me garde bien de le lui avouer. Je suis tellement contente de pouvoir enfin discuter avec l'une des participantes, d'avoir l'occasion de tisser des liens avec une fille de mon âge, que j'en oublie mon dégoût du tabac. Une fois à l'extérieur, nous échangeons quelques commentaires sur le déroulement de la répétition. Sa façon de s'exprimer me plaît aussitôt. Sa manière d'arrondir ses propos avec des sourires, de remuer distinctement ses lèvres charnues pour me permettre de saisir ce dont elle me parle. Moi qui redoutais d'être exclue et sans alliée jusqu'au début des élections, ce rapprochement soudain me rassure. Parce que je ne serai pas condamnée à rester seule jusqu'au soir, finalement.

*

* *

Ça y est. Le grand moment est arrivé. La dernière étape des élections. Je n'ai commis aucune erreur au cours des précédentes, aucun faux pas susceptible de me disqualifier. Pourtant, alors que je fais mes derniers pas sur scène, dans la jolie robe noire prêtée par Christophe (coiffeur à Saint-Junien), avec un collier de dentelle ravissant, je ne pense pas avoir mes chances à cause de ma différence.

Au cours du défilé en tenue de ville, j'ai repéré la table de mes parents dans la salle. Davy est là bien sûr, avec son visage qui m'a toujours permis de me sentir protégée. J'ai même aperçu Agnès, mon orthophoniste. J'ai hâte de pouvoir les rejoindre. Tandis que Pascal s'avance devant le micro installé en face de moi, je songe à mon amie Valérie, mon amie perdue qui me regarde peut-être de là où elle se trouve. Comme j'aurais aimé partager cet instant avec elle aussi. La Miss Limoges de l'an dernier est venue rejoindre le photographe sur scène pour remettre les écharpes. Je sais qu'ils vont bientôt appeler la troisième dauphine. De là où je suis, je ne parviens pas à lire sur les lèvres de Pascal. Comme il s'est placé de profil, je ne peux pas suivre le mouvement de sa bouche. Et puis dans la mesure où il s'adresse à une foule d'entendants, je présume qu'il parle vite. Je me contente donc de l'observer et d'attendre, comme les autres, l'annonce des heureuses gagnantes de cette élection. La première s'avance avec, sur le visage, tous les stigmates d'une intense émotion. Elle semble quasiment au bord des larmes en s'avançant pour recevoir la preuve de sa victoire. La deuxième dauphine suit. Une blonde encore que je reconnais aussitôt : Melissande, la gentille fumeuse qui a ignoré mon handicap pour venir discuter avec moi. Je ne peux réprimer un sourire en la voyant se courber pour passer son écharpe, tremblante de bonheur et de surprise. Je lui jette un coup d'œil pour la féliciter. Au même moment, alors que ma nouvelle copine se range parmi les gagnantes, mon regard croise celui de Pascal, lumineux. Au lieu de reporter son attention sur la prochaine élue, il continue de m'observer en souriant durant un instant qui s'étire en longueur. Perplexe, je pivote légèrement vers la table de mes parents et les surprends en train d'applaudir. Haussant les sourcils, je reviens à Pascal juste à temps pour lire un mot familier à la lisière de ses lèvres : mon nom. Brusquement, je comprends, émue comme jamais, que l'inattendu vient de se produire : j'ai été désignée première dauphine. Moi. Pas croyable. Confuse, je m'approche de l'ancienne Miss Limoges et me prosterne, frissonnante de fierté pour récupérer mon titre, symbolisé par une cape rouge, une couronne ainsi qu'une écharpe.

Pendant l'espace d'un moment, j'éprouve un sentiment comparable au vertige qui m'a saisie, quelques mois plus tôt, devant chez moi, au moment de recevoir mon tout premier vrai baiser. Et de même que ce soir-là, c'est titubante que j'ai regagné les coulisses, après que Leslie, une des autres filles, a été couronnée Miss Limoges.

*

* *

On s'est retrouvées, toutes les quatre élues, dans les loges pour poser devant les photographes. En arborant mon sourire ravi, je me félicite d'avoir pris le temps de grignoter un morceau dans la salle des fêtes avant le début des festivités. Davy m'a rejointe, ainsi que mes parents, tous fous de joie après cette victoire incroyable. Rapidement, les coulisses ont grouillé de monde : les candidates, élues ou non, Pascal, Marie-Jeanne et les familles, bien sûr. Je me sentais épuisée et lasse avec toute la pression du défilé qui redescendait. Mais j'étais si heureuse que j'ignorais les courbatures de mon corps éreinté pour ne laisser paraître que mon sourire.

*
* *

– Je ne comprends pas. Pourquoi me traite-t-il comme ça ? dis-je en jetant mon bulletin sur la table.

Quand on nous les a distribués en classe, je me suis retenue de ne pas crier. Mes joues se sont enflammées, ma gorge nouée, mes poings serrés. J'ai caché mon indignation derrière un masque d'impassibilité. Je ne voulais pas exploser devant tout le monde. Depuis mon élection, les regards sur moi ont changé au lycée. Méprisants ou jaloux. Pas un seul camarade ne m'a félicitée. C'est tout juste si le sujet a été abordé. Alors j'ai pris sur moi pour ne pas m'effondrer devant tout le monde, montrer les effets que l'injustice avait sur moi. Mais dès que j'ai passé la porte de la maison, j'ai brandi mon bulletin devant Maman parce que je savais que la note, écrite au rouge, et le commentaire du professeur de comptabilité la mettraient hors d'elle.

– « Sophie est bien trop souvent absente. Il ne faudrait pas qu'elle profite trop de son handicap », lit Maman à voix haute, fulminant de rage. Non mais pour qui il se prend celui-là ? C'est inadmissible ! Je vais me plaindre auprès du directeur.

– Il me déteste, je te l'avais dit, il me déteste.

Sa façon d'enseigner à la classe, de m'offrir son dos pour m'interdire son cours, de parler sans prendre la peine d'articuler. Je n'ai jamais douté de son hostilité à mon égard. Enfin de là à ce qu'il nie ma surdité, à ce qu'il me considère comme une dilettante, alors que j'ai toujours dû travailler deux fois plus que les autres pour me maintenir à niveau au cours de ma scolarité…

– Je me plaindrai ! renchérit Maman. Je n'en reviens pas qu'il ose écrire un truc pareil ! Je vais appeler ton père.

Aussitôt, elle s'exécute. Je devine qu'il s'agacera lui aussi. Un enseignant ne devrait pas être autorisé à saper les efforts d'un élève, le dégoûter de l'étude. C'est vrai qu'il m'a fallu rater quelques cours ces derniers temps. Leslie, la Miss Limoges, travaille au cinéma pour financer ses études. Elle ne peut donc pas répondre à toutes les invitations qui lui sont envoyées. En tant que première dauphine, je considère qu'il est de mon devoir de la remplacer. Après tout, j'ai été élue par les habitants de Limoges et ma présence permet de les remercier, de montrer qu'ils ont bien fait de me choisir. Alors oui, j'ai posé quelques absences par-ci, par-là, pour remplir les obligations incombant à mon titre tout en veillant toujours à rattraper les cours en récupérant les notes d'une camarade. Il n'empêche que je suis sourde de naissance, malgré ce qu'en pense ce maudit professeur.

Maman arpente la cuisine désormais, suspendue à son téléphone, furibonde. Elle qui a toujours mis un point d'honneur à ce que je sois considérée comme les autres, à ce que je puisse tenir une conversation, comme un entendant, à ce que je suive une scolarité normale, voilà qu'un enseignant sans scrupule balaie tous nos efforts en les taxant de feints. Je sais bien que mon handicap est fourbe parce qu'il ne se voit pas. J'ignorais pourtant que son invisibilité pouvait le rendre carrément suspect.

*

* *

Deux mois se sont écoulés depuis l'épisode du bulletin. Je n'aimais déjà pas particulièrement aller à l'école. Mais entre l'air hautain de mes camarades et la méchanceté avérée de mon professeur de comptabilité, j'assiste au cours en traînant de plus en plus les pieds. J'en viens même à prier pour qu'on sollicite ma présence à des événements, salons ou autres, appréciant beaucoup plus la compagnie des inconnus qui se présentent à moi pour me féliciter, que celle des étudiants, pour la plupart méprisants à mon égard. Je les ai bien vus chuchoter plusieurs fois sur mon passage, au moment où je franchissais les grilles du lycée. Bien sûr, je veille à les ignorer, même si mon cœur se serre toujours un peu quand je les croise. Aujourd'hui, je dois aller défiler avec les filles élues le même jour que moi pour le carnaval de Limoges. C'est la tradition. Depuis toujours, chaque année, les Miss traversent la ville à bord d'un char.

À cette occasion, Maman m'a emmenée chez Christophe hier pour qu'il me fasse un joli chignon. On nous a demandé de venir avec les cheveux relevés simplement en queue-de-cheval. Pourtant, ma mère et moi sommes tombées d'accord : si j'ai été élue première dauphine, ce n'est pas pour me rendre au carnaval en tenue de tous les jours, coiffée comme d'habitude. Christophe m'a donc proposé de s'occuper de moi juste avant de partir. Ça n'empêche pas Pascal, le président, de fondre sur nous, dès notre arrivée, avec des éclairs plein les yeux, le visage à moitié convulsé.

– On avait dit une queue-de-cheval ! aboie-t-il en me montrant du doigt.

Leslie, Céline (la troisième dauphine) et Melissande sont déjà là. Les deux premières ont manifestement respecté cette règle, mais ma copine a pris la même initiative que moi. Maman, qui n'a pas l'habitude de se laisser marcher sur les pieds, proteste aussitôt. Moi je préfère m'éloigner pour aller retrouver la seule concurrente à m'avoir jamais adressé la parole pendant les jours décisifs qui ont précédé l'élection.

– Ça me fait plaisir de te revoir, me lâche-t-elle en m'étreignant, les bras tendus d'affection. Jolie coiffure, ajoute-t-elle en souriant une fois qu'elle est en face de moi.

– Toi aussi, dis-je en éclatant de rire.

À côté de nous, Céline et Leslie ont des nuages sur leur visage. Elles ne m'aiment pas. Je le pressentais le jour de l'élection, même si leur inimitié avait été voilée par leur bonheur. Leur bonheur d'être élues. Quand je m'approche d'elles pour les saluer, je perçois immédiatement leur raideur, leurs gestes empruntés. Contrairement à Melissande, elles ne se réjouissent pas de me retrouver après un mois passé sans nouvelles. Autant profiter de la présence bienveillante de mon amie. Papa et Maman sont toujours en grande conversation avec l'organisateur. La discussion semble un peu mouvementée. Je me dis qu'elle ne devrait plus durer longtemps puisque les festivités vont bientôt commencer. Les gens s'amassent déjà derrière les barrières, les enfants aussi, le regard fasciné par les chars multicolores qui arpenteront bientôt la ville. Melissande et moi échangeons quelques mots sur cette règle ridicule qui voulait qu'on ne se présente pas vraiment coiffées.

– Ne fais pas attention à Céline et Leslie, me conseille ma camarade en me tapotant l'épaule. Elles sont sûrement dégoûtées de ne pas être passées chez le coiffeur comme nous.

J'acquiesce en la remerciant d'un sourire. Nous n'avons pas le temps de nous étendre. Un jeune homme vient nous chercher pour nous demander de prendre place à bord du véhicule déguisé. On nous explique que Leslie doit se poster sur la marche la plus haute, moi sur la deuxième et ainsi de suite. J'enfile donc rapidement ma cape, repositionne ma couronne sur ma tête et revêts mon écharpe avant de monter dans le char à la suite de Miss Limoges. Le défilé va commencer. Les premières voitures ouvrent déjà la marche. Je ne crois pas avoir déjà vu autant de monde dans les rues de Limoges. Des personnes de tout âge agitent les bras ou des fanions sur notre passage. Lorsque notre véhicule se met en branle, je vois même aux bouches grandes ouvertes, creusant des abîmes insensés sur les faces des gens, qu'ils nous acclament. Leur enthousiasme me touche beaucoup, me surprend même. Après avoir enduré la froideur et l'indifférence des lycéens, cette reconnaissance paraît quasiment irréelle. Puis je me dis qu'ils félicitent sûrement Leslie d'avoir décroché le titre de Miss. Curieuse de voir sa réaction, je lève légèrement la tête dans sa direction. Elle se tient bien droite, arborant un sourire figé tout en secouant sa main pour saluer la foule. Elle n'affiche pas du tout le même bonheur que le soir de l'élection. Celui-là semble plus amer. Il lui crispe la mâchoire et jette une ombre étrange dans ses yeux. Surprise, je reporte mon attention sur l'assistance amassée sur les trottoirs. C'est à peu près à ce moment-là que je repère un homme qui, jouant des coudes, se détache de l'assemblée pour venir dans notre direction, la face marquée par l'indignation. Une fois tout près du char, il pointe son doigt dans ma direction, puis celle de Leslie tandis que je lis sur ses lèvres : « C'est à toi de monter là-haut. C'est toi la Miss Limoges. Et toi, descends, lance-t-il en désignant ma voisine. Allez, descends... » Un membre du Comité fond alors sur l'inconnu pour l'interrompre et le forcer à reprendre sa place sur le trottoir.

Je tâche de ne pas laisser paraître mon trouble, de reprendre mon masque rayonnant, mais le malaise que j'éprouve ne me rend pas l'entreprise facile. J'imagine ce qu'elle a dû ressentir au moment où l'inconnu est intervenu pour lui ordonner de me laisser la marche la plus haute. J'essaie de garder la tête droite, de me concentrer sur la foule aux mille visages. Quelques minutes après l'incident, je croise le regard bienveillant de Melissande, mon alliée depuis le début. La savoir à mes côtés, attentive à mes impressions, me rend mon assurance qui ne me quittera pas jusqu'à la fin du défilé.

Quand le char s'immobilise enfin, j'éprouve un certain soulagement. En descendant, j'aperçois mes parents et Davy. Ils m'avaient prévenue, avant le début des festivités, qu'ils comptaient suivre le convoi.

– C'était incroyable ! me lancent tous mes amis en se ruant sur moi. Les gens n'ont pas arrêté de huer Leslie pendant le défilé, en criant que c'était toi qui aurais dû être Miss Limoges cette année.

Papa et Davy me confirment la nouvelle en hochant la tête. Alors comme ça, c'est moi que la foule acclamait sur le passage du cortège ?

– Tu te rends compte ? C'est merveilleux tout de même, renchérit Maman.

J'acquiesce en me collant contre Davy pour m'envelopper de son aura protectrice. Après les critiques que j'ai endurées à l'école, la haine avérée de mon professeur, cette reconnaissance unanime me fait très plaisir. Elle me touche énormément.

J'ai néanmoins ressenti un léger pincement au cœur pour Leslie. Elle n'avait certainement pas mérité ça.

*

* *

Le mois d'avril s'est écoulé tranquillement, ponctué par les cours auxquels j'avais de plus en plus de mal à assister. Celui de compta en particulier, bien sûr. Je me surprenais à les redouter déjà la veille. Après la déclaration que l'enseignant avait faite sur mon bulletin, Maman était intervenue auprès de la direction. Pourtant, son comportement à mon égard n'avait pas changé du tout. Il continuait de m'observer de ses yeux soupçonneux, de me condamner avec son indifférence : j'étais une usurpatrice de handicap et je voyais bien que j'aurais beau fournir tous les efforts possibles et imaginables, il resterait campé sur ses positions. J'imagine que ce qu'il m'infligea durant cette période se rapproche de ce qu'on appelle le harcèlement. Heureusement que j'avais été élue première dauphine à cette élection. Les événements auxquels j'assistais me permettaient de souffler un peu, de reprendre un peu de cette confiance en moi, éprouvée par un professeur impitoyable. Et puis il y avait Davy et mes amis sourds, Maeva, Irina, Vasiliy, Vincent, Isabelle et Fabien qui m'apportaient un soutien constant. Ma famille aussi bien sûr, sans laquelle je n'aurais pas eu le courage de retourner au lycée.

Aujourd'hui, nous sommes le 7 mai. Le printemps a redonné ses couleurs vives au jardin et annonce la fin prochaine de l'année scolaire. Saint-Junien a organisé un petit défilé près de la mairie pour les commerçants de la ville. Moi qui commence à nourrir le rêve de devenir mannequin, cette manifestation me comble de joie. J'ai dormi chez Papa et Maman hier pour qu'ils puissent m'emmener plus facilement.

Depuis le début de l'année, je passe souvent mes nuits chez Davy et Vincent. Comme ils habitent Limoges, ça m'évite d'avoir à prendre un VSL ou d'ennuyer ma mère pour qu'elle me conduise au lycée. Mes parents se sont habitués à mes absences répétées. Et ils ont fini par accepter Davy. Ils voient bien mon visage s'éclairer, mes yeux s'embraser quand je suis près de lui. Pourtant, je sais qu'ils aiment bien me retrouver à la maison, que ça fait plaisir à ma mère de pouvoir veiller sur moi de près. Ce défilé nous donne donc l'occasion de nous réunir pour le week-end. Le soir, une fois que le show serait terminé, un petit dîner était organisé pour les participantes auquel nous assisterions tous, bien sûr. Ma mère m'y a emmenée en fin de matinée. Papa, Violène et Davy nous y rejoindraient plus tard.

Dès mon arrivée, j'ai demandé à voir les jolies tenues que j'allais présenter au public. J'aime découvrir les couleurs, sentir la qualité de l'étoffe, la caresser de la pulpe de mes doigts, m'imaginer dans l'ensemble avant de l'essayer. La répétition et la préparation se déroulent sans accroc. Je me réjouis d'avoir à nouveau l'opportunité de fouler un podium. Le sentiment qu'un défilé me procure me plaît. Arpenter une scène, parée de magnifiques habits spécialement sélectionnés pour souligner ma silhouette, jouer les femmes fatales, et réaliser ainsi mes rêves de petite fille. La répétition se déroula sans encombre et le défilé remporta un grand succès. Aucune d'entre nous ne trébucha et les organisateurs nous félicitèrent quand nous avons rejoint la foule amassée devant la scène. Papa discute avec un de ses amis non loin de là et Maman s'est déjà installée à notre table. Elle bavarde avec une inconnue et son sourire m'indique qu'elle doit recevoir des compliments. Après m'être frayé un chemin dans la foule, je rejoins ma place, épuisée mais ravie. Je vais m'asseoir quelques instants pour reposer mes jambes. Ma mère et son interlocutrice sur le départ me couvrent d'un regard plein de fierté et d'admiration auquel je réponds par un sourire gêné.

Je ne connais pas la plupart des personnes venues assister au défilé. Ni même le vieil homme, ventripotent et chauve assis en face de moi à notre table. Je l'ai poliment salué avant de m'installer, et le type m'a servi en retour un rictus terrifiant. Il ne me plaît pas. Sa tête, ses traits... tout chez lui réveille ma méfiance. L'inconnue a pris congé de Maman qui s'est rassise à côté du vieil étranger. Je vois bien à son visage radieux qu'elle n'a pas remarqué la menace que dégage son voisin. Moi je pressens qu'elle ne tardera pas à s'en rendre compte. Ce n'est qu'une question de minutes.

– Madame, permettez-moi de me présenter : je suis Monsieur X, membre du Comité Miss Marche-Limousin, dit-il à Maman.

Son discours, le mouvement de ses lèvres, quelque chose dans ses traits m'alertent aussitôt. Mauvais.

– Enchanté, Monsieur, répond ma mère avec chaleur et sans crainte.

Pascal nous a informés que toutes les filles sélectionnées ayant reçu un titre aux élections de Miss Limoges pourront se présenter aux élections de Miss Limousin. Je ne crois pas avoir beaucoup de chances de remporter à nouveau un tel concours. Mais celui auquel je viens de participer m'a appris qu'on n'était jamais à l'abri d'une bonne surprise.

– Votre fille est très jolie, ajoute Monsieur X en me jetant un regard machiavélique qui me fait frissonner. Mais elle ne sera jamais élue Miss Limousin. Je vous conseillerais donc de ne pas la présenter.

Les joues de ma mère s'empourprent en même temps que les miennes sous l'effet de l'indignation. Je crois que c'est à ce moment-là que je détourne les yeux pour me protéger de ses paroles venimeuses. C'est Maman qui me confiera plus tard dans la soirée, à l'abri des oreilles et des regards indiscrets, le contenu de cet échange que je vais tâcher de vous rapporter.

– Et pourquoi, s'il vous plaît ? lui demanda-t-elle au bord de l'explosion.

– Eh bien à cause de son handicap, bien sûr, a-t-il eu le culot de répondre. Moi-même je ne l'élirai jamais. Épargnez-lui donc cette déconvenue. On doit être parfaite pour être Miss.

– Vous avez des enfants ? rétorqua-t-elle.

– Oui.

– Aucun ne souffre du moindre handicap, j'imagine ?

– Non.

– Je m'en doutais. Dans le cas contraire, vous sauriez que Sophie n'est pas différente des autres et qu'elle est parfaite contrairement à ce que vous dites. C'est pourquoi, vous m'excuserez, mais ma fille se présentera à cette élection. Et j'espère bien qu'elle l'emportera. Vous devriez avoir honte, en tant que membre du Comité, de tenir des propos si discriminatoires, Monsieur X, cracha-t-elle avant de se lever et de me faire signe pour que je quitte la table avec elle.

En y repensant aujourd'hui, alors que j'écris ce livre, je n'éprouve que de la pitié pour ce vieillard aigri et ses vaines tentatives d'intimidation. Il aurait dû se douter que ma mère et moi étions habituées à de tels discours et qu'ils ne nous décourageaient plus. Au contraire. Ils me donnaient envie de me surpasser, de redoubler d'efforts pour prouver combien ils étaient infondés.

*

* *

J'ai pris ma décision : j'arrête ma formation en comptabilité. Je ne pourrais pas supporter une deuxième année comme celle qui vient de se terminer. J'ai tenu le coup jusqu'à maintenant. J'ai enduré les remarques acerbes du professeur, les regards torves et moqueurs des autres élèves toute l'année. Mais je ne tiendrai pas une année de plus. Avant de l'annoncer à mes parents, j'en ai longuement discuté avec Davy qui approuve ma résolution. Il m'a vue plusieurs fois rentrer à l'appartement qu'il partage avec Vincent, terrassée par mon impuissance, en colère contre cette foule d'ignorants qui refusaient d'admettre ma surdité ou mon titre de première dauphine. Alors il me soutient.

Pourtant, je ne voulais pas suspendre complètement ma scolarité. Il m'aurait fallu poursuivre en deuxième année pour sortir de ce Bac Pro avec un diplôme. Je ne pouvais pas entièrement me reposer sur mes chances de devenir Miss Limousin – qui, je le répète, étaient faibles d'après moi. À force de réfléchir à la question – je tenais à bien évaluer les différentes possibilités avant d'en parler avec mes parents – je me trouvais deux voies possibles. La première ? Continuer mon cursus par correspondance (ce qui m'éviterait la confrontation directe avec un enseignant et les railleries des camarades). La seconde ? Suivre une autre formation plus adaptée à mes véritables aspirations au sein d'un établissement privé de Limoges : l'ETEPEC (École technique privée d'esthétique et de cosmétique). Il s'agissait d'une école d'esthétique préparant aux métiers du maquillage. Et je penchais plus pour cette seconde option, bien sûr.

Forte de ces deux possibilités, j'ai annoncé à mes parents mon intention de quitter le lycée de Limoges. Comme je m'y attendais, ils comprirent très bien les raisons que je leur fournis. Maman m'aida même à rédiger une lettre de « démission » au directeur, dans laquelle je lui révélais les motifs de mon départ. Je profitais de l'occasion pour dénoncer sur le papier la discrimination dont j'avais été victime et cela me fit un bien fou. Après tant de journées passées à ravaler ma colère, mon orgueil et ma tristesse, je trouvais enfin l'occasion de me défouler noir sur blanc et de dire le fond de ma pensée. Ce soir-là, je confiais aussi à mes parents les deux voies que je m'étais trouvées pour continuer dans l'étude. L'ETEPEC leur parut une bonne idée. Maman promit de se renseigner sur les modalités d'inscription ainsi que sur la structure en elle-même. Il fallait vérifier qu'elle serait adaptée à ma condition de sourde, que les professeurs ne se conduiraient pas comme celui que j'avais dû supporter toute une année.

Quelques jours plus tard, Maman et moi allâmes trouver le chef d'établissement avec lequel nous avions pris rendez-vous. La femme – très aimable – nous informa qu'elle serait ravie de m'accueillir dans son école. Elle avait déjà compté une jeune fille sourde parmi ses élèves qui était ressortie diplômée sans rencontrer trop de difficultés. Seul hic ? Les frais de scolarité. Quand elle en annonça le montant, je blêmis. Je ne m'étais pas du tout attendue à une somme aussi élevée. Je crois que Maman non plus d'ailleurs. Elle ne laissa pourtant rien paraître de sa surprise, prit le dossier contenant toutes les informations nécessaires sur l'ETEPEC et l'inscription avant de quitter son bureau. Sur le chemin du retour, je lui communiquais mes réserves.

– C'est trop cher, Maman, lui dis-je.

– On peut peut-être trouver un moyen de s'arranger. Il faut que j'en discute avec ton père, me répondit-elle en souriant.

Je savais que ma mère ne voulait pas me décevoir, qu'elle avait remarqué mon enthousiasme au moment où j'avais mentionné cette école. Mais je savais aussi que mes parents ne roulaient pas sur l'or.

– C'est beaucoup trop cher, répétai-je en secouant la tête.

– Faire des études nécessite parfois un investissement, rétorqua-t-elle.

Oui, d'accord, un investissement. Encore faut-il qu'il porte ses fruits. Et si…

– Et si je loupe l'examen de sortie ? Si vous vous saigniez pour me permettre d'intégrer cette école et que je n'obtenais pas le diplôme. Est-ce qu'on vous rembourserait ?

La moue songeuse de ma mère m'indique que j'ai fait mouche avec cet argument. Si bien qu'elle marque un temps avant de me répondre.

– Nous en parlerons avec ton père, conclut-elle.

On en discuta. J'avais pourtant déjà pris ma décision dans la voiture : je refusais de demander un nouveau sacrifice à mes parents. Ils en avaient déjà fait assez pour m'élever. Alors je m'inscrirais aux cours de comptabilité par correspondance en septembre et je poursuivrais ma scolarité tranquillement de chez moi. À l'abri des regards et des remarques désobligeantes. Finalement, c'était aussi bien comme ça.

CHAPITRE II

Miss Limousin

L'automne est là. Après un été chaud, un été écrasant, les feuilles roussissent pour nous prévenir de l'approche de l'hiver. J'ai continué mes allées et venues entre l'appartement de Vincent et Davy et la maison. Maintenant que j'ai décroché mon permis, en une seule fois s'il vous plaît – je ne me lasse pas de regarder ce morceau de papier rose qui proclame mon indépendance –, je ne dépends plus de mes parents pour faire les trajets. Le bonheur !

Pourtant, c'est quand même Maman qui me conduit à la répétition de Miss Limousin. La dernière avant l'élection qui aura lieu ce soir. Je ne peux pas me rendre à ce concours toute seule. Et si on me demandait de faire quelque chose et que je ne comprenais pas ? Ma mère me met à l'abri du malentendu. Je préfère la savoir à mes côtés. Pendant un moment, on a bien cru que je ne participerais pas à cette élection. Après une brève rencontre avec Christian Cheyroux, le nouveau président du Comité Miss Marche-Limousin, on a pensé qu'ils n'accepteraient pas mon inscription. Il a dit à Maman qu'ils y réfléchiraient, mais qu'ils ne pouvaient rien garantir. Tout ça à cause de mon maudit handicap, bien sûr. Maman ne l'a pas écouté sans rien dire : elle est montée sur ses grands chevaux et l'a menacé de porter plainte. J'ignore si c'est ça qui l'a convaincu. Ou la liasse de photos qu'elle a laissée sur son bureau. Toujours est-il que j'ai finalement été sélectionnée. Et j'ai également appris que Leslie ferait partie de mes concurrentes. J'aurais évidemment préféré que Melissande se présente. Enfin, quand je croise Leslie dans les coulisses, peu de temps après mon arrivée, je ne m'étonne pas de la voir m'ignorer, même si je lui dis bonjour. Elle passe son chemin.

Quelques minutes plus tard, nous nous retrouvons sur scène avec les autres filles. Angélique, membre du Comité, nous montre la chorégraphie. Patiente et attentive, elle m'aide à prendre mes marques sur la scène. Tout se déroule exactement sur le même schéma que la première fois, pour l'élection de Miss Limoges. Des couples se forment, des associations se font et je demeure à l'écart. Exclue comme toujours. Quelques heures avant l'ouverture de la cérémonie, on nous libère pour que nous puissions nous préparer. Les loges grouillent de filles de toutes les tailles, habillées ou en sous-vêtements. Elles s'affairent dans tous les sens et s'installent ensuite toutes devant une porte close, comme si elles patientaient dans une salle d'attente pour une consultation chez le médecin. Discrètement, je m'approche de l'une d'entre elles pour lui demander :

– Vous attendez quelque chose ?

Le front marqué par la surprise, elle pivote vers moi. Une lueur traverse ses yeux que j'ai un peu de mal à identifier : pitié ou moquerie ?

– Delphine Cléro est dans la salle et veut nous voir chacune à notre tour pour nous poser des questions, me répond-elle avec un sourire.

Delphine Cléro de la société Miss France, qui dans quelques minutes m'interrogera. Je sens mes jambes se dérober sous moi. Besoin de m'asseoir. C'est sûrement l'angoisse qui me donne le vertige comme ça. L'angoissc dc ne pas comprendre, de bredouiller, de mal m'exprimer. L'angoisse d'avoir la vue trouble, de trouver ses lèvres illisibles, de ne pas réussir à combler les trous dans ses phrases. Je trouve finalement un siège libre non loin de là et m'y écrase lourdement, anéantie par cette épreuve surprise à laquelle je ne me suis pas préparée. Je pense à ma mère qui doit certainement être dans la salle, près de la scène à l'heure qu'il est. À quelques mètres de moi seulement. Comme j'aimerais qu'elle me prête ses oreilles, qu'elle m'accompagne dans la confrontation avec l'inconnue. Quitter ces coulisses pour aller la chercher. Je ferais n'importe quoi pour avoir une interprète, quelqu'un qui traduise ses mots en images.

Je jette un coup d'œil inquiet vers la porte close derrière laquelle se cache peut-être mon humiliation imminente. Au même moment, elle s'ouvre sur une de mes concurrentes qui arbore un large sourire. Une autre fille la croise dans l'embrasure pour subir l'interrogatoire et referme derrière elle. Toutes les candidates se ruent alors sur elle pour l'interroger sur les questions qui lui ont été posées, le déroulement de l'épreuve, l'humeur de Delphine. Moi aussi j'aimerais savoir. Obtenir des réponses qui me calmeraient, refréneraient mon cœur qui s'emballe. Mais j'abandonne rapidement. Les autres m'empêchent de voir ses lèvres. Un instant, je me dis presque qu'elles vont me bousculer, alors je retourne m'asseoir en tâchant de bien respirer. Je n'ai pas le choix. Il faut que j'attende, que je trouve seule un remède à ma peur. J'essaie de repenser à toutes les fois où j'ai réussi seule des prouesses de ce genre. Je songe à Valérie, à son visage doux et ses paroles maternelles qui ont toujours su m'apaiser, même dans les pires circonstances.

Les filles continuent de se succéder dans la salle, mais je ne tente plus de connaître les étapes de l'entretien, le contenu des questions. Comme toujours, exclue. Une heure passe durant laquelle j'oscille entre nervosité et panique ; bientôt je me retrouve seule dans le vaste couloir transformé en salle d'attente. Mes yeux sont rivés sur le battant de bois. « Faites que je m'en sorte ! Faites que je m'en sorte ! », me dis-je en nouant mes mains pour me donner du courage. Au même moment, la porte s'ouvre, découvrant une jeune fille à l'expression mitigée. A-t-elle raté cet interrogatoire aux allures d'examen ? Si elle a échoué, elle qui a ses deux oreilles, ses yeux, son corps en parfait état..., moi, y arriverai-je ? Je tâche de chasser mes angoisses en me levant et m'achemine, le dos bien droit et le front haut dans cette salle où j'ai l'impression que mon destin va se jouer. La pièce est vide, à l'exception d'un bureau couvert de dossiers derrière lequel est assise Delphine. Elle gribouille quelques notes, penchée sur une feuille de papier. Son visage est bien dessiné. Je la trouve belle cette femme. Belle comme les gravures de mode que je voyais dans les magazines de mon enfance.

– Bonjour Sophie, me lance-t-elle.

– Bonjour Madame, dis-je en masquant mon trac derrière un sourire.

– Alors, Sophie, explique-moi les raisons pour lesquelles tu te présentes à l'élection Miss Limousin.

Ses lèvres sont bien lisibles et me permettent de comprendre sa question sans avoir à la compléter. Il y a quelques jours, nous avons parlé de ça avec mes parents, à table. J'en ai également discuté avec Davy, ce qui m'aide à formuler clairement ma réponse :

– Je suis là pour défendre l'accessibilité des sourds, me battre pour qu'ils soient reconnus et revendiquer leurs droits.

Je tâche de bien détacher les mots les uns des autres, de ne pas parler trop vite pour éviter que mon idée se dérobe. Une fois mon court exposé terminé, je scrute son visage pour voir s'il l'a satisfaite. Elle sourit. Bon présage. Ensuite, elle me pose quelques questions sur mes passions auxquelles je réponds sans problème. Mon appréhension s'est diluée. Je me suis habituée aux mouvements de sa bouche et finis par me sentir presque à l'aise. Pour une fois, je n'ai pas besoin de répéter : elle me comprend du premier coup. Jusqu'au moment où elle me tend un papier.

Je me prends alors à rêver de défilés, de chaussures fines à talons comme celles que je vole à Maman pour jouer les grandes.

Pour la première fois, j'ai envie de m'inscrire à un sport.

J'ai toujours pressenti l'amour de ma grande soeur pour moi sans pour autant en connaître l'ampleur. Elle veille si bien à cacher ses sentiments...

Maman a convaincu Papa de nous emmener à Lourdes. La ville des miracles.

Avec Papa, à Paris...

Brusquement, je comprends, émue comme jamais,
que l'inattendu vient de se produire : j'ai été désignée Miss Limousin

Mes parents ont fini par accepter Davy. Ils voient bien mon visage s'éclairer, mes yeux s'embraser quand je suis près de lui.

© Érick Gey

La chorégraphe m'a encore félicitée tout à l'heure pour mes efforts, ce qui me rend plutôt confiante, malgré la tension qui commence à s'emparer de nous toutes.

© Érick Gey

Après notre première apparition en robe longue, nous sommes retournées dans les loges pour revêtir une tenue courte et argentée. Je fais partie de la chorégraphie James Bond avec une dizaine d'autres Miss.

© Érick Gey

Je n'ose regarder Jean-Pierre Foucault au moment où il ouvre l'enveloppe terrible qui scellera mon destin.

© Érick Gey

J'étais très intimidée par l'élégance de Geneviève de Fontenay,
sa posture princière et son noble port de tête.

Je trouvais les candidates de l'élection Miss International beauté bien plus aimables, curieuses des autres et gentilles que celles que j'avais pu rencontrer en France.

Je suis finalement très heureuse que Geneviève ait insisté pour me présenter à cette élection. Parce qu'elle me donna l'occasion de découvrir un pays et une population extraordinaires.

Dès le premier jour, je fis la connaissance de Miss Guadeloupe, une jeune fille pleine d'énergie, détendue et rigolote avec laquelle je sympathisai quasiment aussitôt.

Lorsque Mme de Fontenay s'approche de moi, après avoir félicité la reine de la soirée, je la remercie chaleureusement. L'écharpe de première dauphine me rend mon sourire ; mon rêve est sauf, intact.

Une feuille à remplir. Nouvelle bouffée d'angoisse qui crispe mon visage. Je ne saisis pas toujours très bien les énoncés. C'est pour ça que Valérie, remplacée par Mme Matthias, m'accompagnait pour les examens. Pour me définir les termes qui échappaient à mon cerveau. Mais là, il n'y a personne. Je n'y arriverai jamais toute seule.

– Il ne s'agit que d'une formalité, me dit-elle en remarquant mon état de décomposition avancé. C'est le même formulaire que celui que tu as rempli au moment de l'inscription. Nous tenons simplement à vérifier que les candidates n'ont pas menti pour pouvoir participer à l'élection Miss Limousin.

À demi rassurée, je vais m'asseoir sur la chaise vide devant elle. Focalisant ma concentration sur les phrases, je découvre avec soulagement qu'elles ne sont pas compliquées. En quelques minutes, je parviens à combler tous les espaces blancs qui, quelques instants plus tôt, semblaient menacer de m'engloutir. Fière d'avoir réussi à passer cette épreuve, je tends la feuille à Delphine qui m'adresse un hochement de tête satisfait. Finalement, cet entretien n'aura pas duré longtemps. Moins d'une demi-heure. Et quand je prends congé de Delphine, je vois à son visage que tout s'est bien déroulé. Parce qu'il rayonne d'un état comparable à celui qui illumine les traits des professeurs contents de leur élève.

*

* *

La soirée va bientôt commencer. Je le sens à l'agitation qui s'est emparée des loges. Les filles se ruent dans tous les sens. On s'habille, on arrange son maquillage, on vérifie dans le miroir qu'on a une chance de leur plaire. La perspective du défilé m'angoisse beaucoup moins que l'entretien que j'ai passé tout à l'heure. D'abord parce que mes proches seront dans la salle. Mes parents, leurs amis, ma sœur Violène, Davy, Isabelle et Fabien seront assis dans le public.

Pour cette élection, le Comité a décidé que je passerais en quatrième position. Leslie a hérité de la onzième place. Elle continue de m'ignorer dans les coulisses comme les autres d'ailleurs. Mais je m'en fiche. Je me dis même que c'est tant mieux. Ça me permettra de me concentrer plus facilement. Nous nous plaçons désormais en file indienne. La nervosité est palpable dans les bustes qui se gonflent d'air, les jambes qui tressautent, les cous qui se tordent pour se détendre. Puis, brusquement, je perçois les vibrations ténues m'indiquant le début des festivités. La première entre en scène. Puis la deuxième. Je me focalise sur le corps de la fille devant moi pour inscrire mes pas dans les siens, repassant la chorégraphie rapidement dans ma tête.

Quand j'entre sur scène, je ne marque pas la moindre hésitation, regardant droit devant moi, me redressant pour me donner l'air altier. Je repère aussitôt Delphine et son visage angélique, assise au centre du jury aligné devant la scène. Son regard m'accompagne sans me perturber, puis docilement je rejoins la rangée de candidates en fond de scène pour assister aux performances des suivants. Les corps se succèdent, ondulant gracieusement au rythme d'une musique que je n'entends pas. Des inconnues, chacune là dans le même objectif : décrocher une écharpe et la couronne qui feront d'elle la princesse d'une région.

Maintenant vient le tour de Leslie. Elle entre sur scène, sûre d'elle. Contre toute attente, lorsqu'elle parvient à l'extrémité du podium, le Comité Miss Limoges se lève et se lance dans un tonnerre d'applaudissements.

Et dire que je me suis investie, ratant des cours afin de pouvoir honorer les engagements de Leslie parce qu'elle travaillait, et que c'est à elle qu'ils vouent toute leur reconnaissance... Je n'en reviens pas ! Je sens mon visage s'empourprer et mes mains se serrer contre mes hanches. Cette ingratitude que je prends pour un affront me blesse profondément. Le seul réconfort que je tire de cette scène c'est de m'apercevoir que Delphine est restée assise, conservant sa neutralité dans cette élection. J'essaie de m'accrocher à ça pour ne pas perdre mon sourire, tandis que les dernières candidates défilent sous mes yeux. Ensuite, nous repartons toutes en coulisses pour ôter nos tenues de ville, enfiler nos maillots de bain et revenir arpenter la scène. Chassant mes idées noires, je traverse le podium, le front fier, me concentrant sur ma seule alliée potentielle : Delphine. Je parviens à respecter la chorégraphie à la lettre et regagne le fond de scène sans faillir. Pendant que les autres déambulent à leur tour, je songe à l'étape suivante de l'épreuve. Pour moi, la plus terrible et gratifiante à la fois. Celle où je vais prendre le micro devant tout le monde et m'exprimer. Montrer que je sais mettre de la voix dans mes mots même si je ne les entends pas. Je prie pour que les phrases coulent de ma bouche simplement et ne restent pas endiguées dans ma gorge par le trac. Je songe à ma robe aussi, rose et blanche, qui me donne des airs de bonne fée et à l'assurance qu'elle me procurera sûrement. Je me concentre là-dessus, perdant mon regard au loin, quand Leslie fait son entrée. Pour ne pas me laisser anéantir par les éventuelles acclamations du Comité Miss Limoges, je jette un coup d'œil discret dans la salle afin d'y chercher mes proches. Mon regard tombe sur Davy qui me décoche un sourire encourageant. Mes mains se décrispent instantanément. Comme j'ai hâte de le retrouver, de me nicher dans ses bras parfumés. « C'est bientôt terminé », me dis-je en retournant dans les coulisses pour revêtir ma jolie toilette.

Quand je reviens sur scène pour franchir la dernière étape avant l'annonce des résultats, j'ai le pas aérien. Le frottement de l'étoffe contre mes jambes me donne la sensation d'avoir des ailes. Si bien qu'au moment de me présenter au jury, je me dis que mon monologue doit ressembler à un chant d'oiseau. Avant de venir ce soir, j'avais un peu préparé mon discours. Et j'avais surtout décidé d'oraliser et de signer pour permettre à mes amis sourds de comprendre ce que je disais. Après tout, je participais à cette élection afin de militer pour l'accessibilité. Il fallait bien que je montre l'exemple.

Je tâche de m'appliquer, de loger des images dans mes mains sans perdre le fil de mes phrases. Les yeux accrochés à ceux de Delphine. À mesure que j'avance dans mon court monologue, je sens que mon effort lui plaît. À son sourire. À l'attention qu'elle porte au mouvement de mes doigts. Une fois que j'ai terminé et que le jury me remercie, je regagne ma place en éprouvant une certaine fierté. Tout s'est bien passé. J'ai prouvé aux membres du Comité et au public que je pouvais me mouvoir sur une musique que je n'entends pas, m'exprimer alors que je suis sourde. L'issue de cette élection importe peu désormais. De toute façon, je sais très bien que je ne serai pas élue. L'élection Miss Limoges m'a servi de leçon.

J'ai en effet appris par la suite, par un des membres du jury, qu'on m'aurait exclue de la première place à cause de mon handicap. Du coup, je n'espère même pas décrocher un titre de dauphine. Je ne veux plus qu'une chose : qu'on en finisse pour que je puisse retrouver les gens que j'aime et qui m'attendent. Voilà pourquoi je ne prête pas vraiment attention à Christian lorsqu'il annonce au micro les noms des gagnantes. J'ai vaguement suivi le mouvement de ses lèvres au début, quand il s'agissait de la troisième et de la deuxième dauphines. Mais en réalisant que ce n'était pas moi, j'ai laissé mes yeux divaguer à travers la salle, aller de Maman à Violène en passant par Papa, pour m'arrêter ensuite sur Davy et les couples d'amis assis juste à côté. Soudain, un signe m'interpelle : Isabelle, Fabien et mon petit ami agitent leurs mains dans les airs. L'applaudissement des sourds. Sans comprendre, je me tourne vers Christian qui me regarde en souriant. Et ce n'est pas le seul. Tout le monde a pivoté vers moi en applaudissant.

– Sophie Vouzelaud a été élue Miss Limousin, répète-t-il en remarquant mon air ahuri.

Tremblante d'émotion et de surprise, je m'avance vers la grande jeune fille brune, couronnée l'an dernier, qui me remet son titre, sa tiare et son écharpe. Je dois respirer plusieurs fois pour lutter contre les sanglots que je sens monter dans ma gorge. Quand je me place sous les projecteurs pour saluer la foule, je hoche doucement la tête en croisant le regard de Delphine. Pour la remercier de cet honneur qu'elle me faisait, de cet incroyable bonheur que je ressentais, émouvant jusqu'aux larmes. Je ne réalisais pas encore à ce moment-là, alors que je pleurais de joie sous les projecteurs, que j'avais également décroché le droit de participer à l'un des événements les plus populaires et médiatiques de notre pays : les élections de Miss France.

*

* *

Cette soirée déclencha une vague médiatique sans précédent. Le téléphone de Maman n'arrêtait pas de sonner. Les journalistes se bousculaient pour demander une interview. *Le Populaire* d'abord, qui avait déjà couvert l'élection Miss Limoges, *Paris Match* ensuite qui prit rendez-vous pour le 19 octobre, *France 3*, etc. J'étais à la fois très flattée par cet engouement général et légèrement intimidée. Tous ces inconnus qui souhaitaient me rencontrer... C'était incroyable, inimaginable et terrifiant.

Mais je découvris rapidement que mes craintes n'étaient pas fondées. Je connaissais les journalistes du *Populaire*, Jean-Marie Misset et Laurent Borderi, leur façon de me parler. Ils faisaient toujours des efforts d'articulation lorsqu'ils s'adressaient à moi. Quant à l'équipe de *Paris Match*, composée d'une photographe, Charlotte, d'une maquilleuse, de l'attaché de presse, Sébastien et d'une journaliste nommée Mariana Grépinet, ils se sont avérés tout à fait charmants. Tous s'exprimaient avec précaution, semblaient vraiment curieux de faire ma connaissance. Ils sont même restés déjeuner avec nous, en famille. Je garde d'ailleurs un très bon souvenir de cette journée. Mais la rencontre qui m'impressionna le plus fut celle qui eut lieu le lendemain avec Mme de Fontenay.

Lorsque Maman m'annonça que Geneviève comptait me rencontrer le 20 octobre, je n'en ai pas cru ses lèvres. La célèbre créatrice des Miss France, que j'avais si souvent vue apparaître dans le petit écran, venait à Limoges, en chair et en os. Tout spécialement pour moi. La veille au soir, après avoir passé la journée avec Mariana et le photographe, j'étais tellement excitée par les événements de la journée et ceux qui s'annonçaient pour le lendemain que j'eus toutes les peines du monde à trouver le sommeil. Et je me réveillai à l'aube, incapable de dormir plus longtemps. Mme de Fontenay était descendue à l'hôtel situé près de la gare de Limoges. J'avais dormi chez Maman pour me rendre avec elle à l'entretien. J'avais choisi un tailleur Max Mara noir et blanc pour l'occasion, gracieusement prêté par la boutique Maillard. Dans la voiture, je peinais à contenir mon trac. C'était la première fois de ma vie que j'allais rencontrer une personnalité médiatisée. Je n'en revenais pas. Je crois d'ailleurs que Maman était tout aussi excitée que moi. Je le voyais à son regard luisant, à son sourire aussi. Elle aimait déjà beaucoup Mme de Fontenay sans la connaître.

Cette rencontre inespérée confirmait l'importance de ma victoire ainsi que ma participation à une élection capitale : celle des Miss France.

Quand nous sommes descendues de voiture et que nous avons rejoint l'hôtel, mes jambes flageolaient d'appréhension. Nous la retrouvâmes dans le salon rouge et chaud de la réception. J'étais très intimidée par son élégance, sa posture princière et son noble port de tête. Tremblante, je la saluai avant de m'installer en face d'elle avec Maman. Je ne compris pas tout ce qu'elle me disait mais n'osais pas la prier de répéter en articulant mieux. Moi qui me débrouillais si bien d'habitude pour décrypter les mots des inconnus, je n'arrivais pas à saisir la moitié de ses paroles. Ma mère qui a appris à détecter mes incompréhensions, me résume ses propos. Elle me dit qu'elle est contente de me compter parmi les candidates à l'élection, félicite Maman de ma beauté. Elle se montre aimable et, franchement, pendant un instant, je songe à son image que j'ai si souvent vu défiler à la télévision. C'est tellement bizarre de me retrouver face à elle dans cet endroit, de recevoir les bribes de son discours. Pour moi. Rien que pour moi.

Cette rencontre marqua mon parcours plus que toutes celles qui suivirent. D'abord parce qu'il s'agissait de la première avec une célébrité et ensuite pour ce qu'elle impliqua : ce fut en sortant de l'entretien, ravie et flattée, que je sentis mon cœur se serrer. Jusque-là, je n'avais pas encore tout à fait réalisé que je me présenterais bientôt au concours de Miss France. Et que, pour y participer, il me faudrait quitter ma famille, Davy et mes amis.

*

* *

Mon élection inattendue ne suscita pas seulement les réactions des journalistes en rafales, ou la venue de Mme de Fontenay. Les habitants, eux aussi, venaient me féliciter. Nous commencions à recevoir des dizaines de lettres d'encouragement. Des lettres auxquelles nous avons répondu, sans jamais faire d'exception. J'étais tellement touchée par toutes ces marques d'attention, ces messages bienveillants, que je mettais un point d'honneur à les remercier.

Quelques jours après l'obtention de mon titre, Maman me remet une enveloppe. Comme je dors souvent chez Davy, j'essaie de passer à la maison tous les jours pour lire le courrier déposé le matin même dans la boîte aux lettres. Lorsque je réalise l'identité de l'expéditeur, les battements de mon cœur redoublent, ma vue se brouille et dans mon esprit un visage s'impose : celui d'une femme au teint pâle, aux yeux de la couleur d'un ciel d'été, qui m'adresse un sourire maternel. Il s'agit de mon orthophoniste disparue, Valérie, qui revient dans la lettre que m'adresse son père :

« Chère Sophie,

Je n'ai pas eu le temps de regarder la télévision, mais les articles de journaux et la rencontre avec ta charmante maman m'ont appris ta magnifique performance. J'en suis profondément heureux et j'imagine que Valérie (là où elle est) te voit et se réjouit. Je sais combien son souvenir est important pour toi : je sais que tu ne manques jamais une occasion de parler d'elle, cela me touche beaucoup.

Je reste toujours discret en ce qui concerne ma fille, mais je ne me consolerai jamais de sa disparition. Dès que son souvenir apparaît hors de ma famille, c'est une intense émotion pour ma femme et moi. Et nous sommes bien conscients que c'est en toi que sa mémoire est (et demeure) le mieux préservée. Bravo pour tout Sophie ! Tu mérites parfaitement par ta beauté, ta grâce, ton charme, ta spontanéité (et ton courage) toutes les récompenses qui te sont légitimement accordées. Je te souhaite de beaux voyages, d'heureuses rencontres, et de nouveaux succès.

Je t'embrasse affectueusement, Christian. »

En replaçant le carton de son message dans l'enveloppe, j'ai de la buée dans les yeux. Je me rappelle très bien ce passage sur scène où, tétanisée par la réaction du jury, Valérie m'est apparue avec une expression calme et apaisée. Encore aujourd'hui, je pense souvent à elle. Même si je ne vais plus fleurir sa tombe une fois par semaine comme autrefois, je garde son image précieusement dans un coin de ma mémoire. Et je profite de la parole qui m'est donnée dans ce livre pour remercier ses parents de m'avoir associée à ce deuil douloureux.

Chapitre III

Miss France

Aujourd'hui, nous sommes le 7 novembre. L'échéance se rapproche. Dans neuf jours, je devrai partir pour Paris, rejoindre les autres candidates, avant de monter pour la première fois dans un avion qui m'emportera à des milliers de kilomètres de ma famille. L'île Maurice. Avec des dizaines d'inconnues. Et pas d'interprète. « Ça coûte trop cher », nous a-t-on expliqué. J'essaie de ne pas trop y penser. La simple idée de cette séparation me donne le vertige.

En prenant le volant de ma voiture, je chasse le voyage de mon esprit en remerciant Vincent, installé sur le siège passager, d'avoir accepté de m'accompagner à la réception organisée par la mairie de Saint-Junien. Davy avait un empêchement. Il travaille beaucoup pour devenir professeur de langue des signes et peut-être un jour réaliser son rêve : obtenir un haut poste dans l'administration qui lui permettrait de lutter pour l'accessibilité. Comme moi. Alors son colocataire a proposé de le remplacer. Mes parents ont eux aussi été conviés bien sûr. Mais sachant que je n'aurais plus l'occasion de dialoguer avec des sourds pendant près de trois semaines, je tâche d'en profiter au maximum. Toute occasion est bonne à saisir.

Sur le chemin, j'évite soigneusement d'aborder le sujet angoissant de mon élection et parle de Fabien et Isabelle. Nos amis vont bientôt devenir parents. Lorsqu'ils nous ont annoncé la nouvelle, il y a quelques mois de ça, nous n'avons pas caché notre joie. Un petit. Un enfant. Qui viendrait bientôt grossir nos soirées. Le couple ne s'inquiète pas de l'éventualité d'avoir un bébé sourd. Ils savent ce que c'est pour l'avoir eux-mêmes vécu. Et si d'aventure il entendait, alors le petit apprendra à parler et à signer. Dans tous les cas, il sera élevé dans l'amour de ses parents – dont je ne doute pas un instant – et ne pourra donc qu'être heureux.

Quand nous arrivons près de la mairie, je dois tourner plusieurs fois avant de trouver une place libre pour la voiture. Et nous comprenons pourquoi dès que nous franchissons les portes du bâtiment principal. La petite fête organisée par le maire, M. Allard, est en réalité une véritable réception. Des centaines de personnes nous accueillent en frappant des mains. Parmi elles, je reconnais mes professeurs de Chantemerle, du collège Calmette, des lycées Paul Éluard et Marcel Pagnol. Je ne m'attendais pas à ce que tant de gens répondent à l'invitation simplement pour me féliciter. Émue, je m'avance vers Monsieur le maire qui affiche un sourire sincère, pour le remercier. C'est la première fois que je le rencontre. Je l'avais déjà vu sur des panneaux installés tout spécialement pour les élections un peu partout dans la ville, mais je ne lui avais encore jamais serré la main.

Une fois que nous nous sommes salués et que je l'ai chaleureusement remercié, il me conduit dans la salle principale, bondée de monde, de tables couvertes de petits fours et de boissons, baignée de lumières. Je ne connais pas tous les invités, bien sûr, mais ils se montrent tellement gentils avec moi que je n'éprouve pas l'angoisse qui me tient face à des inconnus. Une demi-heure après mon arrivée, M. Pierre Allard réclame le silence des convives : il s'apprête à faire un discours. Avant de commencer, il s'approche de moi pour me tendre une feuille imprimée. Le maire, conscient de mes difficultés à suivre une telle intervention en lisant sur les lèvres, a pensé à me faire une photocopie de sa déclaration. Cette attention me touche beaucoup et me permet de tout comprendre sans avoir à fournir un effort de concentration. Ses phrases sont claires, élogieuses et très émouvantes. Il proclame ma victoire, en fait la fierté de Saint-Junien et pour le prouver, me décerne la médaille de la ville. Quand mes doigts entrent en contact avec la grosse pièce en bronze, logée dans un bel écrin, mon regard se voile d'émotion. Tant de gentillesse de sa part m'ébranle.

Lorsque je repense à ces semaines depuis l'élection, je n'en reviens pas. Ma vie a véritablement pris un tour différent : je ne suis pas inscrite aux cours par correspondance ; j'ai abandonné mes études pour me consacrer à ma carrière qui a commencé à l'initiative de ma mère et à laquelle jusqu'ici je n'avais jamais osé rêver. Mon quotidien, autrefois rythmé par les regards parfois moqueurs de mes camarades, se remplit désormais de témoignages bienveillants et d'encouragements.

Pour clore son discours, Pierre Allard me souhaite succès et réussite à l'élection Miss France puis s'engage à réorganiser une petite fête dès mon retour, quel que soit le titre que je rapportais. Une fois qu'il a prononcé les derniers mots, tout le monde se met à applaudir. Je frappe si fort dans mes mains que j'en ai mal aux paumes. Je les sens qui deviennent brûlantes, comme mon visage empourpré. Miss France. Plus que neuf jours avant le grand départ.

*

* *

La main de Maman m'effleure l'épaule pour me tirer du sommeil comme dans mon enfance. Mais je n'ouvre pas les yeux. Je refuse de lever mes paupières, d'affronter cette journée qui me colle des sanglots dans la gorge. Aujourd'hui, nous sommes le 16 novembre. La date fatidique et redoutée de la séparation. Je suis attendue à Paris à neuf heures du matin. Alors mes parents ont fixé le réveil à 4 h 15 pour avoir le temps de m'y conduire. Il fait nuit. Je devine l'obscurité qui m'a toujours effrayée derrière mes paupières closes. Pas envie de sortir de ma couette. Et si on annulait tout ? Si on faisait comme si je n'avais jamais été élue et que je reprenais ma vie d'avant, rassurante, sécurisante, sans étranger ni voyage ?

Maman exerce une nouvelle pression sur mon bras. Davy à mes côtés se redresse et me pousse affectueusement à me réveiller. Son geste lève une vague de larmes menaçant de m'engloutir. Ça fait bien une semaine qu'on parle de ce départ. Une semaine que je le supplie de ne pas m'accompagner. S'il vient à Paris, je crains de ne pas trouver la force de m'éloigner pour rejoindre la foule de concurrentes que je pressens hostiles. Je vais avoir le réflexe de me cramponner à lui en pleurant pour qu'il me retienne. Mais il a insisté. Il veut me voir lui tourner le dos et m'acheminer vers mon destin, la tête haute. Alors, prenant mon courage à deux mains, je me lève à mon tour, les yeux embrumés par un sommeil trop court et par mes larmes qui roulent sur mes joues, lourdes comme des pierres. C'est alors que ma mère allume la lumière et découvre mon visage ravagé par l'appréhension.

– Allez, Sophie. Ne t'inquiète pas, tout va bien se passer, me lance ma mère avant de quitter la chambre.

Elle n'aime pas les séparations, elle non plus. Ça l'angoisse autant que moi de me savoir loin d'elle, entourée de gens qui ne nous connaissent pas, mon handicap et moi. Pourtant son expérience lui permet de moins le montrer, de réussir à cacher sa peur sous son front fier : elle est combative, Maman. Peut-être plus que moi. La preuve, dès qu'elle a franchi la porte, je me réfugie dans les bras de celui que je souhaiterais greffer à moi. Parfum préféré qui s'évanouira dans quelques heures.

Puis lentement, il me dégage de son corps, me chasse gentiment de mon refuge pour que je me prépare, que j'accomplisse l'exploit de m'habiller. Les responsables du Comité Miss France ont demandé à ce qu'on se présente sans maquillage. Et heureusement. Car même si j'arrive à enfiler mes vêtements, réprimer mon chagrin est au-dessus de mes forces. J'ai l'impression que mon visage va se transformer en énorme flaque.

– Je m'occupe de ta valise, me signe Davy en souriant pour m'encourager.

Je hoche la tête en continuant à me liquéfier. J'ai préparé mes valises la veille avec Maman. J'essaie de songer à tous les habits qu'elle contient pour me réconforter. La boutique Maillard, pour laquelle j'ai défilé après avoir décroché le titre de première dauphine à l'élection Miss Limoges, m'a prêté tout un tas de vêtements pour mon séjour de trois semaines à l'île Maurice. Mais rien n'y fait. Je ne soupçonnais pas ma tête capable de contenir tant d'eau. À croire que je verse des années de larmes contenues.

Quand on arrive dans la cuisine, ma mère me présente des petits pains. Je devine la phrase qui accompagne son geste : « Il faut manger. » Je secoue aussitôt la tête. Rien ne passera. J'ai l'estomac noué, la gorge obstruée de sanglots, incapable d'avaler quoi que ce soit. Pourtant, elle insiste. Elle tient à ce que je prenne des forces. Soupirant, les joues trempées, j'obéis, inspirant profondément entre chaque bouchée pour ne pas m'étouffer. Je parviens à y mordre trois fois, mâchant sans conviction et finis par abandonner le morceau qui reste. Ma mère ronchonne. Elle doit néanmoins reconnaître l'effort parce qu'elle le balance dans la poubelle sans revenir à la charge.

En quittant la maison, en passant sur la route que je connais par cœur, mon regard s'attache à tous les arbres pour leur faire mes adieux. Je suis déchirée de l'intérieur. Et tandis que l'obscurité cède lentement la place à la lumière et que nous pénétrons dans Paris, je profite de mes derniers moments avec les miens pour pleurer sans pudeur, ni honte. Quand la voiture s'immobilise dans un quartier chic, non loin de l'Arc de triomphe, je tâche de mettre une écluse dans mes pupilles, sèche mes joues et reprends le contrôle de mon cœur que j'avais abandonné à la tristesse.

– S'il te plaît, dis-je néanmoins à Davy avec un regard suppliant. Reste dans la voiture. Disons-nous au revoir ici. Je n'aurai pas le…

Il m'embrasse pour interrompre cet aveu. Si je pouvais garder l'empreinte de ses lèvres toujours, rester collée à lui. Il doit sentir mes difficultés, car il s'écarte doucement, en exerçant une pression sur ma main pour y insuffler un peu de cette énergie protectrice qu'il détient. Sans attendre, j'ouvre la portière, tâchant de me fixer de nouveaux objectifs et surtout de les respecter : ne pas pleurer, ne pas me plaindre, être forte, me concentrer et faire de mon mieux pour ne pas décevoir tous ceux qui m'ont témoigné leur soutien ces dernières semaines. Je ne tremble même pas lorsque Maman me serre dans ses bras, non loin de la porte. Ni même sous les effets de l'étreinte de Papa. Je ne pense plus qu'à être courageuse, à prendre sur moi pour affronter cette journée, puis les autres, jusqu'au jour où je pourrai enfin rentrer chez moi… et ne plus jamais en partir seule.

*

* *

J'ai retrouvé avec plaisir Sébastien, l'attaché de presse qui était venu pour les photos de *Paris Match* à la maison. Il a promis à Maman de veiller sur moi pendant ce voyage et m'a semblé prêt à tenir parole. Le savoir parmi nous me rassure un peu.

À présent, nous voilà toutes réunies dans le grand salon d'un bel appartement parisien. Célia, la chaperonne, et Jonathan, son équivalent masculin, nous donnent le programme des prochaines vingt-quatre heures. Pressés par un emploi du temps serré, ils s'expriment vite, leurs lèvres remuent à toute allure. J'ai beau essayer de me concentrer, j'arrive à peine à pêcher quelques mots dans leur flot de paroles. « Photos », « bain », « rapidement » qui, associés les uns aux autres ne signifient rien. Les trente-six autres filles, en revanche, ne semblent pas rencontrer le moindre problème. J'ai bien tenté quelques approches en arrivant, tâchant de lier connaissance. Mais sans parvenir à trouver une alliée susceptible de m'expliquer, de me répéter le discours des chaperons plus lentement. Alors je prends mon mal en patience, continue de fixer ces bouches insensées en me disant que j'irai les trouver une fois qu'ils auront terminé leur discours. D'instinct, j'opte pour Célia. Malgré sa fermeté, elle a un gentil regard. Aussi est-ce vers elle que je me dirige lorsque l'assistance se disperse pour se préparer à quelque chose que j'ignore. Depuis mon arrivée, l'envie de pleurer ne m'a pas complètement quittée. Il a fallu que je lutte contre l'assaut répété de mes larmes. Je les sens d'ailleurs revenir me menacer en avouant à la jeune femme chargée de nous encadrer que je n'ai pas très bien – voire pas du tout – saisi ce qu'elle vient de nous expliquer. Confuse, Célia me fournit rapidement un résumé de nos tâches (je sais qu'elle ne me dit pas tout puisqu'elle met dix minutes à m'exposer une heure de discours). Nous devons passer chacune à notre tour en maquillage et coiffure, puis enfiler un maillot de bain bleu fourni par le Comité Miss France pour la séance de photo collective de *Télé 7 jours*. Ensuite, nous nous réunirons pour écouter les conseils de Sylvie Tellier, ancienne Miss France, et désormais directrice de la Société Miss France, et Mme de Fontenay. Et durant tout ce temps, chacune d'entre nous devra respecter une règle accablante : débrancher son portable. C'était déjà pénible d'être séparée de mes proches. Voilà qu'ils voulaient me couper de leurs paroles, de leurs SMS rassurants, seuls capables de me faire tenir.

La tête lourde et l'esprit préoccupé, je rejoins mes concurrentes dans la pièce réservée au maquillage. Plusieurs femmes, armées de pinceaux, peignent les visages pour masquer leur fatigue. J'examine mon reflet dans la glace pour évaluer l'étendue des dégâts. Mis à part mes yeux légèrement gonflés, mes larmes versées un peu plus tôt n'apparaissent pas sur mes joues blafardes. La préparation et la séance photo qui s'ensuivent me semblèrent interminables. J'avais mal aux pieds dans mes chaussures, mal aux jambes à force de rester debout, mal à la tête après avoir tant pleuré. J'attendais avec impatience le moment où l'on nous autoriserait enfin à nous asseoir et à nous détendre. Lorsque la pause déjeuner arriva enfin, j'hésitai un peu. Je voyais mon portable éteint dans mon sac, essayant de deviner les messages qu'il détenait et qu'on m'avait interdit de consulter. En voyant les filles converser ensemble, discuter sans prendre la peine de bien articuler ou simplement de se mettre face à moi pour me permettre de lire sur leurs lèvres, je décidais d'enfreindre la règle du téléphone et de l'allumer. Comme je l'avais espéré, j'avais déjà reçu plusieurs textos. Mes parents d'abord qui m'informaient qu'ils étaient bien rentrés à Saint-Junien et m'apportaient leur soutien, Davy qui me témoignait son amour, ma sœur aussi qui m'encourageait. Lire leurs mots familiers me soulagea un peu même si je dus retenir ma respiration pour empêcher les larmes de ressurgir. Jusqu'à la fin du déjeuner, je m'isolais dans ma bulle, réfugiée dans des pensées qui me ramenaient chez moi.

L'après-midi se déroula sur le même mode que la matinée : maquillage, photos, fatigue. Quand dix-neuf heures sonnèrent enfin, je poussai un grand soupir de soulagement, imitée par beaucoup de mes concurrentes. Un bus nous attendait en bas pour nous conduire à l'hôtel où nous passerions la nuit avant de toutes nous envoler pour l'île Maurice. Célia m'avait informé le matin même que nous serions deux par chambre ; toutes regroupées par ordre alphabétique. Il faut savoir que nous n'étions pas désignées par nos prénoms, ni même par nos noms de famille, mais par la région que nous représentions. J'étais donc Miss Limousin ou Limousin dans l'urgence et étais destinée à répondre à ce sobriquet jusqu'à l'élection. Dans ces circonstances, vous comprendrez que je ne me rappelle pas le prénom de ma compagne de chambrée, Miss Languedoc-Roussillon.

Pour faciliter la répartition des filles une fois que nous arriverions à l'hôtel, on nous pria de nous asseoir par deux dans l'autocar et de prendre place à côté de notre compagne de chambre. C'est donc là que je fis pour la première fois sa connaissance. Son air gentil me rassura. Elle avait de jolis cheveux blonds qui renvoyaient la lumière et un regard sympathique. Nous n'échangeâmes que quelques mots, toutes les deux épuisées par cette journée éreintante. J'avais hâte de découvrir la chambre qu'on nous avait attribuée et de me retrouver au calme pour pouvoir envoyer tranquillement mes textos.

*

* *

Je suis allongée sur le lit et essaie de me changer les idées mais n'y arrive pas. La fatigue ne m'aide pas, c'est sûr. Je n'arrête pas de penser à mes parents, à Davy, à ma sœur et mes amis. Tous trop loin. Et pour couronner le tout, Miss Languedoc est suspendue à son portable. Elle téléphone à ses parents, à sa famille. Elle leur parle et moi je suis là à attendre des messages qui tardent à arriver, incapable de communiquer avec mes proches autrement que par phrases simples. J'essaie de ne pas l'envier, de ne pas regretter d'avoir participé à ce concours. Rien à faire. Moi aussi je rêverais de pouvoir leur raconter dans le détail notre journée, leur demander comment s'est passée la leur. Si les portables pouvaient me retransmettre le mouvement de leurs lèvres, je pourrais téléphoner moi aussi.

Malgré mes efforts pour ravaler mes sanglots, j'en sens un qui monte. Menaçant d'exploser en larmes devant ma compagne qui n'a pas idée de ce qu'elle m'inflige avec ses conversations interminables. Alors je me rue dans la salle de bains en veillant bien à lui cacher mon visage grimaçant. Et une fois que j'ai fermé et verrouillé la porte derrière moi, je me laisse glisser sur le mur avant d'échouer sur le carrelage glacé. Je suis restée longtemps dans cette pièce à la lumière aveuglante, les bras enserrés autour de mes genoux pour tenter de me sentir moins seule, à pleurer comme le matin même. En y repensant aujourd'hui, alors que j'écris, je crois n'avoir jamais versé autant de larmes que ce jour-là.

*

* *

On vient de monter dans l'avion. En passant la porte déjà, j'étais impressionnée par ce gros engin de métal et ces rangées interminables de sièges. J'ai beau me répéter qu'il y en a des centaines qui décollent tous les jours et très peu qui s'écrasent, je me sens terriblement anxieuse en m'installant. Comme pour les chambres, les Miss sont réparties dans l'appareil par groupes de deux ou plus toujours selon l'ordre alphabétique des régions qu'elles représentent. Je me retrouve donc à côté de Miss Languedoc qui ne s'est pas aperçue de ma crise de larmes d'hier. Elle paraît beaucoup plus détendue que moi. Les voyages ne l'effraient pas. Si une hôtesse diffuse une annonce pour nous demander de boucler notre ceinture parce qu'on traverse une zone de turbulences, elle s'exécute sans paniquer. Parce qu'elle entend. Et puis j'ai cru comprendre qu'elle avait déjà eu plusieurs fois l'occasion de prendre ce genre d'appareil. Ce qui explique son visage serein.

– J'ai un peu peur, lui dis-je en essayant de sourire. C'est la première fois que je monte dans un avion.

Elle soupire avant de me répondre en pivotant vers moi, le regard impitoyable :

– Ne fais pas le bébé, voyons !

Sans rien ajouter elle se détourne. Elle était pourtant gentille hier. Avant de passer tous ses coups de fil, elle m'a même montré des photos de sa famille en me faisant quelques commentaires. Je pensais donc que la nostalgie de nos foyers nous avait rapprochées. À présent, je ne sais plus. Peut-être qu'elle a raison après tout, que je me comporte comme une gamine, que personne ne tremble à bord de ces engins ; j'essaie donc de calmer mes frayeurs en me cramponnant aux accoudoirs tandis que l'appareil se met en branle. C'est alors qu'un passager sur ma gauche, un monsieur avec un beau visage bronzé, m'adresse un petit signe avant de me décocher un sourire.

– Moi aussi j'ai peur de l'avion. Pourtant je suis obligé de voyager beaucoup à cause de mon travail. Mais rien à faire, je ne suis pas rassuré, me dit-il.

Son commentaire me détend aussitôt. Je me sens moins seule, moins froussarde tout à coup. J'ai même failli donner un coup de coude à Miss Languedoc et demander au monsieur de répéter pour voir si elle allait le traiter de bébé lui aussi. Refusant de céder à cet enfantillage, je continue à discuter avec le passager. Il m'apprend qu'il est originaire de l'île Maurice. Bien qu'il n'y retourne pas souvent, il semble beaucoup aimer son pays. Son regard brille tandis qu'il m'en fait la description. Sa voisine, une femme d'une beauté exceptionnelle, intervient de temps à autre dans la conversation, bien qu'elle ne semble pas l'accompagner. Notre échange me fait un instant oublier ma peur. Si bien que quand l'avion se soulève de terre et fonce dans les airs, je ne tremble plus. Une fois en vol, nous continuons de discuter. Je lui explique les raisons de ma présence à bord, mon titre de Miss Limousin et ma participation à l'élection Miss France.

– Je suis certain que c'est toi qui l'emporteras, me dit-il discrètement, cherchant manifestement à ce que Miss Languedoc installée à mes côtés ne se vexe pas de ses pronostics.

Je souris. Même si je ne pense pas du tout avoir mes chances de décrocher l'écharpe cette fois-ci, sa remarque me fait très plaisir. Je la crois d'autant plus sincère qu'au moment de l'atterrissage, le passager me demande un autographe. À moi, qui ne suis même pas connue. Alors que je gribouille un petit mot aimable avant d'y apposer ma signature, je sens Miss Languedoc se tendre à mes côtés. Ce rapprochement hasardeux ne paraît pas lui plaire. Déjà, elle se penche sur mon épaule pour essayer de lire ce que j'écris. Et quand nous sortons de l'avion pour fouler enfin le sol de l'île Maurice, elle me lance en fronçant les sourcils :

– C'était peut-être un journaliste.

*

* *

Une équipe de tournage nous accompagne. Je connais déjà le cadreur pour l'avoir rencontré au château de Val. La jeune femme qui l'accompagne a l'air gentille. Ils sont venus plusieurs fois me demander si tout allait bien pendant le vol. L'équipe est là pour nous suivre et filmer nos activités au cours du mois à venir.

Ainsi notre arrivée sur l'île commence-t-elle par l'enregistrement de notre débarquement. Des femmes à la peau ambrée et parfumée nous accueillent à l'aéroport et nous souhaitent la bienvenue en nous offrant des colliers de fleurs multicolores et odorants. On refait la prise plusieurs fois. Je me prête au jeu avec le sourire malgré la fatigue. Une fois qu'ils sont satisfaits, nous nous acheminons vers le bus affrété pour nous conduire à l'hôtel. Moi qui m'attendais à un ciel bleu et à un soleil aveuglant, je suis un peu déçue. Malgré la température agréable – il doit faire dans les vingt-cinq degrés –, des nuages gris et menaçants pèsent sur l'île. Et puis on ne voit pas encore la mer de l'aéroport. Je la cherche derrière ma vitre dans l'autocar.

Pourtant, sur le trajet, je n'aperçois que des vieilles voitures colorées, des motos, des vallées à la végétation luxuriante, des petites maisons cossues. Je ne la découvre qu'à notre arrivée au Sofitel *Imperial Mauritius*. Aussitôt je reconnais le décor des cartes postales, la mer translucide, passant de l'indigo au turquoise ; les plages immaculées et l'hôtel magnifique. On dirait un palais. Le hall, vaste et haut de plafond, brille de mille feux. Les chambres sont décorées avec goût et donnent directement sur l'océan.

Avant notre départ, on nous avait distribué un programme comportant notre emploi du temps. Ils ont créé quatre groupes. Chacun d'entre eux suivra des activités différentes. J'appartiens à l'équipe dauphin. Nous devons nous lever tôt tous les jours, aux environs de sept heures puis nous présenter au petit déjeuner avant de nous rendre dans le hall pour partir en excursion avec l'équipe de tournage. Voilà comment je me suis retrouvée contrainte de demander à ma compagne de chambrée, Miss Languedoc, de me réveiller. Comme je l'ai déjà expliqué un peu plus tôt dans ce récit, je ne peux pas me lever toute seule. À cause de mon handicap. J'ai besoin qu'on me touche pour sortir du sommeil.

Les premiers jours, elle a accepté. Et puis j'ignore pourquoi, un soir, alors que nous étions sur l'île Maurice depuis quelques jours déjà, elle a refusé. « Je n'avais qu'à me débrouiller. » Incrédule, je lui ai répété que je ne pouvais pas ouvrir les yeux sans quelqu'un pour m'y aider. Mais elle n'a rien voulu entendre. Je m'empressais d'en discuter avec Miss Lorraine, une fille très gentille de laquelle je m'étais rapprochée sur le bateau qui nous avait emmenées voir les dauphins et avec Miss Dauphiné qui faisait toujours des efforts pour m'inclure dans les conversations à table. Elles eurent la même réaction que moi : incompréhension. Ça ne lui coûtait rien à Miss Languedoc de venir poser sa main sur mon épaule.

Paniquée à l'idée de ne pas réussir à me réveiller seule, je somnolais toute la nuit, me redressant toutes les heures dans mon lit pour vérifier que je n'étais pas en retard. Trois jours avant notre retour, j'étais tellement fatiguée que je décidais d'aller trouver Célia, la chaperonne, pour lui demander d'intervenir. Elle me promit de me placer avec quelqu'un d'autre dès notre arrivée à Poitiers. Les derniers jours, ma compagne de chambrée se montra donc particulièrement froide à mon égard. Et comme si ça ne suffisait pas, je tombai malade à peu près au même moment. J'avais des maux d'estomac qui me clouèrent au lit et m'empêchèrent de participer à la dernière activité : celle au cours de laquelle nous devions aller voir les tortues. Le soir même, Miss Europe, une jolie jeune femme au regard doux venue passer quelques jours en notre compagnie, fêtait son anniversaire. Notre retour pour Paris était prévu pour le lendemain très tôt. C'était une très belle soirée. L'hôtel avait décoré la piscine spécialement pour l'occasion. Le buffet, qui changeait tous les soirs, s'avérait absolument somptueux. J'aurais aimé profiter de cette dernière nuit, m'amuser comme les autres filles, mais mon estomac qui faisait des pirouettes m'en empêcha. J'avais la nausée, je ne pouvais rien avaler et je me sentais tellement affaiblie que je ne suis restée que quelques heures.

*

* *

Après des turbulences terribles, l'avion atterrit enfin. Je suis soulagée. Je n'ai rien avalé pendant le vol. Je sens que j'ai maigri et ça ne me plaît pas. Mais maintenant que nous sommes rentrées, je vais me remplumer.

Je me réjouis de me retrouver à Paris, cette ville qui me rapproche de mes parents. Ils me manquent terriblement. Dans quinze jours, on me permettra enfin de les serrer dans mes bras. Comme j'ai hâte.

La Société Miss France nous a réservé une chambre dans le même hôtel qu'à l'aller. Il s'agira de ma dernière nuit avec Miss Languedoc. Demain, nous partons pour Poitiers afin de répéter la chorégraphie avant le grand soir. Célia m'a promis que je serais placée avec Miss Tahiti. On a déjà échangé quelques mots toutes les deux à l'île Maurice. Je la trouve gentille. Elle ne refusera sûrement pas de me réveiller le matin. Cette perspective me permet de passer cette soirée sans trop m'angoisser. Il faut que je me repose. Affaiblie par le voyage, mon estomac en rébellion, je dois me reposer, reprendre des forces pour affronter la journée de demain. Au programme ? Un défilé sur le plateau de la Star Ac'. Moi qui étais impressionnée à l'idée de rencontrer Mme de Fontenay quelques mois plus tôt, je m'apprête à voir d'autres célébrités. Une bonne nuit s'impose si je veux pouvoir décorer mon visage amaigri d'un sourire.

*

* *

Alors c'est donc ça, le plateau de la Star Ac'. Il m'est arrivé de regarder cette émission à la télé. Même si elle ne présente pas un grand intérêt pour moi dans la mesure où la musique ne parvient pas à fendre ma bulle. La scène m'a toujours semblé immense à l'écran, le public incroyablement fourni. Je suis donc surprise de découvrir un plateau plutôt modeste, un public dense, mais pas autant que je me l'étais imaginé finalement. En coulisses, je rencontre Kamel Ouali, le professeur de danse, qui me salue avec bienveillance. Il a le regard bon et veille à bien articuler dès qu'il apprend mon handicap. Je croise également Nikos Aliagas, élégant et professionnel, qui se montre lui aussi très amical. Quand arrive enfin le moment de notre défilé, je me concentre comme lors des élections auxquelles j'ai déjà assisté. J'inscris consciencieusement mes pas dans ceux de la jeune fille qui précède. Dès que nous pénétrons sur scène, je suis saisie par l'ambiance qui règne dans la salle. Une atmosphère festive, électrique. Les visages indistincts des gens du public renvoient les lumières aveuglantes. Certains tapent des mains. J'imagine que les concerts doivent connaître le même engouement.

Lorsque nous nous retrouvons toutes alignées sur le plateau et que Nikos interroge Sylvie Tellier, je songe à la grande soirée qui aura lieu bientôt. Je me demande si elle se tiendra dans une salle comparable à celle-là. Et je me surprends à ne pas avoir trop le trac. Je ne me fais aucune illusion : je ne décrocherai aucune écharpe cette fois-ci.

Mais je suis déjà contente de pouvoir y participer. De là où je suis, je ne vois pas les lèvres du présentateur ni celles de l'ancienne Miss et ignore donc ce qu'ils se disent. Elle lui raconte sûrement l'île Maurice, lui explique ce qui nous attend au cours des prochaines semaines : un entraînement intensif. Son intervention ne dure que quelques minutes, après quoi nous retournons en coulisses.

Une équipe de journalistes travaillant pour France 3 demande à m'interviewer. Ils me suivent depuis mon élection Miss Limousin et leur présence me fait plaisir. Leur assiduité me touche beaucoup. J'accepte sans trop d'appréhension. Ces deux semaines à l'île Maurice sans interprète, sans membre de ma famille pour m'aider à comprendre les étrangers, m'ont permis de réaliser que je ne me débrouille pas si mal finalement. Aussi n'ai-je pas trop de mal à répondre aux questions des journalistes. Et puis, ça peut paraître idiot, mais cette chaîne de télévision me rapproche de ma famille en me la rappelant. D'autre part, m'exprimer devant une caméra me donne l'occasion de rendre hommage aux efforts et sacrifices de mes parents. C'est grâce à eux que j'arrive à produire des sons, même si je ne les perçois pas, que je réussis à formuler des mots qui font sens. Je sais qu'ils regarderont le reportage ; je me figure déjà Maman en train de sourire en me voyant apparaître à l'écran dans la véranda, fière de sa petite Sophie qui est parvenue à survivre deux semaines sans personne à ses côtés, sans verser une larme – du moins en public. Forte. Comme elle.

Alors quand je parle à la caméra, c'est un peu à elle que je destine mes paroles.

*

* *

Aujourd'hui, nous rencontrons Laura, celle qui va nous enseigner les différentes chorégraphies, pour la première fois. Nous sommes arrivées à Poitiers hier, dans la matinée. L'hôtel dans lequel on nous a installées est très joli. Et puis je peux enfin partager ma chambre avec Miss Tahiti. Les chaperons nous ont prévenues que nous nous apprêtions à passer deux semaines éprouvantes. Au programme ? Onze heures de répétition par jour. Pourtant ça ne m'effraie pas. Nous ne défilerons pas seulement devant un jury composé de célébrités et une salle de cinq cents personnes, mais aussi devant la France entière. Ça nécessite forcément un effort de préparation supplémentaire. On n'a pas droit au faux pas. Voilà pourquoi on s'est réveillées aux aurores pour rejoindre une des grandes salles du Futuroscope, suffisamment vaste pour nous permettre de tenir à trente-sept sans nous marcher dessus.

Quand nous entrons, Laura nous attend, assise sur la seule table qui occupe la pièce. Son visage me plaît aussitôt. Il dégage une certaine sévérité, nécessaire dans son métier. Néanmoins, sa rigueur laisse place à une gentillesse manifeste et profonde que je détecte tout de suite dans son regard. Son assistant, un garçon plus jeune aux cheveux courts et au look décontracté, se tient non loin d'elle, le sourire aux lèvres. Il a l'œil rieur, indiquant qu'il doit aimer détendre l'atmosphère avec un peu d'humour. J'apprendrai plus tard que je ne me suis pas trompée dans mon analyse. J'essaie de m'approcher pour avoir une vue dégagée sur sa bouche et pouvoir l'écouter. La jeune femme commence avant tout par se présenter avant de nous expliquer comment nous allons procéder. Elle s'exprime clairement, distinctement.

Une fois son discours terminé, je suis surprise de la voir venir à ma rencontre. J'imagine qu'on a dû la prévenir de mon handicap me rendant hermétique à la musique. Parvenue à ma hauteur, elle plonge ses yeux noirs dans les miens en amorçant un sourire avant de me rassurer. Il ne faut pas que je m'inquiète, elle veillera à ce que je suive, à ce que je sois bien en rythme, comme les autres. Et brusquement, elle s'interrompt, bouche entrouverte et me lâche un compliment inattendu :

– Incroyable ! Dites les filles, vous avez vu ses yeux ? Magnifiques, s'écrie-t-elle en balayant l'assistance du regard.

Prise au dépourvu, j'esquisse un rictus gêné sans oser tourner la tête pour voir la réaction des autres. Mes expériences passées parmi les Miss m'ont appris à redouter leur jalousie, ce sentiment dangereux qui corrompt les relations et rend les filles hostiles. Ça ne m'empêche pas d'être touchée par ce témoignage spontané qui me fait rougir.

– Très jolie vraiment, ajoute-t-elle. Bon, on va se mettre au travail. On a du pain sur la planche ; Sophie, si tu as le moindre problème, n'hésite pas à venir me trouver, d'accord ?

Je hoche la tête, le front marqué par la gratitude et la suis des yeux tandis qu'elle se place devant nous pour nous montrer les premiers pas. La répétition se poursuivit toute la journée. Laura cria beaucoup pour retenir l'attention, réprimander les filles distraites, corriger leurs erreurs. Mais elle ne me gronda pas une seule fois. Il faut dire qu'à l'école comme aux entraînements, j'essaie toujours d'être à la hauteur, détestant l'idée de ne pas réussir à égaler les autres. Alors j'ai monopolisé toute ma concentration, fixant le moindre de ses gestes pour pouvoir le reproduire parfaitement. Elle prit le temps de bien décomposer les pas, de se mettre devant moi pour que mes yeux enregistrent la chorégraphie en détail, à défaut de me caler sur la musique éphémère. Si par hasard j'effectuais un faux pas, rougissante, je me confondais aussitôt en excuses.

– Arrête Sophie ! lançait Laura. Je vois bien que tu fais de ton mieux. Si la Miss devant toi écoutait bien mes instructions, tu ne te retrouverais pas dans cette situation.

Je n'ai jamais cherché à ce que les autres filles se fassent réprimander. Pourtant j'étais heureuse qu'elle reconnaisse mon souci de la satisfaire. La chorégraphe remarquait mes efforts, savait que je m'accrochais pour respecter ses ordres, parvenir à défiler la tête haute et ainsi démontrer que même sourde j'avais mérité ma place parmi ces Miss. Et sur la scène si prestigieuse de l'élection Miss France.

*

* *

L'échéance approche : plus que six jours avant le grand soir, et les retrouvailles tant espérées avec ma famille. La fatigue commence à se faire sentir parmi nous. Le peu de sommeil, ajouté à des journées entières à arpenter la scène, mettent nos nerfs à rude épreuve. Certaines Miss n'arrivent plus à retenir leurs larmes devant les coups de sang – la plupart du temps justifiés – de la chorégraphe.

De mon côté, je sers les dents. Je tiens absolument à garder la tête haute durant cette épreuve, à prouver mon courage. Aux autres comme à moi. Alors même s'il m'arrive à moi aussi d'être menacée par les larmes – particulièrement lorsque je songe à ma famille et à Davy –, je les réprime toujours en me disant que tout sera bientôt terminé, que je les retrouverai dans moins d'une semaine et que ça les décevrait de savoir que je pleure. Malgré la tension ambiante, bien palpable, je me suis beaucoup rapprochée de Miss Dauphiné, Miss Provence et Miss Poitou qui me soutiennent pendant les répétitions ; attentives, elles veillent toujours à ce que je suive bien la cadence, à m'encourager. Et puis elles essaient de m'intégrer dans les conversations. Bon, je dois souvent me contenter de résumés. C'est difficile pour elles de suivre un discours tout en me le rapportant. Même si je suis toujours un peu frustrée de ne pas pouvoir – le plus souvent – profiter des détails, je leur suis reconnaissante de leur sollicitude.

À présent, nous sommes au réfectoire du Futuroscope, assises autour d'une table pour le déjeuner qui marque une pause salutaire dans ces journées trop longues. Miss Dauphiné est à ma droite et tente gentiment de me répéter les commentaires de Miss Paris – belle à tomber (d'ailleurs je suis secrètement convaincue que c'est elle qui montera sur le trône dans quelques jours) – sur notre répétition matinale. C'est alors qu'une jeune femme inconnue, les cheveux courts, âgée d'environ la trentaine, vient nous interrompre. Après s'être excusée, elle s'installe à ma gauche, et à ma grande surprise, s'adresse à moi en langue des signes. Je comprends alors qu'elle travaille pour le Futuroscope en tant qu'« interface ». J'ignore pourquoi elle est venue me trouver, mais je suis tellement heureuse de pouvoir communiquer avec quelqu'un sans effort, de voir surgir des images familières entre ses mains que très vite je ne me pose même plus la question. La jeune femme reste une bonne demi-heure à notre table, assez longtemps pour me rendre mon sourire et me donner du courage pour affronter la fin de la journée.

Ainsi quand nous retournons dans la salle de répétition et que Laura nous rappelle l'étape décisive des présélections qui aura lieu demain, mardi, je ne frémis pas. Ces quelques instants passés avec l'interface m'ont permis de retrouver mon assurance, de me rappeler les raisons de ma présence ici : mon combat pour l'accessibilité des sourds, pour améliorer leur quotidien. Tandis que nous répétons la première chorégraphie, je m'accroche à cette idée, m'y cramponne de toutes mes forces en me concentrant sur les jambes de la Miss devant moi. Je ne décrocherai sûrement pas d'écharpe dans cinq jours, mais je remplirai la mission que je me suis fixée : représenter la cause des sourds devant la France entière. J'ai déjà commencé à militer d'ailleurs : France 5 a eu la gentillesse d'envoyer une équipe pour me suivre pendant deux jours au cours des répétitions. Ils m'ont ainsi donné l'occasion de m'exprimer. Et je ne compte pas en rester là.

*

* *

Genoux qui tressautent. Visages grimaçants d'inquiétude. Doigts emmêlés. Nous attendons toutes dans la grande salle d'être reçues par les membres du jury pour la présélection. Aucune de nous n'est détendue, consciente de l'enjeu. Une partie des élections va se jouer ce soir. Nous allons toutes tenter de charmer le jury. Pour ça, nous n'aurons chacune que quinze minutes au cours desquelles il nous faudra défiler devant eux, puis, moment que j'ai toujours redouté : répondre à leurs questions. Comme à chaque fois que je dois passer cette épreuve, je prie pour bien comprendre les examinateurs, pour parvenir à m'exprimer clairement, sans faire de fautes de français.

Ce matin, au petit déjeuner, Célia nous a donné des consignes : nous devions nous préparer seules, procéder au choix de nos tenues sans assistance et nous maquiller nous-mêmes. Pour ma part, j'ai opté pour une robe de soirée, longue, noire – et, d'après moi, élégante – prêtée par Rêve de mariées. Je l'ai assortie d'un maquillage simple : un peu de fond de teint, de l'eye-liner noir pour mettre mes yeux en valeur et une pointe de gloss.

J'essaie désormais de ne pas céder à la tension ambiante, de faire le vide dans mon esprit pour affronter le jury sans trembler. Lorsque la chaperonne, un sourire encourageant sur le visage, vient me trouver pour m'informer que mon tour est venu, mon cœur s'accélère. Si bien qu'au moment où je franchis la porte de la salle d'examen et me retrouve devant les membres alignés – parmi lesquels figure Xavier de Fontenay (que j'ai déjà vu en photo dans les magazines) –, j'ai l'impression qu'on voit ma poitrine s'agiter sous ma robe. J'essaie de chasser mon stress en étirant mes lèvres et en me tenant bien droite. Puis, respectant les consignes qui m'ont été données, je défile le visage bien haut, le pas léger, tâchant d'onduler avec grâce devant le jury impassible. Une fois que j'ai terminé – soulagée de ne pas avoir trébuché ni perdu le rythme qui, au fil des répétitions, s'est inscrit dans mes jambes –, je me fige devant eux et prends une profonde inspiration. La froideur de Xavier de Fontenay me glace. J'apprendrai plus tard que son masque ne révèle en rien sa nature profondément gentille et qu'il a, des années durant, assuré le prestige des élections Miss France. Mais pour l'instant, son regard me fait un peu peur.

Et puis les questions vont commencer à pleuvoir. Pourvu que je parvienne à toutes les comprendre, que les mots ne se dérobent pas à mes yeux. Sylvie Tellier, assise quasiment au centre de la ligne, est la première à m'interroger. Sur ma famille. Facile. Elle me demande combien j'ai de frères et sœurs ? En formulant ma réponse à haute voix, le visage familier de ma sœur aînée fuse dans mon esprit : image rassurante et protectrice. Ensuite, un autre membre du jury me prie de lui définir ce qu'est, d'après moi, le rôle d'une Miss France. Ayant déjà répondu à ce genre de questions lors des précédentes élections auxquelles j'ai participé, je m'étais préparée à être interrogée là-dessus. L'entretien se déroule donc sans incident. Les membres du jury, tous au courant de mon handicap, veillent à bien articuler, détachant bien chaque mot, ce qui me permet de me détendre. Le quart d'heure défile à toute allure.

Finalement, alors que je m'apprête à remercier le jury de m'avoir reçue avant de prendre congé, Sylvie Tellier demande la parole :

– Laura nous a dit que tu avais très bien travaillé, dit-elle en m'adressant un clin d'œil complice. Nous tenons donc à te féliciter.

C'est alors que, contre toute attente, toutes les mains se décollent de la table pour illustrer leur compliment. Ils applaudissent tous. Même Xavier. Longtemps. Avec un sourire satisfait qui suffit à me récompenser de tous les efforts que j'ai fournis jusque-là. Quand ils s'arrêtent enfin et m'autorisent à quitter la salle, je tremble légèrement d'émotion. Je ne m'attendais pas à ce que ces présélections se déroulent aussi bien, à ce que les membres du jury que j'imagine toujours sévères me félicitent avec tant d'effusions. En franchissant la porte pour rejoindre les autres, je me sens parcourue d'un frisson étrange et inconnu. Un frisson d'espoir. Même si je sais que mes chances d'accéder à la couronne sont minces, la réaction du jury a insinué une possibilité en moi, un « peut-être » plein de promesses.

L'idée que j'aurais une place parmi les finalistes de cette élection. Le sourire aux lèvres, je referme la porte derrière moi et m'achemine tranquillement vers le réfectoire où se sont rassemblées les autres Miss. Dans le couloir, je croise un inconnu qui m'arrache un instant à mes rêves de victoire. Il se présente gentiment : il est journaliste pour un quotidien de Poitiers et souhaiterait me poser quelques questions. Je souris en découvrant qu'elles ressemblent étrangement à celles auxquelles le jury m'a soumise. Je tâche néanmoins de tourner mes réponses un peu différemment et insiste tout particulièrement sur ce qui, depuis le début, justifie ma présence ici : l'accessibilité. L'entretien ne dura pas longtemps, une dizaine de minutes tout au plus après lesquelles je retrouve enfin mes concurrentes.

Célia nous a prévenues qu'à l'issue des présélections, Sylvie Tellier, souhaitait nous voir toutes réunies dans le hall de l'hôtel pour nous parler. Aussi, quand j'arrive dans le réfectoire, vais-je retrouver Miss Dauphiné. Je me suis habituée à son élocution, aux expressions de son visage qui éclairent son discours, à ses sourires annonçant la plaisanterie. Elle m'aidera à comprendre les conseils que nous prodiguera peut-être Sylvie.

*

* *

Nous sommes toutes installées dans une salle un peu à part, dans l'hôtel. J'imagine qu'elle est prévue pour accueillir les colloques, les réunions en tout genre. Toutes éreintées par cette journée riche en émotions, il m'a semblé qu'on s'écrasait sur nos chaises comme des paquets trop lourds. Depuis ma sortie des présélections, plusieurs Miss sont venues me voir : certaines ont entendu les applaudissements inattendus du jury et sont convaincues qu'ils me promettent la couronne. Leurs pronostics m'ont ébranlée, dessinant les contours d'un rêve que les membres ont initié chez moi. J'ai même vu une image surgir à mon esprit où j'apparaissais avec l'écharpe si convoitée et le regard luisant d'émotion. Une image qui m'a donné le sourire malgré les courbatures qui ont affaibli mes jambes.

Miss Dauphiné est à mes côtés et se prépare à me transmettre le contenu de l'intervention de Sylvie. Cette dernière vient de se placer au centre de la pièce et balaye l'assistance du regard avant de commencer. Mon amie ne peut pas me traduire en simultané ; il faut donc que je patiente quelques minutes avant d'apprendre ce que l'ancienne Miss France veut nous dire.

– Elle nous parle de son expérience, m'annonce Miss Dauphiné. Elle tient à nous prévenir : une fois qu'elle a été élue, l'année qu'elle a passée n'a pas été facile. Pour remplir ses nouvelles obligations, il a fallu qu'elle s'installe à Paris, loin de sa famille. Le Comité fournit un petit studio à celle qui remporte l'élection et...

Mon cœur s'accélère, ma tête me lance, ma vue se trouble. Je suis brusquement prise de vertige comme si un trou sans fond venait de s'ouvrir devant moi. Des mots s'agitent dans mon esprit avec leur implication menaçante, pour moi impensable. « Installer à Paris », « loin de sa famille », « studio ». Le rêve Miss France que j'avais commencé à nourrir en sortant des présélections se transforme brusquement en cauchemar. Je m'imagine seule, dans cette ville tentaculaire que je connais à peine, enfermée dans ma bulle, sans interprète, ni ma mère ou un quelconque protecteur pour m'en sortir. Je me figure des journées entières sans le parfum rassurant de Davy, sans ses bras puissants pour me préserver et me réconforter après une journée difficile. Je repense à ce mois que je viens de passer à des kilomètres de mon foyer, à ces instants d'angoisse ou de détresse qu'il m'a fallu gérer seule, et ne peux m'empêcher de trembler en songeant qu'ils pourraient se reproduire toute une année durant.

Je vois des mots continuer à tomber de la bouche de Miss Dauphiné comme des barreaux venant s'ajouter à la cage qui progressivement se referme sur moi : « sacrifices », « longues journées », « pas de vie privée ». À mesure que le cauchemar se poursuit, mon regard s'embue. Je ne vois qu'un seul moyen de m'en défendre. Un moyen que jusqu'ici je n'avais jamais envisagé : déclarer forfait, me retirer de cette élection qui risque de bouleverser mon existence en la rendant insupportable et laisser toutes les chances à une autre, plus capable d'endurer cette pression que je pressens intolérable.

Elle ajoute que si on veut tout lâcher, c'est le moment, me précise Miss Dauphiné.

Je serre les poings pour réprimer l'envie soudaine qui me prend de me lever et de hurler que je m'en vais, de sauter sur l'occasion pour tout envoyer balader, monter à bord du prochain train pour Limoges et retrouver ma famille avant qu'on me l'enlève. Parce que je sens bien que c'est ça dont il est question. Et je refuse de sacrifier ma tranquillité d'esprit pour une écharpe. Je jette un regard affolé autour de moi, traquant l'inquiétude sur les visages tirés par la fatigue des autres candidates. Certaines semblent tendues, d'autres inébranlables. Aucune ne paraît pourtant aussi paniquée que moi. Je me retourne alors vers mon amie, essayant de me concentrer sur ses lèvres malgré l'angoisse qui me serre le ventre. Et c'est là que je décèle une expression étrange, comme un doute inscrit sur son front. Pendant un instant, j'ai l'impression de me retrouver devant un miroir. Ce sentiment qui déforme ses traits : je le reconnais pour l'éprouver moi-même. Un rejet proche de la nausée.

– Je ne veux pas devenir Miss France, déclare-t-elle alors, sa bouche formulant la phrase que je retiens entre mes poings fermés. Je veux poursuivre mes études.

Une vitre opaque voile ses jolis yeux couleur de printemps. Une vitre qui m'indique que sa décision est prise. Elle défilera devant le jury, se présentera devant les caméras comme elle s'y était engagée, mais ne se battra pas pour obtenir l'écharpe. Son combat est ailleurs. Dans l'étude, la lecture et l'apprentissage. Sa détermination réveille la mienne. Finalement, je pourrais continuer à lutter pour l'accessibilité des sourds sans être obligée de devenir pour autant Miss France. Et puis, je serai beaucoup moins efficace sans le soutien quotidien de ma famille, la promiscuité de Davy. Quand Sylvie nous libère enfin, je demeure un moment pétrifiée sur ma chaise, terrassée par son discours terrifiant. Miss Dauphiné ne bouge pas non plus, les yeux dans le vide.

– Je vais leur écrire une lettre, me dit-elle. Je ne peux pas sacrifier mes études.

Sur ce verdict sans appel, elle se lève. Elle a dû sentir mon angoisse, aussi intense que la sienne, car elle force un sourire avant d'ajouter : « On se voit plus tard ? » Encore sous le choc, je hoche la tête l'air distrait et prends encore quelques minutes en la suivant du regard tandis qu'elle se glisse dans la foule bourdonnante des Miss qui s'achemine vers la sortie.

Lorsque je parviens enfin à m'arracher de ma chaise, titubante telle une ivrogne, j'ai moi aussi pris une décision. Je vais remonter dans ma chambre et envoyer un texto à mes parents et à Davy pour les prévenir : je ne serai pas Miss France. Je refuse de sacrifier cette vie, cette sécurité qui a nécessité des années d'efforts. Alors je vais suivre l'exemple de mon amie Miss Dauphiné et écrire une lettre qui m'évitera de prendre un risque dangereux et inutile.

*

* *

Les jours qui suivirent furent difficiles. Les répétitions devenaient terriblement pénibles avec mon estomac noué par l'angoisse. Le texto que j'envoyai à mes parents déclencha une tempête sans précédent. Mon père, si gentil et compréhensif d'habitude, m'interdit de déclarer forfait, m'assurant que je ne serai jamais élue Miss France. Mais il n'avait pas vu le clin d'œil complice de Sylvie durant les présélections, ni assisté aux applaudissements du jury. Il n'avait pas senti comme moi le rêve de la consécration se former insidieusement pour se muer brusquement en cauchemar au cours d'un discours qu'il n'avait pas entendu. Même ma mère s'était ralliée à lui, noyant ma boîte de réception sous une pluie de messages me conjurant de ne pas commettre une folie. Et Davy qui d'ordinaire comprenait si bien mes angoisses et mes inquiétudes m'encourageait lui aussi à ne pas écrire cette lettre que je rédigeais chaque soir dans le secret de ma chambre, dans ma tête, pour me libérer de cette pression insoutenable qui pesait sur mes épaules.

Ma copine de chambre, Miss Tahiti, ne se doutait pas du cataclysme qui enflait en moi. Ni les autres d'ailleurs. Je me gardais bien de m'épancher, craignant de m'emporter, essayant de me concentrer sur les chorégraphies, d'écraser mes peurs sous mes pas quand je défilais. Je finis par obéir à mes parents et n'écrivais pas la lettre dont je rêvais pourtant toutes les nuits ; je tâchais de me rassurer en me disant qu'ils ne me pousseraient pas à faire quelque chose contre mon bien. Eux qui ont bouleversé leur vie pour m'y accueillir et ont toujours veillé à me protéger du danger, ne me jetteraient pas dans la gueule du loup. Je sais que Maman vit les séparations aussi mal que moi. Ses SMS l'ont plusieurs fois trahie. Elle refuserait que je m'installe à Paris sans elle, c'est sûr.

Je m'accroche donc à cette certitude tandis que je pénètre dans le Futuroscope pour affronter cette journée dont l'issue s'avérera décisive. Depuis hier, nous répétons dans le décor, sous les lumières aveuglantes des projecteurs qui font songer aux célébrités. En passant dans les coulisses hier, j'ai vu la costumière ranger les vêtements. Les maillots de bain, les tenues de ville et les cinq robes de soirée destinées aux cinq finalistes. Des robes de princesse aux couleurs chatoyantes, qui me rappellent mes rêves de petite fille. Je suis aussitôt tombée en admiration devant l'une d'entre elles : orange. Dès que je l'ai aperçue, le premier jour de mon arrivée à Paris, rangée sur un des portants, brillante dans le bel appartement haussmannien.

Pourtant, lorsque je l'ai embrassée des yeux hier, j'éprouvais un sentiment de convoitise et de rejet mêlés. Je réalisais ainsi que je redoutais toujours autant d'être élue Miss France.

Désormais, il nous reste moins de deux heures avant le début des festivités et nous continuons de répéter. Laura n'arrête pas de crier, d'arpenter la scène de long en large pour corriger des faux pas, des postures maladroites, des corps rebelles à ses indications. Et je la comprends. Nous n'avons plus droit à l'erreur à présent. Dans quelques heures, des millions de personnes assisteront au défilé : le faux pas n'est plus autorisé. Nous avons à peine le temps de régler les derniers détails et de fignoler le spectacle pour qu'il soit parfait. De mon côté, je me sens prête. La chorégraphe m'a encore félicitée tout à l'heure pour mes efforts, ce qui me rend plutôt confiante, malgré la tension qui commence à s'emparer de nous toutes. Maintenant nous reprenons la première chorégraphie, la plus compliquée ; Laura nous a bien prévenues : cette fois, elle ne veut pas avoir à intervenir. Il faut qu'elle soit parfaitement réussie. Au moment où je sors des coulisses, mes pas minutieusement inscrits dans ceux de la Miss qui me précède, j'aperçois une masse indistincte qui commence à rentrer dans la salle. Des gens bien habillés qui viennent prendre place dans les fauteuils. Le public.

D'instinct, je me mets aussitôt à chercher les visages familiers de mes proches que je n'ai pas vus depuis plus d'un mois, réglant mon corps sur pilote automatique pour qu'il continue de se mouvoir. Et c'est là que je vois Davy, la crinière blonde et lumineuse de Maman, la silhouette forte et rassurante de mon père, celle, élancée, de ma sœur, et le petit corps tassé de ma mamie. Un flot d'émotions me submerge aussitôt qui soulève en moi une vague de larmes que je pressens redoutable. Quand mon regard croise celui de Davy, je chancelle. Son sourire, son parfum que je devine de mon piédestal, et ses mains qui s'agitent devant lui pour me demander si je vais bien et m'envoyer des images d'amour silencieuses. Un moment, je crains de m'effondrer.

– Sophie ! Sophie, concentre-toi ! m'ordonne Laura qui s'est placée devant moi, ayant deviné à mes yeux humides et mes pas hésitants qu'une tempête de sentiments menaçait de m'emporter.

Je m'exécute, hochant la tête à contrecœur, luttant contre l'envie dangereuse de l'ignorer et de me précipiter dans le public pour me jeter dans les bras de mon amoureux. La demi-heure qui suit s'avère une véritable torture. Je dois me forcer à maintenir mon regard devant moi, à ne pas le laisser se perdre dans la salle pour se gorger de l'image animée de ma famille au complet. Je sais très bien que je ne pourrai les retrouver et les serrer dans mes bras qu'à la fin de la soirée. Il va me falloir brider mon impatience, gérer mes angoisses et me concentrer encore quelques heures. Quelques heures qui s'annoncent interminables.

*

* *

– Sophie, je suis désolée, mais ta voix ne passe pas au micro.

La femme me balance ça au visage alors que l'élection commence dans une demi-heure à peine. Pendant un instant, la fatigue aidant, je me dis qu'il doit s'agir d'une plaisanterie, qu'elle ne peut pas sérieusement me demander de me taire, me bâillonner quand j'ai mis presque vingt ans à apprendre à m'exprimer. Les yeux écarquillés, je demande.

– Ma voix ne passe pas ? Ça veut dire quoi ? Que je vais devoir signer ?

Elle hoche la tête.

– Oui. L'interface va t'accompagner sur scène et traduira tout ce que tu dis. Je crois que vous vous connaissez déjà, non ? me lance-t-elle tandis qu'une trentenaire aux cheveux courts se glisse à ses côtés.

Son visage me dit quelque chose en effet. J'essaie de réprimer ma colère pour fouiller dans ma mémoire. Et brusquement, ça revient. Dans le réfectoire. Une inconnue qui vient s'installer à mes côtés et mettre des signes dans ma journée. Une employée du Futuroscope qui sert de guide aux aveugles et aux malentendants. Une interface. Je fulmine. Non seulement ils veulent me sceller les lèvres, mais en plus ils ne prennent même pas la peine d'engager une interprète, une personne dont le savoir en langue des signes serait validé par un diplôme. Alors que Poitiers en regorge. Avec l'Institut national des sourds qui y est installé, les interprètes ne manquent pas. Alors pourquoi ?

La jeune femme me tend la main en m'adressant un sourire aimable. Essayant de dissimuler la rage qui croît en moi et menace de me faire trembler, je la serre en forçant un rictus avant de me retourner vers la femme.

– Vous êtes sûre qu'on ne peut pas faire des essais ? Ce ne sera pas la première fois que je m'exprimerai dans un micro. Et ça n'a jamais posé le moindre problème.

Des images défilent dans ma tête. Mon esprit répertorie toutes les fois où j'ai parlé dans un micro face à un public, à douze ans, dans une église, pour ma communion ; une intervention que j'avais répétée toute la matinée seule ou devant des gens, pour m'assurer que tout le monde me comprendrait bien. Et j'avais lu mon texte sans bafouiller, en articulant soigneusement. Toute l'église m'avait félicitée. Les fois suivantes sur une scène, face à un public et à un jury auxquels je devais me présenter et que j'avais réussi à convaincre de voter pour moi. Pas une seule fois on m'avait signalé des problèmes d'ordre sonore. Ma voix était toujours passée sans problème. Alors ils avaient quoi de si particulier, leurs micros ? Pourquoi permettaient-ils à toutes les candidates de s'exprimer sauf à moi ? Pourquoi fallait-il encore que je subisse l'injustice des ignorants ?

– Non, désolée Sophie, répondit la femme légèrement agacée. Mais la jeune femme ici présente traduira tout ce que tu signeras. Maintenant, tu veux bien m'excuser ? Je dois filer, ça va bientôt commencer. Bonne chance.

Sur ces mots, elle décampe, m'abandonnant avec l'interface et ma colère coincée dans la gorge. J'ai envie de crier pour expulser ma rage, pour montrer à tous ces gens que ma voix fonctionne très bien, que je peux la faire résonner dans les coulisses. Témoigner ma présence avec un hurlement qui les obligera à me laisser parler. Que penseront mes parents ? Et ma mère qui a toujours insisté pour que je m'exprime comme les entendants ? Moi qui voulais profiter de l'événement pour leur rendre hommage, je me retrouve cloîtrée dans ma bulle ; j'aurais tellement aimé montrer au public que j'appartiens à deux mondes malgré mon handicap. Que je peux m'exprimer avec des sons et communiquer avec des images malgré mes oreilles déficientes.

J'essaie de prendre une profonde inspiration, de chasser ma fureur en ventilant mon corps. L'interface m'observe manifestement gênée. Ce n'est pas de sa faute, me dis-je pour ne pas passer ma colère sur elle.

– On se voit tout à l'heure, alors ? lui dis-je dans un effort qui me lacère la gorge.

Les autres filles commencent à s'agiter dans les coulisses. Je dois me préparer, me concentrer, essayer de ne pas songer à ce que je ne peux pas m'empêcher de prendre pour de la discrimination. Tandis que je m'achemine vers les loges pour me mettre en tenue, je croise Mariana sur le chemin, la journaliste de *Paris Match* qui s'était présentée à la maison après mon élection à Miss Limousin pour faire un reportage sur moi. Retrouver ce visage amical, qui me rappelle mon jardin, mon foyer, me soulage un peu. Après l'avoir saluée, j'hésite à lui raconter l'incident qui vient de se produire. Je connais les dangers de ma colère lorsque je la laisse coincée dans mon ventre.

Pourtant je me ravise. Il ne me reste plus beaucoup de temps. Et mon indignation est telle que si j'en témoigne, j'en aurai pour la soirée. Alors après l'avoir embrassée, je lui promets de revenir la voir plus tard, pendant la réception organisée à l'issue de l'émission avant de me ruer dans les loges pour me préparer, priant intérieurement pour que tout se passe bien avec l'interface.

*

* *

Je pensais que la première chorégraphie me calmerait, que j'écraserais ma rage sous mes pas pendant le premier défilé. Mais ça n'a pas marché. Mon cœur bat toujours aussi fort, mon esprit focalisé sur l'interdiction qui est tombée sur moi : pas le droit à la parole. Après notre première apparition en robe longue, nous sommes retournées dans les loges pour revêtir une tenue courte et argentée. Je fais partie de la chorégraphie James Bond avec une dizaine d'autres Miss. Dès que je suis prête, je me précipite dans les coulisses pour suivre à l'écran les petits reportages de présentation des Miss, diffusés au même moment dans les foyers et dans la salle du palais des Congrès du Futuroscope. Je me souviens du jour où le mien a été tourné, au château de Val. Christian Cheyroux m'avait accompagnée et j'ai hâte de voir le résultat. J'attends impatiente que mon visage apparaisse à l'écran. Et lorsque, enfin, mon tour vient, je me pétrifie devant le petit poste de télévision : pour cette séquence aussi ils m'ont ôté la voix. Je me rappelle alors que nous avions tourné deux prises : dans la première je me présentais en paroles et en signes, fière de décliner mon identité dans deux langues ; une fois terminée, le cadreur m'a demandé de la refaire, cette fois en signant seulement. Et je me suis prêtée à l'exercice sans me douter qu'ils choisiraient de diffuser celle-ci.

J'imagine mes parents dans la salle, Valérie du haut de son nuage, regarder ces images qui me condamnent au mutisme. Ma colère monte d'un cran tandis que je rejoins la file de Miss qui s'est formée pour entrer en scène. Je puise dans ce qu'il me reste de courage la force de sourire, de réprimer mes larmes, de suivre la cadence des corps qui s'introduisent sur le plateau. Comme j'aimerais pouvoir me ruer dans le public, me précipiter dans les bras des miens pour dénoncer cette injustice. Pour leur assurer que je voulais parler, m'exprimer, mais qu'on m'en a empêchée.

Pour leur dire que je veux rentrer à la maison, parmi les miens.

Je sais que j'aurai quelques minutes pour réfléchir à tout ça posément ; pendant que les deux autres groupes de Miss arpenteront la scène sur le thème de Marilyn, et de l'élégance de Mme de Fontenay, je chercherai un moyen d'avertir ma famille, de leur communiquer l'injustice dont je fais l'objet. Sourire, sourire, je ne pense qu'à ça. Charmer la caméra et le jury avec mon silence. Ne pas tomber, ne pas faillir. Au bout de cinq minutes interminables, nous retournons derrière le décor, à l'abri, où je peux enfin me permettre de grimacer de rage. J'évite délibérément la compagnie des filles, sachant que je ne trouverai un remède à ma fureur que dans la solitude.

Mais j'ignore toujours comment je vais m'y prendre pour partager ma rancœur avec ma famille. L'idée me vient plus tard, avant le défilé en maillot qui précède l'annonce des douze candidates retenues pour l'élection. L'instant approche. Je remets correctement mon écharpe de Miss Limousin avant d'entrer en scène. Plus que quelques minutes. Mon regard passe du couple de célébrités au jury de stars, cherchant à repérer une expression, un relâchement qui indiquerait l'arrêt momentané des caméras. Lorsque je vois Jean-Pierre Foucault abaisser son micro, je sais que c'est le moment ou jamais. Le cœur battant la chamade, je jette un coup d'œil affolé à la salle, à la recherche de Davy, me rappelant l'avoir vu s'installer dans les premiers rangs, priant pour que son regard soit orienté dans ma direction. Et c'est le cas. Je retiens mon souffle et commence discrètement à agiter mes doigts, à faire naître les images cauchemardesques de ma rage et de mon humiliation dans ma main droite : « Ils ne veulent pas que je parle. Ils disent que ma voix ne passe pas au micro. » Quelques gestes suffisent à lui communiquer mon état que je m'évertue à cacher depuis tout à l'heure. Je le vois qui secoue la tête en signe de mécontentement avant de se retourner vers mes parents pour leur transmettre mon message. Avant de reprendre mon souffle, j'observe mes concurrentes, le présentateur,

Mme de Fontenay ou le jury pour vérifier que je n'ai pas été démasquée. Non. Trop occupés à se détendre pendant cette courte pause, personne n'a prêté attention au hurlement silencieux de la sourde derrière eux. C'est à peu près à ce moment-là qu'Alexandra, Miss France et Europe 2006, entre en scène pour rejoindre Jean-Pierre Foucault, signe que l'émission va bientôt reprendre. Mon cœur a ralenti, mon visage et mon corps se sont détendus depuis que je les ai déchargés du poids de cette injustice, trop lourde à porter. Et dire que Maman a tant œuvré pour me permettre de parler !

Le présentateur reprend l'antenne et nous fait bientôt face afin de nous annoncer le nom des douze finalistes. La première à se détacher du groupe est Miss Réunion ; la deuxième n'est pas très loin de moi. Je la reconnais à sa chevelure très blonde : il s'agit de Miss Île-de-France. ET la troisième... une légère pression sur le bras m'indique que c'est moi. Le visage incandescent, brûlant de bonheur, je vais rejoindre la ligne des heureuses élues. Je garde les yeux rivés sur ma famille qui semble se réjouir autant que moi, tandis que Miss Picardie vient prendre place à mes côtés. Parmi les finalistes, j'aperçois Miss Paris, pour moi la plus belle et la plus élégante. Je me réjouis de la compter parmi nous. La caméra passe devant chacune de nous et cette fois-ci je n'ai aucun effort à fournir pour lui décocher un sourire. Après quelques minutes durant lesquelles je devine qu'on nous présente aux téléspectateurs, nous cédons la place au président du jury : Michel Sardou, qui chante un des titres de son dernier album.

Dans les coulisses, l'ambiance est mitigée. Les douze retenues s'agitent, se félicitent, s'étreignent devant les vingt-quatre autres dont certaines paraissent manifestement déçues. Il y en a même qui pleurent. C'est difficile de se dire que notre bonheur les rend tristes. Miss Dauphiné, mon amie qui s'est retirée depuis une semaine de la compétition, vient aussitôt m'encourager. Mariana aussi qui me témoigne son soutien. Leur attention me touche beaucoup et vient s'ajouter à ma joie. Mais je ne traîne pas longtemps, je dois aller enfiler ma robe de soirée striée d'or pour défiler sur la chanson de Gérard Darmon.

La chorégraphie m'angoisse un peu. Heureusement, Laura, prévoyante, m'avait fixé une place sur scène : je passerai en troisième pour tous les défilés et je la remercie en silence avant de pénétrer sur scène. À l'issue de cette étape – finalement j'ai réussi, malgré un seul faux pas, au tout début –, Jean-Pierre Foucault vient se placer entre Miss Réunion et moi. Je masque ma peur derrière un sourire pendant qu'il interroge ma voisine. Je jette un rapide coup d'œil autour de moi pour voir où se cache l'interface. Mais le présentateur s'éloigne pour aller s'entretenir avec une autre Miss, puis une autre. Finalement, je repère la jeune femme aux cheveux courts en fond de scène qui trottine pour venir se placer à mes côtés au moment où Jean-Pierre Foucault parvient à ma hauteur. Comme il doit rester face à la caméra, je distingue à peine ses lèvres, mais réussis néanmoins à relever quelques mots « n'entend pas », « travail remarquable », « tenais à vous féliciter » et comprends qu'il applaudit mes efforts. Ensuite vient la première question. J'essaie de suivre les mouvements de sa bouche, sans succès. Il va trop vite et ma nervosité ne me facilite pas la tâche. Je me retourne vers l'interface qui me traduit :

– Qu'est-ce qui t'a donné envie de devenir Miss France ?

Une question simple qui m'a déjà été posée. Pour y répondre, je tâche de signer lentement, de bien détacher chaque geste pour m'assurer qu'elle les discerne bien. Une fois que j'ai terminé, j'accroche mon regard à ses lèvres pour vérifier qu'elle a bien traduit. Oui, elle a bien expliqué ma présence, ma participation à cette élection destinée à montrer que les sourds ont leur place dans le monde des entendants. Le présentateur semble satisfait de ma réponse et m'interroge de nouveau : « Est-ce que ça a été difficile pour vous d'apprendre à danser avec vos collègues ? » Aussitôt un visage se dessine devant moi : celui de Laura, la chorégraphe, qui a rendu possible l'ondulation de mon corps malgré mon handicap. Je commence donc par signer mes remerciements.

Mais l'interface fronce les sourcils au moment où j'épelle le prénom de ma bienfaitrice. M'apercevant sur-le-champ qu'elle n'a pas compris, je reprends, en détachant bien chaque lettre. Pourtant son front ne se décrispe pas. Agacée, je reformule son prénom à voix haute une troisième, puis une quatrième fois en haussant vraiment le ton. Finalement, c'est Jean-Pierre Foucault qui m'entend.

– Laura. Elle parle de Laura. C'est notre chorégraphe.

Soulagée par son intervention, je me retourne vers l'interface, en veillant toujours à masquer mon impatience derrière un sourire et développe : « Je tiens à la remercier car elle s'est vraiment adaptée à moi, et m'a permis d'effectuer cette chorégraphie comme les autres. » J'explique tout ça en signant bien entendu. Et un silence me fait écho. La jeune femme est bloquée. Ses lèvres scellées. Je répète encore. C'est important. Il faut qu'elle le lâche ce remerciement, que Laura sache toute la reconnaissance que je lui voue. Jean-Pierre Foucault, qui paraît aussi agacé que moi, finit par prendre la parole à sa place.

– Je peux dire ce que j'ai compris parce que je lis sur ses lèvres. Laura a adapté sa façon d'enseigner pour elle afin de lui permettre d'apprendre la chorégraphie. Merci beaucoup Mademoiselle.

Sur ces mots, le présentateur s'achemine vers d'autres Miss et l'interface s'enfuit en coulisses, m'abandonnant là, pétrifiée avec mon sourire. Mon remerciement n'est pas passé. Laura ignore ma gratitude. Je fulmine. S'il m'avait présenté son micro, ce genre de problème ne serait jamais survenu. Je cherche Davy dans la salle. Quand mon regard tombe sur lui, je remarque aussitôt son indignation. Il partage ma colère et m'en rendre compte me soulage beaucoup. Je reprends mon souffle plus facilement.

Après quelques minutes, on nous renvoie en coulisses pendant la diffusion d'un reportage portant sur les répétitions, avec Laura justement, qui n'aura obtenu que des bribes de pensées de ma part. Quand j'arrive au niveau des loges, je repère une silhouette tremblotante recroquevillée sur une chaise : l'interface. En larmes après son intervention catastrophique devant des milliers de spectateurs. J'aimerais pouvoir la consoler, trouver quelque chose à lui dire pour sécher ses larmes, mais ma colère me crispe les lèvres. Pourquoi a-t-elle accepté de me traduire alors qu'elle n'est pas professionnelle ? Pourquoi ne s'est-elle pas contentée de refuser en expliquant qu'elle n'avait pas l'habitude ? Que ses connaissances en langue des signes ne lui permettaient pas de mettre mes images en paroles ? Je tâche néanmoins de lui lâcher un mot encourageant sur le chemin, sans trop m'épancher pour éviter que ma rage engloutisse le peu de compassion que j'éprouve pour elle.

Ensuite, j'enfile le maillot de bain correspondant à la chorégraphie indienne que je redoute. La première partie consiste en un défilé. Mais la seconde, qui commence une fois que nous sommes toutes passées devant la caméra, s'avère bien plus compliquée. Il faut décomposer des gestes, alternant des pas et des signes hindous sur un rythme que je ne maîtrise pas bien. Avant de rentrer sur scène, je prends une profonde inspiration. Miss Paris, toujours aussi belle, me tapote l'épaule pour m'encourager et me tire un sourire. Puis nous nous élançons, chacune notre tour, sur une scène bientôt rendue dangereuse par les poignées de pétales que nous semons sur notre passage. Avec nos talons, la tâche est périlleuse. Une des Miss manque même de s'étaler et retrouve son équilibre de justesse. Je tâche donc de bien regarder où je mets les pieds et parviens, malgré mon appréhension, à respecter les indications de la chorégraphe. Quand nous nous figeons enfin au centre de la scène pour le tableau final, j'arbore un sourire éclatant. C'est terminé. La soirée touche à sa fin. Jean-Pierre Foucault va bientôt donner le nom des cinq finalistes dont je ne ferai sûrement pas partie. Je vais pouvoir retrouver ma famille et la parole me sera enfin rendue. Lentement, je rejoins donc la ligne des douze finalistes, attendant patiemment que les cinq élues soient nommées. La première est Miss Aquitaine, j'applaudis comme les autres, l'esprit ailleurs, aux côtés de ma famille installée dans la salle. Puis, Mme de Fontenay annonce la deuxième élue. Je le comprends en voyant l'assistance applaudir et me joins donc à eux. Pourtant, la gagnante ne sort pas des rangs. C'est à peu près à ce moment-là que Miss Alsace, debout à mes côtés, exerce une pression sur mon épaule pour me signaler que... c'est moi, la deuxième Miss retenue. Une tempête d'émotions se lève alors en moi ; je suis à la fois surprise, ravie et terrorisée. Surprise d'avoir été nominée, moi, sourde de naissance ; ravie d'avoir su séduire par ma beauté. Terrorisée à l'idée de devenir peut-être Miss France et d'être obligée de quitter ma famille. C'est donc légèrement assommée par tous ces sentiments contradictoires que je vois Miss Paris, Miss Picardie et Miss Réunion rejoindre la ligne des finalistes. Je tâche de ne rien laisser paraître, renforçant ma bulle en gardant mes mains accrochées à ma taille.

Nous demeurons un moment immobiles sur scène toutes les cinq pour permettre aux caméras de nous filmer. Sylvie Tellier est venue rejoindre Jean-Pierre Foucault. Dans quelques minutes, nous irons en coulisses revêtir une des cinq robes de princesse ; je pense à ma préférée, l'orange, que j'avais repérée dès le premier jour. J'ignore encore que la costumière, dans le secret des loges, me l'a déjà attribuée pour donner à cette soirée surprenante des allures de conte de fées.

*

* *

Ça y est, je suis sur les marches avec les quatre autres finalistes, ravie dans ma robe orange. Ravie mais inquiète. Parce que le jury composé de célébrités (Michel Sardou, Muriel Robin, Gérard Darmon, Liane Foly, Titof, etc.) va poser une question à chacune d'entre nous et que je redoute le trac de l'interface. Pendant quelques minutes, l'attention des Français, des sourds comme des gens qui sont dans la salle, sera focalisée sur moi. Je veux en profiter pour mentionner mon combat, sensibiliser ces personnalités de la télévision au problème de l'accessibilité des programmes pour les individus atteints de surdité. Le président du jury, Michel Sardou, prend la parole et interroge Miss Paris. Même si je ne parviens pas à l'entendre de là où je suis, je sais qu'elle trouvera une réponse judicieuse à fournir. Pendant qu'elle s'exprime dans le micro que, malheureusement on me refuse, l'interface, les yeux encore rouges des larmes qu'elle a versées, vient se poster en bas des marches. J'essaie de jauger ses capacités du regard, priant pour qu'elle parvienne à transmettre mon message. Jean-Pierre Foucault pivote légèrement vers moi, m'indiquant que mon tour est venu. Très nerveuse, j'observe le jury pour savoir qui va m'interroger. C'est Muriel Robin qui tient le micro, un sourire bienveillant et chaleureux accroché à ses lèvres. C'est néanmoins tout ce que je pourrai déchiffrer de là où je suis : j'espère donc que l'interface parviendra à me traduire sa question. Légèrement tremblante, elle commence à signer.

– Bonsoir Sophie, moi je voulais demander à Sophie si toutefois elle était élue, comment elle ressent la charge qui lui pèserait sur les épaules et qui, dans son cas, avec sa particularité, serait évidemment plus difficile à gérer ?

Je prends une profonde inspiration et réponds en priant pour qu'elle comprenne ce que je suis en train de signer. Malgré la distance, je veille à parler en articulant chaque mot pour accompagner le mouvement de mes doigts, me disant qu'elle pourra toujours se reposer sur mes lèvres si elle ne comprend pas.

– Moi... elle veut tout faire pour montrer que les sourds..., commence-t-elle avant de s'interrompre.

Elle bute encore. Sur l'essentiel. Le signe qui correspond à l'accessibilité. Je le mime une fois, puis deux, trois, le répète, le dis. J'aurais envie de le crier pour combler le blanc que je sens s'installer. Je refuse l'idée que mon combat – pour lequel j'ai tenu plus d'un mois dans un environnement inconnu – soit passé sous silence. L'association des sourds de Limoges me regarde ainsi que de nombreux malentendants et sourds dans la France entière. Il faut absolument que ce mot, on l'entende. Finalement, je n'y tiens plus. Enfreignant l'interdiction, je me retourne vers Jean-Pierre Foucault et lui demande le micro. Hésitant, il jette un coup d'œil interrogateur à l'interface qui hoche vivement la tête et monte les quatre marches nous séparant pour me donner enfin la parole. Je n'ai jamais trouvé l'occasion de le remercier pour son geste qui a révélé aux Français mes capacités à parler, comme celles de nombreux sourds en France.

Quand le micro apparut devant moi, je sentis toute ma rage, mon appréhension et mon indignation me quitter d'un seul coup et je m'exprimai sans bredouiller, en articulant au maximum.

– Moi, je veux prouver qu'on a des capacités comme les autres, et puis je veux aider à l'accessibilité pour les chaînes de télévision, dis-je quasiment d'un trait.

Tout le public se lança alors dans un tonnerre d'applaudissements. Des milliers de mains s'agitèrent me procurant un grand bonheur en plus de mon soulagement. J'avais parlé. J'avais transmis mon message moi-même, sans le soutien de quiconque. Et alors que mon visage rayonnait déjà d'une joie sincère, il s'éclaira encore plus lorsque je vis Muriel Robin et Gérard Darmon, imités très vite par les autres membres du jury, former deux cercles enchevêtrés avec leurs doigts, qui me témoignaient, dans ma langue de prédilection, leur solidarité.

*

* *

Nous revoilà en scène après un passage en coulisses chargé de pronostics, Miss Paris m'a assuré que je serais élue. J'ai chassé cette éventualité en secouant vivement la tête. Cette place lui revient. Je ne veux pas de cette couronne qui m'éloignera forcément des miens.

Durant les vingt minutes qui ont précédé notre retour sur scène, je n'ai pas arrêté de repenser aux avertissements de Sylvie durant les présélections, à son discours qui m'a fait cauchemarder pendant des jours. « Mon Dieu, je vous en supplie, me dis-je tandis que je viens occuper le centre de la scène avec les quatre autres finalistes. Faites que je ne devienne pas Miss France ! » Maître Brunet, l'homme chargé de superviser l'élection, entre alors sur scène pour confier l'enveloppe contenant le nom de la quatrième dauphine au présentateur. Michel Sardou, Muriel Robin, Mme de Fontenay et Alexandra se tiennent non loin de lui et attendent comme nous le verdict. J'ai les yeux rivés sur le public, accrochés à Davy, à mon père, à ma mère tandis que Miss Aquitaine passe devant moi dans sa robe jaune pour aller récupérer son écharpe. Il reste encore trois places de dauphine. Trois places. Pourvu que l'une d'entre elles me soit destinée. Quelques secondes plus tard, le nom de la troisième tombe : celui de Miss Paris, mon amie, celle que je croyais promise au trône. Mon appréhension monte d'un cran. Plus que deux places. La prochaine est pour moi. C'est forcé. J'attends. Secondes interminables. Et le verdict s'abat sur la scène. L'écharpe de la deuxième dauphine est attribuée à Miss Réunion. Mon sourire s'éteint, mon masque de joie se fend. Je n'ai plus la force de feindre les réjouissances. Même si Rachel, Miss Picardie, vient se placer à mes côtés pour me prendre la main et soutenir mon dos. J'ai l'impression que mes jambes vont se dérober sous moi. Pour ne rien arranger, ma concurrente, croyant me rassurer, ne cesse de répéter avec ses lèvres : « C'est toi. C'est toi qui vas être élue. » Je n'ose regarder Jean-Pierre Foucault au moment où il ouvre l'enveloppe terrible qui scellera mon destin. Quelques pénibles secondes s'écoulent avant que les feux d'artifice n'éclatent pour la nouvelle Miss France. Rachel s'est dégagée, logeant la tête au creux de ses mains pour contenir son émotion. Elle a été désignée pour porter l'écharpe.

Lorsque Mme de Fontenay s'approche de moi, après avoir félicité la reine de la soirée, je la remercie chaleureusement. L'écharpe de première dauphine me rend mon sourire ; mon rêve est sauf, intact. J'ai remporté un titre glorieux et pourrai partager ma victoire avec mes proches sans trembler à l'idée d'une séparation imminente. J'aurai la légitimité nécessaire pour poursuivre mon combat. Tandis qu'une pluie d'étoiles tombe sur la scène, Muriel Robin vient à ma rencontre, le visage marqué par la déception. Se postant devant moi, elle me prend les mains et me dit, en remuant consciencieusement les lèvres :

– Je suis très en colère, lâche-t-elle. C'est toi qui aurais dû être Miss France.

Alors que je m'apprête à lui expliquer que mon titre me convient très bien, elle esquisse un sourire bienveillant avant d'ajouter, le regard maternel :

– Prends bien soin de toi. Et veille à bien te nourrir, c'est important.

Sur ces mots, elle me prend dans ses bras, avec une spontanéité sincère et touchante. Son étreinte, sa chaleur, soulèvent une vague de larmes que je retiens derrière mes paupières. Au moment où j'ouvre les yeux, j'aperçois mon père, ma mère et Davy, le visage aussi radieux que moi. Ils montent me rejoindre sur scène. Muriel Robin les salue alors brièvement avant de gagner les coulisses et de disparaître. Comme je suis heureuse de retrouver les bras affectueux de mes parents, le parfum enivrant de mon seul amour. Ces bonheurs-là, si simples, n'égalent aucun autre. Et je remercie le ciel de ne pas les avoir sacrifiés pour la couronne de Miss France en embrassant ma mère. Son visage est tout sourire. Elle aussi est soulagée. Après les textos paniqués que je leur avais envoyés, mes parents ont beaucoup prié pour que je ne sois pas consacrée ce soir-là. Quelques minutes après leur montée sur scène, le portable de Papa se met à sonner. Ce sont des journalistes qui réclament une interview par téléphone pour recueillir ses impressions et les miennes en direct. J'ignore encore que son combiné ne cessera pas de hurler toute la soirée, saturé d'appels en tout genre. De félicitations, de reporters...

Pendant que Papa s'entretient avec son interlocuteur, je salue tous ceux qui sont venus me voir décrocher l'écharpe de la première dauphine. Je commence par me réfugier dans les bras de Davy pour m'imprégner de cette énergie rassurante qu'il dégage. Ragaillardie, j'embrasse ensuite ma sœur et ma grand-mère maternelle dont c'est l'anniversaire aujourd'hui. Son visage plissé par les années semblerait presque avoir rajeuni tout d'un coup. Elle me parle de ma robe orange qu'elle avait vue dans un magazine et souhaitait tant me la voir porter pour recevoir l'écharpe : son plus beau cadeau d'anniversaire. D'autres amis se sont joints à mes parents pour partager de grands moments, n'ayant pas hésité à prendre la route depuis Limoges pour venir me soutenir pendant l'élection et participer au banquet organisé par la société : Christian Cheyroux qui est désormais devenu un de nos proches, Josette et Alain – qui ont assisté à mes premiers pas et m'ont accompagnée dans mon apprentissage de la parole –, Jeanine, elle aussi une grande amie de la famille avec son mari Jean-Pierre, Chantal ma cousine, Clémence et Christophe des amis et nos copains sourds qui n'arrêtent pas de secouer leurs mains pour m'applaudir... Un peu plus et je me croirais à la maison, entourée de ma famille et des nombreux proches qui s'assoient si souvent à notre table. Le palais des Congrès commence doucement à se vider, les invités s'acheminant – pour la plupart – vers la salle où le dîner sera bientôt servi. Un dîner sélect, car les places sont chères : environ cent cinquante euros le couvert. Maman a réservé une table pour nous et une fois le repas terminé, je pourrai enfin, après plus d'un mois d'absence, retrouver la sécurité de ma maison.

*

* *

Le banquet se déroula très bien. J'obtins deux écharpes supplémentaires à cette occasion. J'ignorais, jusqu'à ce que j'aperçoive la petite estrade montée au fond de la salle, que les festivités se poursuivaient là et que la SMF[2] réservait d'autres prix, plus officieux, à ses Miss. J'en reçus deux auxquels je ne m'attendais pas du tout : celui de la bonne conduite, que Célia, la chaperonne, me remit en me félicitant et celui de l'élégance que je dédiais aux magasins Maillard qui avaient rempli mes valises de vêtements somptueux, auxquels vinrent s'ajouter les tenues de soirée de la boutique Rêve de mariée pour mon voyage à l'île Maurice. Ces récompenses me touchèrent beaucoup. J'y vis la reconnaissance des efforts que j'avais fournis durant toutes ces semaines. Au cours du repas, nous retrouvâmes Mariana, la journaliste de *Paris Match* qui avait assisté à toute l'émission depuis les coulisses. Après m'avoir chaleureusement félicitée, elle me rapporta comment s'était déroulée la soirée au centre des appels chargé de récolter les votes des Français. Et je n'en crus pas mes yeux lorsque ses lèvres me racontèrent ce qui s'était passé :

– Après que tu t'es exprimée au micro pour répondre à la question de Muriel Robin, le standard téléphonique a littéralement explosé. Les standardistes croulaient sous les appels et tout le monde votait pour toi, m'annonça-t-elle.

En l'écoutant, je sentis un sourire radieux fleurir sur mon visage. Tous ces gens qui s'étaient mobilisés pour me voir gagner, qui avaient cru en moi et cela, malgré mon handicap. Pour la première fois, j'obtenais une reconnaissance massive de la part d'étrangers. J'étais folle de joie, de gratitude. Si j'avais pu remercier une à une toutes les personnes qui avaient voté pour moi ce soir-là, je l'aurais fait sans hésiter. Je profite donc de l'occasion qui m'est donnée dans ce livre pour adresser mes plus sincères remerciements à tous ces Français qui m'ont permis de prouver à notre pays qu'une sourde comme moi pouvait devenir Miss.

Mariana m'informa ensuite que *Paris Match* comptait consacrer un gros article à Rachel et moi. Je me réjouis aus-

2. SMF : Société Miss France.

sitôt, ravie à l'idée de l'accueillir de nouveau chez nous bientôt, dans le cadre qui m'avait tant manqué. Ensuite elle discuta longuement avec Maman qui appréciait beaucoup la journaliste. D'autres personnalités vinrent me trouver bien sûr, dont une qui me proposa de réaliser mon rêve de petite fille : le couturier Jean-Claude Jitrois. Ce dernier comptait bientôt organiser un défilé pour révéler sa nouvelle collection de vêtements au public. Et il souhaitait ma participation. Je n'en revenais pas. Un professionnel m'avait repérée : j'allais devenir mannequin. J'étais si contente que je faillis me jeter dans ses bras pour lui témoigner ma reconnaissance.

Je fis également la connaissance d'autres personnalités telles que Sarah Marshall ou Thierry Moreau, le directeur de *Télé 7 jours*, un homme remarquable que je serai amenée à revoir par la suite. Maintenant que j'étais de nouveau entourée de ma famille, je ne craignais plus de m'entretenir avec des inconnus. Parce que je savais que mes proches me mettraient à présent à l'abri de toute incompréhension.

*

* *

Je suis enfin de retour à la maison. Que c'est bon de retrouver sa chambre, le jardin et Pollen, le chien : mes repères intacts. Pourtant quelque chose a changé et je sens que ça va bientôt bouleverser mon quotidien : je suis devenue première dauphine Miss France. En voyant mon écharpe soigneusement posée sur la chaise, je ne peux pas m'empêcher de sourire de fierté. En voyant Maman répondre aux milliers d'appels de toute la France. D'autant que plusieurs personnes, y compris les médias ont confirmé : le standard a littéralement explosé après mon intervention. Après la parution des résultats, certains spectateurs se sont insurgés, mettant le site de TF1 dans une situation délicate. Ce dernier aurait reçu des centaines de mails, furieux pour la plupart. Corinne Spak, directrice artistique chez Endemol France, me demande donc de bien vouloir confirmer auprès de la télévision (Canal +) que je n'ai jamais souhaité obtenir le titre de Miss France. J'accepte sans faire d'histoire. Dans les nombreuses interviews que je donnerai par la suite, je veillerai à rassurer le public, lui certifiant que j'aurais refusé le titre de Miss France pour les raisons que je vous ai déjà communiquées. Les articles, les passages en plateau se succédèrent et me permirent de mener un combat, que je continue de livrer aujourd'hui auprès des institutions aussi bien que des médias : celui de l'accessibilité des programmes télévisés aux sourds. Moi qui redoutais les inconnus, je me suis retrouvée projetée dans un monde peuplé d'étrangers ; j'ai multiplié les rencontres, certaines inoubliables, d'autres décevantes. L'une d'entre elles m'a d'ailleurs profondément marquée. Soudaine et inattendue, elle m'apprit que certaines amitiés s'étiolent sans raison et font parfois souffrir. Et ce, malgré toutes les précautions qu'on peut prendre pour s'en prémunir.

*

* *

À peine trois jours après les élections, je retourne à Paris pour assister à ma toute première émission de télé. Michel Denisot m'a invitée sur son plateau à Canal +. Quand Maman m'en parle, j'ai d'abord très peur de m'y rendre. Toujours cette maudite crainte de ne pas réussir à bien déchiffrer les bouches inconnues ou de me faire comprendre. Mais ma mère m'informe que les studios ont prévu une interprète, et cette grande nouvelle suffit à me rassurer. Je me réjouis à l'idée de pouvoir enfin me reposer sur quelqu'un, d'avoir l'assurance qu'un professionnel mettra des signes sur des questions peut-être compliquées. Il paraît que Luc Besson, le réalisateur, sera lui aussi en plateau. J'ai déjà entendu parler de lui à plusieurs occasions, mais je dois bien admettre que je ne vois pas à quoi il ressemble. L'équipe de production nous a priés de nous présenter aux studios une heure avant l'enregistrement de l'émission. Nous quittons donc l'hôtel de bonne heure pour ne pas arriver en retard. Ma nervosité me rend de mauvaise humeur. Je desserre à peine les dents sur le trajet et ma mère, qui connaît mon appréhension de l'inconnu, n'en prend pas ombrage. Elle fait de son mieux pour me calmer.

La tour dans laquelle se trouve le plateau d'enregistrement est immense. Elle caresse les nuages, imposante, et je suis tellement impressionnée que je sens mes mains s'humidifier d'angoisse. En franchissant les immenses baies vitrées, j'essaie d'afficher un masque d'indifférence pour cacher mon inquiétude. La jeune femme de l'accueil nous demande de bien vouloir patienter : quelqu'un va venir nous chercher.

À peine quelques secondes plus tard, une assistante, l'air nerveux et pressé, débarque dans le hall pour nous conduire dans les studios de l'émission. Dans l'ascenseur, elle discute avec Maman. Mais je n'écoute pas, trop préoccupée par l'idée de me détendre un peu avant le début de ce qui constitue pour moi une épreuve. J'imagine que la fatigue accumulée ces derniers mois et les émotions intenses suscitées par les élections m'ont rendue plus vulnérable au stress. L'ascenseur s'ouvre enfin sur un long couloir étroit desservant une succession de portes. Nous marquons un arrêt devant celles des loges – un salon simple mais confortable. L'assistante invite Maman à s'y installer pendant qu'on me préparera avant l'émission. Ma mère s'exécute en remerciant la jeune fille, un sourire resplendissant sur les lèvres. Après lui avoir adressé un léger signe de la main, je suis mon guide dans le couloir. À mesure que mes pas m'éloignent de ma mère, j'ai l'impression de devenir plus fragile. Je prie pour ne rencontrer personne qui, abusé par mon handicap invisible, me poserait des questions trop difficiles.

La salle de maquillage se trouve un peu plus loin sur la gauche. Lorsque j'y pénètre, un homme est déjà assis sur le fauteuil de droite et j'aperçois son visage dans l'immense miroir constellé d'éclairages aveuglants. Nous nous saluons poliment et après avoir remercié l'assistante, je prends place dans le fauteuil libre à ses côtés. Il a le bas du visage recouvert d'une barbe de plusieurs jours, les cheveux châtain clair en bataille et l'œil joueur d'un enfant. La maquilleuse semble avoir quasiment terminé. Elle tamponne le front de mon voisin désormais, veillant à bien tirer ses cheveux rebelles en arrière.

Au bout de quelques minutes, elle le libère et m'annonce que mon tour est enfin venu. Tandis que la jeune femme prépare son matériel, ouvrant des palettes multicolores en cherchant la teinte qui correspondra le mieux à mon teint, l'homme se lève. Avant de franchir la porte, il se retourne brusquement et l'air amusé me fait un petit coucou dans la glace, auquel je réponds par un sourire. Curieux monsieur, me dis-je en laissant la jeune maquilleuse caresser mes paupières. Soucieuse de ne pas perturber la professionnelle en plein travail, je garde la bouche scellée, obéissant lorsqu'elle me demande de fermer les yeux, de les ouvrir grand ou de sourire pour passer du gloss sur mes lèvres. Je sens progressivement mes traits se détendre sous ses doigts, ma peau se lisser sous la couche de fond de teint. Ainsi, quand elle se décale enfin pour m'autoriser à rejoindre ma mère, c'est le pas moins lourd que je vais la retrouver dans la loge.

Je lui raconte aussitôt ma brève rencontre, lui donnant une description rapide de l'individu dans l'espoir qu'elle saura me renseigner sur son identité.

– À mon avis, tu viens de croiser Luc Besson, me répond-elle en gloussant.

Confuse de ne l'avoir pas reconnu tout de suite, je rougis légèrement, espérant qu'il ne s'est pas vexé. Mais rapidement, je me ressaisis. Dans le couloir, l'assistante m'a avertie qu'elle viendrait me chercher dans une dizaine de minutes pour le début de l'émission. Il faut que je me concentre. Que je me réfugie un moment dans ma bulle pour en sortir avec l'assurance nécessaire pour affronter l'interview. J'explique gentiment à ma mère que nous reparlerons de tout ça après l'enregistrement, m'assois dans un des fauteuils et tâche de respirer calmement pour convaincre mon cœur de ne pas s'emballer. Ma trêve ne dure pas longtemps. Bientôt, l'assistante qui nous a accueillies et Sylvie Tellier qui s'est déplacée pour l'occasion viennent fendre ma bulle pour m'amener sur le plateau.

Des fils courent sur le sol un peu partout. Plusieurs grosses caméras, semblables à celles qui ont filmé l'élection Miss France, encadrent le décor. Dès que j'ai franchi la porte, Michel Denisot m'accueille chaleureusement. Il me présente à Béatrice, l'interprète, une femme aux cheveux courts et au regard aimable. Elle signe avec aisance : une vraie professionnelle.

Après avoir échangé quelques mots, le présentateur nous invite à prendre place autour de la table. Il a même convié Maman à participer à l'émission. En plateau. Avec moi. Mais elle a reculé de quelques pas avant de refuser à voix haute : « Ma fille se débrouillera très bien sans moi », a-t-elle objecté en m'adressant un de ces sourires confiants qui me donnent de l'assurance. Luc Besson est déjà assis, l'œil toujours aussi pétillant. Tandis que je m'installe à ses côtés après avoir dit à Maman que je la retrouverai après l'enregistrement, je salue le réalisateur, cette fois avec le sourire, m'excusant de ne l'avoir pas reconnu un peu plus tôt, dans les loges. Ma méprise semble l'amuser. Nous échangeons quelques mots avant que le chef de plateau réclame le silence pour lancer l'émission.

Malgré mes appréhensions, tout se déroule sans encombre. La présence de Béatrice facilite considérablement l'interview. Les questions du présentateur me paraissent simples, déclinées par les mains agiles de l'interprète. Comme j'aurais aimé qu'elle ait été engagée pour le soir des élections. Cela m'aurait évité les terribles angoisses générées par le trac de l'interface.

Luc Besson nous apprend qu'il n'a pas regardé l'élection en entier : il a néanmoins assisté à la fin, au couronnement de Rachel et à la remise de mon écharpe. Après une heure environ, l'émission se termine et Michel Denisot me remercie d'avoir bien voulu y participer, et moi de m'avoir invitée. Je ne m'étais pas trompée : cet homme est un vrai gentil, en plus d'exercer son métier avec l'aisance propre aux professionnels. Après l'avoir salué, je rejoins Maman qui se trouve en grande conversation avec le réalisateur. Il l'a félicitée pour mon élection, vantant les mérites de ma parole, fluide malgré ma surdité. Ensuite, il lui demande mon numéro de téléphone : il souhaiterait rester en contact avec moi.

Luc Besson m'offrait son amitié.

Chapitre IV

Miss Monde

Dix mois ont passé depuis mon élection. Le combat progresse : mon statut donne plus de poids à ma parole et j'ai bon espoir. Bientôt, nous pourrons sans doute zapper à la télévision et choisir un programme parce qu'il nous plaît et non uniquement parce qu'il sera sous-titré.

Davy travaille désormais à la maison des sourds pour former des entendants à la langue des signes tout en poursuivant ses études à côté. Il souhaite devenir enseignant et se donne tous les moyens pour y arriver. Courageux, sa persévérance semble inébranlable. Il y arrivera, j'en suis certaine. Aujourd'hui, comme il travaille encore, je suis allée seule dans le nouvel appartement de Vincent, situé au centre de Limoges. Il a organisé un déjeuner chez lui auquel il a convié d'autres de nos amis sourds et Davy nous rejoindra dès qu'il aura terminé. Nous sommes tous tranquillement en train de bavarder (en signant, bien sûr) quand mon portable émet ses vibrations familières pour m'informer que j'ai reçu un texto. J'abandonne quelques instants notre conversation pour le consulter, mais ne reconnais pas le numéro de l'expéditeur.

Intriguée, j'ouvre le SMS et voici le message qui apparaît : « *Je t'ai écrit un mail. Il faut que tu le consultes. Rachel.* »

J'ai beau fouiller dans ma mémoire, chercher dans mes souvenirs une camarade prénommée ainsi : rien à faire, je ne vois pas. Un peu gênée, je pianote sur les touches afin d'avouer mon ignorance à cette mystérieuse Rachel et lui demande de préciser son identité. À peine quelques secondes plus tard, nouvelles vibrations, nouveau message : « *C'est Rachel Miss France* » dit le texto. Pendant un instant, je demeure interdite. Rachel Miss France. Pas croyable !

Depuis notre sélection, nous nous sommes à peine croisées deux ou trois fois. Notamment à une soirée organisée par Paris Première avec tout un tas de célébrités. Elle a semblé apprécier : elle n'arrêtait pas de parler avec tout le monde, sauf avec moi. En fait, elle m'a à peine dit bonjour. Nous n'avons jamais été très proches pendant les mois qui ont précédé son couronnement. Il existe une bonne raison à cela : nous assistions aux manifestations chacune de notre côté. Alors ce SMS, sorti de nulle part, après six mois quasiment sans nouvelles, me paraît plutôt étrange, voire carrément bizarre. Un texto qui m'annonce en plus un message plus long, laissé sur ma boîte mail. Qu'est-ce qu'elle peut bien avoir à me raconter de si urgent ? Lentement, je me tourne vers Vincent, encore un peu étourdie par ce fantôme qui a brusquement ressurgi dans mon existence, pour lui demander si je peux utiliser son ordinateur. Mon ami hoche vivement la tête, avant de reprendre sa conversation. Je m'installe donc devant l'écran et commence à faire courir mes doigts sur le clavier. Quelques secondes plus tard, une longue lettre s'affiche à l'écran.

*

* *

Objet : Surprise !!!

Sophie,

Depuis le soir de l'élection Miss France, je t'ai soutenue, parce que je suis admirative de ton courage et de ta détermination. Tu as ému les Français, nous te considérons depuis lors comme notre Miss de cœur.

Lors de ces derniers mois, j'ai suivi ton combat, les démarches que tu as entreprises pour réveiller les consciences et interpeller l'opinion publique sur l'accès à la télévision par les sourds et malentendants.

J'admire qui tu es et ce que tu fais ; toujours combative, tu utilises à bon escient ta notoriété. Grâce à toi, j'ai embrassé à mon tour ta cause.

Je tenais aujourd'hui à t'en féliciter une fois encore et comme tu fêtes en même temps tes vingt ans cet été, mon cadeau est aussi un défi : j'aimerais que ce soit toi qui représentes le titre de Miss France à l'élection Miss Monde le 2 décembre prochain en Chine.

Ma chère Sophie, si tu l'acceptes, je suis certaine que tu sauras porter nos couleurs très haut et profiter de ce concours pour faire connaître ta cause dans le monde entier.

Je t'embrasse.

Rachel

Rachel Legrain-Trapani

Miss France 2007

*

* *

Je l'ai relue attentivement plusieurs fois pour m'assurer que j'avais bien compris. Et plus j'avançais dans ma lecture, plus tout ça me semblait surréaliste. Rachel m'annonçait qu'elle me cédait sa place à l'élection Miss Monde, qu'elle espérait me voir la remporter. Les mots qu'elle employait, la construction des phrases... quelque chose clochait. J'avais vraiment l'impression qu'elle avait rédigé ce mail avec l'aide de quelqu'un d'autre : quelqu'un qui se serait penché sur son épaule pour lui souffler quoi rédiger et comment. Sylvie ou Geneviève, peut-être ? Je ne le saurai jamais, mais je remercie l'instigatrice de cette merveilleuse missive.

L'esprit embrumé, je décidai de communiquer la nouvelle à Vincent afin d'obtenir un autre avis sur la question. Connaissant nos antécédents à toutes les deux, mon ami saurait peut-être m'apporter une opinion objective sur cette lettre incroyable. Après s'être excusé auprès de ses invités, il me rejoint derrière l'ordinateur et procède à une rapide lecture. Sa conclusion ? Il est d'accord avec moi : le contenu de ce mail (sa forme comme son fond) le laisse littéralement sans voix. Il met quelques secondes à reprendre ses esprits et finit par me signer : « Mais c'est génial ! Miss Monde, tu réalises ? »

Je décide d'envoyer un SMS à mes parents pour les prévenir. Ils me répondent aussitôt : eux non plus n'en reviennent pas. Maman m'informe qu'elle passera à la maison demain pour qu'on voie ça ensemble. Et puis elle contactera Mme de Fontenay pour vérifier qu'il ne s'agit pas d'une mauvaise blague. En même temps, je ne vois pas Rachel fomenter ce genre de plaisanterie.

Dès que Davy pénètre dans l'appartement, les traits tirés par cette journée trop longue, je fonds sur lui pour lui annoncer la nouvelle : peut-être une autre élection, internationale et prestigieuse. Mon combat s'étendrait, prendrait de l'ampleur. L'occasion de sensibiliser non plus seulement la France, mais le monde dans son intégralité. Et... une nouvelle séparation. En signant cette idée, éloignant ma main droite de ma gauche, je sens un fossé se creuser dans mon cœur. Dois-je l'accepter cet avenir qu'on me propose ? Faut-il que je quitte encore les miens ? Ces questions ne cesseront de me tourmenter toute la soirée, malgré les changements de sujet de conversation, les blagues de Vincent, les caresses de Davy. Et même encore après, dans l'obscurité de la chambre et ses ombres rassurantes. Miss Monde... Pas croyable.

Peu de temps après, suite à la diffusion de ma présentation à l'élection Miss Monde, je reçus une autre lettre, tout aussi surprenante et très touchante du ministre Xavier Bertrand.

*

* *

Dans quelques jours, c'est mon anniversaire. Et je n'ai toujours pas pris ma décision concernant cette élection, cette place étrangement cédée par Rachel. Pourtant, tout le monde est déjà au courant. Hier, on est repassés chez Vincent avec Davy. Notre ami m'a informée que tous ses collègues de travail s'étaient rués sur lui pour lui demander de confirmer la nouvelle, diffusée par la radio concernant ma possible participation aux élections Miss Monde. En bref, tout le monde, les journalistes et les Français, pense que je vais me présenter à ce concours. Alors que je n'en sais rien encore, pétrifiée par l'hésitation. Davy, qui a aussitôt perçu ma tension, mon corps rendu rigide par les signes de Vincent, tâche de me réconforter : « Si tu décides de participer à cette élection, elles n'auront pas lieu avant novembre. Ça te laisse encore six mois pour t'y préparer. » Il a raison. Inutile de s'inquiéter pour l'instant. Et puis je n'ai toujours pas reçu de convocation de la part du Comité Miss France. Je décide donc de reporter ces angoisses à plus tard, pour profiter de l'été qui s'installe et de mon anniversaire qui s'annonce.

Dans quatre jours, nous serons le 21 juin. Je sens bien que Maman me prépare une surprise, une fête pour mes vingt ans. À ces coups de fil qu'elle passe sans arrêt, ses sourires comploteurs au téléphone, ses soupirs et ses réponses évasives quand je lui demande ce qui se prépare. Je crois que c'est pour dimanche. Ma mère nous a demandé de venir dormir à la maison. Érick Gey, le photographe du Comité que j'ai rencontré suite à mon élection Miss Limousin et qui m'a beaucoup conseillée avant mon départ pour l'île Maurice (« Tiens le coup », « Ne te plains jamais »,

« Tâche de garder le sourire en toutes circonstances »... des phrases que je n'ai cessé de me répéter les jours difficiles), vient à Saint-Junien dimanche pour me prendre en photo. Sa visite ne m'aurait pas mis la puce à l'oreille s'il n'avait pas assisté au mariage de Sylvie Tellier la veille et parcouru des kilomètres en voiture de nuit pour rejoindre le Limousin. J'ai su plus tard que Geneviève, dans l'incapacité de se déplacer, tenait à ce qu'Érick soit avec moi. Délicate attention de sa part.

Dimanche, quand je descends dans la cuisine, je sens l'électricité dans l'air, cette excitation propre au secret qui fait plaisir. Érick est déjà là ainsi qu'un autre photographe, envoyé par l'agence Sipa pour prendre des clichés de moi, seule ou avec Davy. Pour me préparer, la coiffeuse Hélène, de Saint Algue à Saint-Junien, s'est spécialement déplacée ainsi qu'Olivia, une jeune styliste lyonnaise bourrée de talent avec dans l'œil cette lueur caractéristique des créateurs. On s'est installés dans le salon, à l'abri des regards. Olivia a apporté plusieurs robes magnifiques.

Peu avant midi, coiffée, maquillée et parée, je suis les deux professionnels dans le jardin qui offre un décor idéal. Nous avons de la chance : il fait un temps splendide aujourd'hui. Le soleil ne joue pas à cache-cache derrière les nuages. Le fond de l'air est néanmoins plutôt frais. Je tâche toutefois de ne pas frissonner et d'imiter les efforts de l'astre solaire en accrochant un joli sourire à mon visage. Vers 12 h 30, la séance est terminée et Maman m'annonce que nous allons déjeuner dehors. Tout le monde se répartit dans les différents véhicules. Je monte à l'avant dans le joli coupé noir d'Érick, Maman et Damien Nougaregue (dirigeant du Fan club de Geneviève de Fontenay) grimpent à l'arrière et Davy avec Papa, dans une autre voiture. L'air fouette mon visage tandis que les arbres défilent sur le bascôté. Olivia m'a autorisée à garder sur moi la robe noire et blanche qui me donne l'impression d'être une princesse qu'on emmène dans un château. Quand Érick se gare devant la salle des congrès, je ne cache pas ma surprise et me retourne vers Maman, les yeux ronds. Cette dernière ne répond pas à mes questions silencieuses et se contente d'esquisser un sourire amusé plein de mystères. Impatiente de découvrir ce qui m'attend, je descends du véhicule et m'achemine tranquillement vers la salle magnifique, encadrée de verdure. Une fois que Maman est à mes côtés, je prends une profonde inspiration et m'approche de la porte. C'est là que ma mâchoire se décroche, que mes yeux s'embuent brusquement. D'émotion. Je savais qu'une fête se préparait, mais jamais je n'aurais cru qu'elle aurait cette ampleur. Trois cents personnes, amis, connaissances et proches, sont debout, le visage rayonnant en voyant ma surprise et m'acclament en frappant des mains.

En pénétrant dans la salle, une douce odeur de fleurs me chatouille les narines, provenant des centaines de bouquets apportés par les invités ou offerts par des admirateurs. J'apprendrai plus tard que de nombreux magasins et établissements bancaires ont participé pour m'offrir ce merveilleux anniversaire. Le directeur de *Télé 7 jours* m'a fait porter un bouquet composé de quatre-vingts roses. Un musicien, Bernard Jude, s'étant gracieusement proposé de jouer pour mon anniversaire, animera le déjeuner. Tous ces gens... je n'en revenais pas. J'étais folle de joie ! J'ai même versé des larmes lorsque ma tante Jocelyne et mon oncle Bernard, qui m'avaient fait croire qu'ils ne viendraient pas, sont apparus devant moi.

Une fois le choc de la surprise dissipé, je suis allée saluer tous les convives un à un, les remerciant de leur présence. Ensuite, tout le monde a mangé puis dansé, même moi qui pourtant n'aime guère ça d'habitude. Mais dans les bras de Davy, guidée par le rythme de ses pas, j'ai pris plaisir à valser. Les festivités se prolongèrent jusqu'à la nuit tombée et tout le monde sembla apprécier l'événement. Jamais je ne fus autant gâtée pour un anniversaire. Un vrai conte de fées. J'imagine que ça suffit à expliquer toutes ces larmes qui roulèrent sur mes joues quand Jean-Pierre et Jeanine nous ramenèrent chez nous, Davy et moi. Comme si toutes les émotions intenses que j'avais éprouvées en réalisant combien j'étais entourée, appréciée, choyée et chanceuse, retombaient d'un coup. En y repensant, j'espère n'avoir oublié de remercier personne parmi les convives présents ce jour-là. Si certains d'entre vous lisez ce livre, sachez que je n'oublierai jamais mes vingt ans. Et ce, grâce à vous.

*

* *

L'affaire Miss Monde revint sur le tapis deux jours après mon anniversaire. Par mail, une fois encore. J'étais passée déjeuner chez mes parents. Après le repas, je suis montée dans la chambre de ma sœur pour me connecter à Internet. Ma boîte de réception – que je n'avais pas consultée la veille – croulait sous les messages. Les expéditeurs ? Sylvie Tellier et Mme de Fontenay. Elles me faisaient suivre leur correspondance avec le Comité Miss Monde. Je tâchais de lire chaque lettre attentivement, mais je ne comprenais pas bien leur contenu. La construction des phrases, formelles pour la plupart, rendait ma tâche difficile. Je saisissais pourtant qu'il y avait un problème sans trop savoir lequel. Après quelques vaines tentatives, je décidai d'appeler Maman pour qu'elle vienne m'éclairer. Celle-ci se pencha sur mon épaule et je vis son front s'obscurcir à mesure qu'elle avançait dans sa lecture.

– Alors ? lui demandai-je au bout de quelques minutes. Qu'est-ce qu'elles disent ?

– Le Comité Miss Monde refuse ta candidature. Ils prétendent que seule la Miss du pays est autorisée à se présenter à l'élection.

En lisant le refus du Comité Miss Monde, je sentis mon sang bouillir de colère dans mes veines.

– En revanche, la Société Miss France t'a bien défendue. Geneviève et Sylvie leur ont répondu que c'est toi la Miss de cœur des Français, ajoute Maman avec un sourire légèrement voilé par la déception. (Puis brusquement, elle fronce les sourcils et je vois la rage crisper les traits de son visage.) Pff ! Tu parles ! Les responsables du Comité Miss Monde soutiennent que ce n'est en aucun cas ton handicap qui t'a disqualifiée. À d'autres !

Nous fulminons littéralement ma mère et moi. Ce n'est pas la première fois que des inconnus cachent leur peur, leur crainte derrière un mensonge. Nous savons très bien que le Comité Miss Monde redoute de compter une « handicapée » parmi ses candidates. Pour en avoir le cœur net, je leur ai tout de même laissé le bénéfice du doute. J'ai procédé à quelques recherches sur Internet. J'ai vérifié. Et les résultats n'ont fait qu'attiser ma rage et confirmer nos soupçons : s'ils n'acceptaient pas mon dossier à cause de mon titre, et uniquement pour cette raison, comment était-ce possible qu'ils aient inscrit une première dauphine deux fois par le passé, il y a deux et quatre ans ? Croyaient-ils vraiment que je n'irais pas jeter un œil ?

*

* *

Je mis quelques jours à digérer cette affaire. Comprenez-moi : je n'avais rien demandé. On était venu me chercher pour m'encourager à participer à une élection qui m'avait finalement été refusée. Et pourquoi ? Parce que je suis sourde. Alors quand Mme de Fontenay contacta Maman au mois de juillet, quelques semaines à peine après cet incident, pour lui parler du concours de Miss Beauté Internationale et que ma mère me communiqua la nouvelle, le seul mot qui s'échappa de ma bouche fut : NON. D'abord parce que je n'étais pas tout à fait remise de l'affaire Miss Monde. Ensuite parce que cette élection était organisée au Japon et en Chine, impliquant un voyage au bout du monde et une séparation d'avec les miens pendant un mois. Franchement, je n'avais aucune envie de participer à cet événement, d'autant plus que je n'en avais jamais entendu parler. À quoi cela servirait-il sinon à me causer d'autres inquiétudes ? Ma mère, qui avait longuement discuté avec

Geneviève par téléphone, m'informa que deux représentants travaillant pour cette élection passeraient à Paris au mois d'août. Cela ne coûtait rien de les rencontrer : ils exposeraient clairement les modalités du concours et nous verrions... J'acceptais. Légèrement à contrecœur, je l'avoue. Mais dans la mesure où Maman promit de m'y accompagner, tout en m'assurant que ce petit voyage ne m'engagerait à rien, je ne voyais pas comment refuser. Et puis ce rendez-vous n'aurait lieu que dans un mois. D'ici là, je serai peut-être parvenue à tirer un trait sur toutes ces histoires de Miss Monde.

*

* *

Je descends du train avec Maman. Pour une fois, le soleil nous accueille dardant ses rayons brûlants sur la gare d'Austerlitz. Mme de Fontenay a informé ma mère qu'elle nous attendrait au *Bristol* où nous sommes censées rencontrer les deux représentants des élections Miss Beauté Internationale. Nous n'avons pas le temps de flâner en arrivant et hâtons le pas pour prendre un taxi.

La circulation est fluide. Les Parisiens désertant leur ville au mois d'août, les boulevards sont dégagés et nous ne mettons pas longtemps à déboucher devant l'hôtel luxueux du 8e arrondissement. Nous franchissons les portes vitrées de l'établissement et pénétrons dans le salon tapissé de rouge, aux lustres scintillants, richement meublé. Mme de Fontenay, élégante comme toujours dans son tailleur noir et blanc, que je trouve très belle pour son âge, est assise en compagnie de Célia, la jeune et jolie fille qui a tenu lieu de chaperonne lors de notre voyage à l'île Maurice. Deux inconnus sont installés avec elles autour de la table basse. L'un en costume sombre, l'autre en costume beige. Le premier, français, l'autre, asiatique avec des cheveux noirs comme la nuit.

Ils nous invitent, Maman et moi, à prendre place en face d'eux avant de nous tendre un dossier. Je laisse ma mère le consulter et discuter des modalités avec les deux hommes pendant que je bavarde avec Célia. Il se trouve qu'avant d'être recrutée pour jouer les chaperonnes, Célia fut elle aussi troisième dauphine Miss France quelques années plus tôt. En tant que telle, elle s'était présentée la même année à l'élection Miss Beauté Internationale et peut donc me décrire le déroulement de ce concours. Habituée à mon handicap, elle articule soigneusement et ses sourires trahissent son enthousiasme en même temps qu'ils me rassurent. Plusieurs questions me taraudent néanmoins et je ne tarde pas à les lui poser. Qu'attend-on de la gagnante ? Peut-elle rentrer chez elle ?

– Oui, bien sûr, me répond-elle. (Célia s'est certainement rendu compte pendant notre voyage à l'île Maurice que je souffrais d'être séparée des miens malgré mes efforts pour le cacher.) En revanche, elle voyage et se déplace souvent, ajoute-t-elle.

J'apprécie son honnêteté. Je pense à tous ces avions qu'il me faudrait prendre si jamais j'étais élue et chasse cette idée noire. Pour l'instant, je n'ai pas encore accepté. Il me reste quelque chose à demander, quelque chose d'essentiel. Et seule Mme de Fontenay pourra m'apporter une réponse. Je remercie donc Célia pour ses précisions avant de me retourner vers Geneviève.

– Me fournira-t-on un interprète ?

Geneviève semble réfléchir. Peut-être essaie-t-elle de trouver la formulation qui convient pour transmettre ma doléance aux deux représentants. Après quelques secondes, elle pivote la tête vers les deux hommes et les interroge. J'observe leurs réactions. Sourcils froncés. Lèvres pincées. Tout ça ne me dit rien qui vaille.

– Je ne crois pas que nous ayons un budget suffisant pour embaucher un interprète, répond finalement le Français en souriant pour me faire passer la pilule.

Alors je n'irai pas, me dis-je. Je ne me vois pas du tout abandonnée dans un pays étranger, entourée d'inconnus qui ne parlent pas ma langue et rester enfermée dans ma bulle pendant un mois sans contact. Hors de question !

Impossible ! Mme de Fontenay a dû remarquer que je me raidissais tout à coup, car elle enchaîne :

– Eh bien peut-être pourrait-on demander à Mme Vouzelaud d'accompagner sa fille !

Maman, qui a levé les yeux du dossier depuis le début de la conversation, a les traits déformés par la surprise avant d'arborer un large sourire.

– Oui, je suis tout à fait disposée à partir avec elle si vous pouvez me payer le voyage, déclare-t-elle, ravie.

De mon côté, j'hésite. Je serais très heureuse d'aller au Japon avec Maman mais je redoute la réaction des autres filles. Ne seront-elles pas jalouses ? Après tout, n'importe quelle candidate, envoyée à des kilomètres de chez elle, aimerait certainement bénéficier de la protection de ses parents. Alors que s'ils recrutaient un interprète, je serais simplement accompagnée d'un inconnu qui me permettrait de pallier mon handicap. On ne pourrait donc pas me considérer comme favorisée.

J'aurais préféré cette solution mais n'en dis rien. Je ne voudrais surtout pas faire de la peine à Maman. Surtout que les deux représentants ne semblent pas s'opposer à ce qu'elle m'accompagne. Geneviève s'engage à faire son possible pour trouver un sponsor disposé à financer le voyage de Maman. Du coup, j'accepte de me présenter à cette élection. Mme de Fontenay s'en réjouit et m'annonce que le départ pour le Japon est fixé à septembre. Ce qui me laisse deux mois pour me préparer au voyage. Amplement suffisant.

Dans quelques jours, je ferai la couverture de *Télé 7 jours*, qui a bien voulu payer le billet de Maman et que je remercie infiniment. Le magazine annonçait aux Français ma participation au concours de Miss Beauté Internationale. Et dans un peu plus de soixante jours, je foulerai la terre étrangère du Japon.

*

* *

Je fus contente des résultats de l'élection de Miss Limousin 200X : la nouvelle Miss Limousin et ses dauphines m'avaient fait une très bonne impression en coulisses, elles avaient le visage doux et un gentil sourire. Je suis même restée en contact avec elles après, ce qui ne m'est pas arrivé très souvent. Elles semblaient toutes les trois si heureuses d'avoir décroché leur titre ; leur bonheur a crevé l'objectif des photographes qui ont immortalisé leur victoire. Je me suis efforcée de ne pas le ternir lorsqu'on m'a demandé de poser avec elles sur les photos. J'ai tenu jusqu'à la fin de la séance et ne me suis autorisée des soupirs qu'après, une fois que je me suis retrouvée dans les loges, enfin libre de remettre mes vêtements. À ce moment-là, je ne souhaitais qu'une seule chose : rentrer chez moi.

*

* *

Maman s'est chargée de préparer les valises pour notre départ au Japon. Je n'ai pas réussi à l'aider. Je voulais absolument éviter de penser à ce voyage. Je voyais mes amies, faisais les boutiques, essayais de me divertir, de m'étourdir au maximum pour ne pas me laisser aspirer par le gouffre étranger. Et aujourd'hui, c'est le départ.

Une fois à Roissy, je commence à me calmer. Mais quand les hôtesses servent nos repas sur des plateaux, j'y touche à peine. Depuis la journée infernale de l'élection Miss Limousin, j'ai un mal fou à faire passer quoi que ce soit dans ma bouche. Je picore, me forçant à ingurgiter de quoi tenir debout. C'est comme si mon appétit se cachait, enfoui dans les nœuds formés par l'appréhension et la colère. Quant au sommeil, je le traque. Mais lui aussi se dérobe, inscrivant des ombres bleues sous mes yeux.

*

* *

Les deux semaines au Japon se déroulèrent bien mieux que je ne l'aurais pensé. Malgré leur nourriture un peu particulière et pas tout à fait à mon goût – le poisson, ça n'a jamais été mon truc –, j'étais émerveillée par ce pays. Ces tours gigantesques et aveuglantes – dont notre hôtel qui ne faisait pas moins de trente étages –, la gentillesse et l'accueil toujours parfait de ses habitants me plurent beaucoup. Quant aux candidates à l'élection, je les trouvais bien plus aimables, curieuses des autres et gentilles que celles que j'avais pu rencontrer en France.

Dès le premier jour, je fis la connaissance de Miss Guadeloupe, une jeune fille pleine d'énergie, détendue et rigolote avec laquelle je sympathisai quasiment aussitôt. J'appris aussi qu'une autre candidate, Miss Venezuela, avait le même handicap que moi. Après la répétition de la première chorégraphie, qui se passa très bien (on ne rechignait jamais à me réexpliquer un déplacement que je n'avais pas compris), je me débrouillai pour établir avec elle un premier contact. Quand je me retrouvai en face d'elle, je fus surprise par son visage. Son nez... son nez était dessiné curieusement. Au scalpel d'après moi. Et quelque chose dans les traits de sa figure semblait artificiel. Elle avait dû subir une opération de chirurgie esthétique. J'essayais de me concentrer sur ses mains, sur les signes qu'elle m'adressait un peu différents de ceux que je connaissais pour les comprendre.

La langue des signes n'est peut-être pas tout à fait la même dans tous les pays. Pourtant certains se ressemblent. Et dans la mesure où chaque geste renvoie à une image, il suffit de se servir de son imagination pour en saisir la signification.

Ainsi, au bout d'une heure, nous nous comprenions. Je la trouvais plutôt gentille, mais son visage me perturbait. Je ne me suis jamais opposée à la chirurgie réparatrice parfois essentielle pour améliorer le quotidien, et les rapports sociaux d'un individu souffrant d'une malformation ou d'une déformation consécutive à un accident. Mais je n'aime pas l'usage abusif de la chirurgie esthétique pour corriger les menus défauts qui font la particularité de chaque individu. Surtout quand il s'agit de parfaire le physique d'une candidate à un concours de beauté. J'estime que ça devrait être interdit. Ça revient un peu à tricher, à maximiser ses chances de remporter un concours. Enfin, manifestement, les jurys l'avaient retenue pour défiler parmi nous. J'imagine qu'ils ne tenaient pas compte de ce genre de considération.

En revanche, contrairement à moi, la jeune fille avait bénéficié de la présence d'une interprète qui ne la quittait pas d'une semelle. Ce qui, je dois bien l'admettre, est venu s'ajouter à mon agacement. Même si par la suite je réalisais que mon homologue vénézuélienne s'avérait beaucoup moins autonome que moi (elle ne lisait pas très bien sur les lèvres et n'avait jamais appris à parler), ça m'énervait un peu de ne pas avoir eu sa chance.

Au cours des jours qui suivirent, j'allais souvent la voir. Mais je passais le plus clair de mon temps avec Miss Guadeloupe et Miss Congo que je trouvais très drôles ainsi que Miss Canada dont le cœur doré brillait sur son visage. Nous partagions notre temps entre les visites de la capitale japonaise et les répétitions. Les excursions étaient chaperonnées par une petite jeune femme au regard mutin que j'adorai tout de suite, et de notre interprète armée d'un fanion qu'elle agitait sans arrêt de peur de nous perdre. Elle s'exprimait dans un français haché, souvent imparfait qui donnait lieu à de grands éclats de rire.

Durant ces premiers périples, je découvris avec émerveillement la mode originale japonaise. Leurs magasins fabuleux, boutiques luxuriantes et looks déjantés. Même si je fus un peu déçue de voir que je ne rentrais ni dans leurs chaussures ni dans la plupart de leurs tenues. Ma mère, quant à elle, ne nous accompagnait pas toujours, préférant parfois rester tranquillement à l'hôtel. Mais quand il lui arrivait de venir avec nous, elle parvenait à se fondre au groupe sans le moindre mal, discutant avec toutes les filles qui finirent par l'adorer. Et malgré ce que j'avais pu craindre, aucune d'entre elles ne sembla jalouse de me savoir avec ma mère.

Jusqu'au grand soir, les répétitions se déroulèrent sans accroc. Nous étions bien préparées. Le soir de l'élection venu, je remarquai une particularité dans l'assistance réunie dans la salle de réception de l'hôtel : tous les spectateurs étaient richement vêtus, parés de tenues coûteuses et semblaient très fortunés. Lorsque mon tour arriva et que j'arpentais la scène d'un pas déterminé pour me présenter à eux, les membres du jury, en majorité des sponsors de cet événement, accueillirent ma prestation en agitant leurs mains en l'air, applaudissant à la manière des sourds. Cette marque d'attention me toucha beaucoup et suffit à me récompenser. Je nourrissais quand même quelques pronostics. Miss Inde était ma favorite : une jeune femme à la silhouette parfaite, aux longs cheveux noirs soyeux et brillants et au regard pénétrant. Elle évoluait sur scène avec tant de grâce que je la donnais gagnante. Malheureusement pour la jeune fille, le jury ne fut pas de mon avis et ne la plaça pas parmi les quinze finalistes. En revanche, ma camarade Miss Venezuela, sourde comme moi, fut sélectionnée et je m'empressai de la féliciter lorsqu'elle revint dans les coulisses. Je me réjouissais sincèrement pour elle.

Finalement, à l'issue du dernier défilé des cinq finalistes, les résultats tombèrent. La nouvelle Miss Beauté Internationale était Miss Mexique. Mon amie Miss Guadeloupe fut très déçue, beaucoup plus que moi. Elle avait fondé beaucoup d'espoirs dans ce concours. J'avais assisté à ses efforts, vu le zèle qu'elle avait mis dans les répétitions. Et quand elle apprit qu'elle ne serait pas élue, mon amie s'effondra en larmes dans mes bras. Je tâchai de la réconforter de mon mieux, de lui rappeler ces moments forts, ces rires, ces sourires que nous avions partagés au cours de ce voyage. Je la rassurai sur ses qualités aussi bien humaines que physiques. Maman se joignit à moi pour la consoler, ajoutant ses caresses de mère à mes encouragements. Dès que Miss Guadeloupe se sentit un peu mieux et s'excusa pour aller aux toilettes nettoyer les sillons tracés par ses larmes, Maman et moi décidons d'aller lui chercher des gâteaux. Tout le monde sait que rien ne vaut un peu de sucre pour guérir un chagrin.

Malgré mes inquiétudes, je suis finalement très heureuse que Geneviève ait insisté pour me présenter à cette élection. Parce qu'elle me donna l'occasion de découvrir un pays et une population extraordinaires.

*

* *

Voilà, nous rentrons enfin à la maison. Je déteste l'avion, mais je dois avouer que je suis tellement contente de retrouver mon appartement, ma famille et Davy que j'appréhende moins le voyage. Ainsi, c'est avec le sourire que je tends ma carte d'embarquement au steward accueillant les passagers à l'entrée de l'appareil. En me rendant le coupon cartonné, l'homme me jette un coup d'œil étrange en fronçant les sourcils avant de me demander, avec un rictus : « Vous ne seriez pas Sophie Vouzelaud ? » Maman pivote vers lui, le visage marqué par la surprise. Il m'a reconnue. Originaire de Limoges, lui aussi, il m'apprend qu'il a suivi mon parcours avec beaucoup d'intérêt. Ravi de nous avoir à bord, il nous escorte jusqu'à nos sièges en redoublant d'attentions. D'autres hôtesses, toutes charmantes, se succèdent ensuite pour veiller à ce qu'on ne manque de rien avant le décollage. Leur bienveillance nous rassure beaucoup Maman et moi, si bien qu'on ne se cramponne plus à l'accoudoir lorsque l'avion quitte la piste pour nous ramener chez nous.

Peu de temps après l'extinction du signal lumineux, Philippe, le steward qui nous a placées, revient nous voir et me demande de le suivre : il souhaiterait me montrer quelque chose. Je découvre de quoi il s'agit quand il s'arrête devant une porte à l'avant de l'appareil : le cockpit. Il va m'introduire dans le cockpit. Partagée entre l'appréhension et la curiosité, j'attends en souriant qu'il me révèle l'endroit réservé au personnel navigant qualifié. Le spectacle me laisse bouche bée. Une cabine constellée de touches, de boutons lumineux du mur au plafond. Devant un ciel sans nuage, une immensité bleue sans horizon, un désert indigo. Assis aux commandes, le pilote et ses deux copilotes, trois hommes plus âgés que moi qui m'invitent à rentrer avec le sourire. Ils m'expliquent en quelques mots le fonctionnement des différentes touches, m'assurent que l'appareil ne tombera pas, que je ne crains rien à bord. Je reste quelques minutes en leur compagnie avant de retourner auprès de Maman. Philippe m'accompagne toujours. Il demeure un moment dans l'allée, accoudé à mon fauteuil. Nous parlons de son ancien métier : j'apprends ainsi qu'il a été mannequin. À Limoges justement. Pour le magasin Shuggler. Nous partageons nos expériences des défilés, de la compétition qui sévit dans ce milieu. Ensuite nous parlons de ma peur de l'avion. Rien n'est fait pour rassurer les sourds. Quand les parois se mettent à trembler, les sièges à vibrer, on ignore que l'appareil traverse une zone de turbulences ; les annonces étant toutes sonores, nous sommes condamnés à prier pour ne pas vivre un crash. De même qu'on ne sait pas quand l'avion atterrit. Quant aux conditions de sécurité, on ne peut se reposer que sur le dépliant placé sur le dos du siège devant nous. Philippe m'écoute attentivement puis avoue n'avoir jamais pensé à tout ça. Avant de rejoindre le reste de l'équipage, il me promet d'établir un rapport pour informer sa direction. Peut-être en tiendra-t-elle compte et procédera-t-elle à des modifications dans les consignes de sécurité.

Après son départ, rassurée par mon passage dans le cockpit, je parviens à dormir quelques heures. Un repos bien mérité après ces deux semaines passées à courir partout. Peu de temps après mon réveil, un des pilotes vient me trouver pour savoir si ça m'intéressait d'assister à l'atterrissage, et ce, dans le cockpit. Je tourne la tête vers

Maman pour l'interroger du regard. Elle acquiesce en souriant.

D'habitude, lorsque l'appareil se rapproche de la terre, je ferme les yeux. Voir l'avion se poser sur la piste me fait peur. D'abord indécise, je finis par me lever pour suivre le professionnel dans son antre. Et franchement, je ne l'ai pas regretté. En fait, ce fut une expérience inoubliable. J'ai gardé les paupières bien ouvertes, le regard rivé sur la piste qui s'étendait devant nous. À ma grande surprise, je n'ai pratiquement rien senti au moment où les trains d'atterrissage ont caressé l'asphalte.

Avant de quitter l'appareil, nous avons fait quelques photos en souvenir que j'ai affichées dans mon appartement. J'y jette toujours un coup d'œil désormais avant de prendre l'avion, comme pour me rappeler que je ne risque rien.

Chapitre V

Mon combat

Comme le montre l'introduction rédigée par ma mère, mes parents se sont battus depuis ma naissance pour me permettre de surmonter mon handicap, d'acquérir indépendance et autonomie, de mener une vie normale. Aujourd'hui, je vis avec mon petit ami, je conduis, je fais mes courses et je pense honorer mon titre de première dauphine Miss France convenablement. Mais le combat ne s'arrête pas là. J'ai pris le relais de mes parents désormais et lutte, notamment grâce à mon élection, pour que la communauté sourde soit reconnue et considérée.

Selon le ministère de la Santé, on évalue à 6,6 % de la population, le nombre de Français victimes d'un déficit auditif, soit 4 092 000 personnes. Autant de gens qui, devant leur télé, rencontrent les mêmes problèmes que moi depuis l'enfance, devant une émission, un film ou un dessin animé. Une image qui, en l'absence de médaillon ou de sous-titres, signifie finalement très peu de choses. Sachant que le petit écran constitue aujourd'hui une des principales fenêtres sur le monde extérieur, présente dans la quasi-totalité des foyers de notre pays, ce constat pose problème. Et je compte bien me battre le temps qu'il faudra pour qu'il soit résolu. La France ne défend-elle pas les principes de liberté, d'égalité et de fraternité ?

Quand on pense que quatre millions de Français sourds ou malentendants n'ont pas accès à l'information, au journal de vingt heures, à la culture cinématographique, comment croire à l'application du principe d'égalité ?

Peu de temps après mon élection, le 18 janvier exactement, j'ai eu l'occasion de témoigner mon engagement grâce à un événement d'envergure : le Congrès de l'Unisda (Union nationale d'insertion sociale des déficients auditifs, structure représentant les publics de personnes sourdes ou malentendantes et leurs familles auprès des pouvoirs publics). Ils avaient invité au Sommet les présidents des principales chaînes (TF1, France 2, France 3, France 5, M6) ainsi que le ministre chargé de l'accessibilité, Philippe Bas, le député Longchamp et différentes associations de sourds et malentendants. Le thème principal de ce congrès ? L'accessibilité. Mon cheval de bataille.

Quand j'ai reçu leur invitation, je n'ai pas hésité une seconde : il fallait que j'y assiste. Cette assemblée se tenait à Paris au palais des Congrès. Maman et Davy, aussi engagés que moi sur le sujet, m'y ont accompagnée. Beaucoup de gens dans la salle m'ont reconnue et félicitée dès mon arrivée. J'étais très émue : mon titre de Miss prenait ici tout son sens et me permettait, dans ce cadre particulier et important, de devenir porte-parole.

L'amphithéâtre dans lequel était organisée la conférence se divisait en deux parties. À jardin de l'estrade, un interprète chargé de traduire les diverses interventions en langue des signes. À cour, un codeur de langage parlé complété. Cette disposition soulignait bien les différences existant dans la communauté sourde, entre les personnes sourdes signantes et les personnes sourdes oralisantes.

Je suivis le débat avec intérêt, assise au premier rang, près des personnalités officielles. Mais je dois bien admettre que je fus rapidement agacée. Les propos portaient, pour la plupart, sur l'aspect théorique de l'accessibilité. J'avais l'impression d'assister à des gloses d'intellectuels quand je m'attendais à apprendre des détails sur la mise en place concrète de la loi Fabius. Lorsqu'une personne dans l'assistance le fit remarquer, demandant quand serait généralisé le sous-titrage, les intervenants déclarèrent qu'il fallait encore attendre, patienter. Que cette mesure prendrait du temps et serait appliquée progressivement. Je ne comprenais pas. Pourquoi repousser à demain ce qui pouvait être fait aujourd'hui ? Pourquoi interdire à toute une communauté l'accès aux émissions dans leur ensemble pendant encore cinq longues années ?

En sortant de cette assemblée, j'étais plus déterminée que jamais, décidée à employer tous les moyens médiatiques possibles pour sensibiliser le public et les pouvoirs afin d'accélérer ce processus que je juge toujours trop lent.

À partir de ce moment-là, je me suis engagée pour cette cause de façon totale, défendant ce que je croyais juste. Je voulais – et y tiens encore aujourd'hui – briser la bulle dans laquelle la société nous a enfermés.

Ainsi, lorsque le Crédit Agricole m'a demandé de devenir ambassadrice de l'HECA (Handicap et emploi du Crédit Agricole) ai-je immédiatement accepté. Favoriser l'insertion, l'information, l'emploi, tels sont mes objectifs.

Une semaine plus tard, quand Thierry Moreau, le directeur de *Télé 7 jours*, m'a annoncé qu'il entendait organiser une rencontre avec Patrick Poivre d'Arvor sur le thème de l'accessibilité en avril 2007, j'ai aussitôt accepté. Et j'ai été ravie de constater que le présentateur se ralliait à ma cause.

Depuis 2005, les chaînes de télévision françaises fournissent des efforts pour respecter les quotas d'émissions sous-titrées fixés par le gouvernement. D'après les chiffres officiels, soixante-cinq pour cent des programmes français sont à l'heure actuelle sous-titrés. Les journaux télévisés notamment. Et en 2010, l'intégralité des émissions devrait l'être. Cette avancée sera, pour la communauté des malentendants, capitale. Elle leur permettra d'enrichir leur vocabulaire, de comprendre les programmes culturels et de mieux s'insérer dans la société.

Pourtant, le gouvernement comme les directeurs des chaînes semblent oublier qu'une part non négligeable des sourds aujourd'hui souffre d'illettrisme. Pour ces personnes, il est nécessaire d'ajouter un médaillon, avec un interprète traduisant les informations livrées par le présentateur en langue des signes. Actuellement, seules France 2 (dans *Télé Matin*) et France 5 (dans *L'œil et la main*) affichent un médaillon à l'écran. Dans l'idéal, il faudrait que ce principe s'applique à la totalité des programmes. Journaux télévisés, émissions de variété ou documentaires, comme c'est déjà le cas aux États-Unis qui divisent l'image en deux : dans la première partie, un interprète ; dans la seconde, le programme. Reste bien évidemment à convaincre les Français sur ce sujet.

J'ai longuement discuté avec Patrick Poivre d'Arvor de ces problèmes. Il s'est montré attentif et extrêmement solidaire. Cette rencontre m'a vraiment confortée dans l'idée que je devais sensibiliser la population ainsi que les dirigeants sur notre situation. *L'œil et la main*, émission diffusée sur France 5, présentée par Isabelle Voizeux et Daniel Abbou, fait figure d'exemple en la matière. N'importe qui, sourd ou entendant, a accès à ce programme à la fois ludique et instructif. Elle s'adresse à tous les spectateurs indifféremment et je respecte énormément leur travail.

Après mon élection, *Télé Loisirs* avait décidé de faire un article sur Jean-Luc Reichmann et moi. Lorsque j'arrivai dans les studios de TF1 ce jour-là, Jean-Luc me reçut avec beaucoup de chaleur. J'appris non sans surprise que sa sœur était elle aussi malentendante. Il se montra donc particulièrement attentif à mon combat concernant l'accessibilité puisqu'il le partageait. Lui aussi souhaiterait l'instauration du sous-titrage pour toutes les émissions ainsi que pour les films.

L'entretien se déroula ainsi dans la simplicité et la bonne humeur. Il veillait toujours à me parler bien en face, à articuler chaque mot pour me permettre de bien les comprendre. Chacune des expressions de son visage témoignait de sa bienveillance à mon égard et il me posait plein de questions, s'intéressant à moi autant qu'à mon engagement. C'est un homme bon. Quiconque a la chance de discuter avec lui le sait au premier coup d'œil. Avant de se quitter, il me confia qu'il aurait souhaité me voir couronnée Miss France avant de me laisser ses coordonnées. « J'aimerais que nous restions en contact », me dit-il. Moi aussi, lui répondis-je en griffonnant mon numéro de téléphone sur un bout de papier.

Le 14 février 2008, j'ai été invitée à rencontrer Jean-Luc Reichmann pour son émission *Attention à la marche.* J'aime beaucoup ce programme. Il m'arrive souvent de le regarder à la télévision et j'éprouvais de la sympathie pour ce présentateur, toujours souriant et prêt à détendre les participants avec une petite blague. Papa m'accompagna et resta en coulisses pendant l'enregistrement de l'émission. Au cours du jeu télévisé, je rencontrai quelques difficultés : certaines questions s'avérèrent pour moi un peu compliquées. Mais ce à quoi je tenais avant tout, c'était participer, mener mon combat à l'écran, sensibiliser les téléspectateurs par ce biais ludique.

En revanche, je ne m'attendais pas du tout à ce que j'allais recevoir après la diffusion de l'émission. Notamment une lettre, extrêmement virulente, qu'un sourd me fit parvenir par le biais de mon site. Il était furieux que j'aie répondu oralement aux questions posées par le présentateur et non en signant, me reprochant de renier mon appartenance à la communauté sourde. Mon père m'aida à lui faire une réponse.

Je parle. C'est ainsi. Je ne vois pas pourquoi j'aurais honte de pouvoir tenir une conversation avec un entendant. Ça reviendrait à faire affront aux efforts fournis par mes parents pour me permettre de communiquer avec tout le monde. Et puis il faut bien que je parle pour faire entendre ce que j'ai à dire, non ? On ne m'avait pas fourni d'interprète. Si je m'étais contentée de signer, la majorité des téléspectateurs ne m'auraient pas comprise. Loin de moi l'idée de renier la communauté des sourds à laquelle j'appartiens. Au contraire.

Tout ce que j'ai entrepris jusqu'ici, c'était pour la défendre. Je crois que le téléspectateur furibond l'a bien saisi, car il n'a jamais rien renvoyé suite à ma réponse. Il a reçu la preuve de ce que j'avançais, à plusieurs reprises d'ailleurs.

Chaque fois que j'en ai eu l'occasion lors de mes passages à la télévision, je n'ai pas manqué de rappeler l'importance de l'accessibilité pour nous et continuerai à le faire tant qu'on me laissera la parole. Notre handicap ne doit en aucun cas nous interdire l'accès à une vie normale, à des activités aussi banales que regarder la télévision, travailler ou pratiquer un sport.

L'INJS (Institut national des jeunes sourds) me contacta au mois de mai pour me demander de parrainer la création d'un cours de karaté. Ayant beaucoup appris de ce sport, enfant, cette proposition m'a enchantée. Sachant que les sourds développent leur sens de la vue pour compenser leur handicap, ils présentent des prédispositions certaines pour ce type de sport, consistant à retenir des prises, des mouvements avant de les reproduire. Par ailleurs, les enseignements corrélatifs du karaté, tels que la rigueur, la maîtrise de soi ou l'observation de postures adoptées par l'adversaire m'ont beaucoup servi jusqu'ici, dans ma vie de tous les jours. J'applaudis donc l'initiative de l'INJS et me suis rendue avec grand plaisir à Paris pour l'inauguration qui eut lieu le 22 juin, lendemain de ma date d'anniversaire, deux jours avant la surprise que mes parents m'avaient préparée pour fêter mes vingt ans. Les enfants m'ont accueillie avec chaleur et enthousiasme. Le discours du directeur me rappela mes premiers pas sur le tatami, hésitants, craintifs. Puis la bienveillance du professeur qui, avec trois ceintures de karaté disposées sur le sol, m'avait fait connaître un sport que je ne me serais jamais crue capable de pratiquer. Je me souvins des médailles, nombreuses, que j'avais réussi à récolter et conserve précieusement depuis lors. Ces petites récompenses qui m'encourageaient dans mes efforts pour m'intégrer, vaincre mes peurs et me dépasser dans tous les domaines. Je garde un souvenir ému de cette célébration qui eut lieu dans une bibliothèque chargée de livres, au milieu des dessins maladroits des élèves. Je suis convaincue que la création de ce cours de karaté a contribué à l'épanouissement de nombreux petits sourds.

*

* *

Comme vous l'avez certainement remarqué, j'ai employé plusieurs fois, et intentionnellement, l'expression « communauté sourde ». Certains contestent le fait qu'il existe une identité sourde, et par extension ne considèrent pas la langue des signes comme une langue à part entière. Pour ma part, malgré mon intégration au monde des entendants, grâce à mes parents notamment, je me sens aujourd'hui plus à l'aise avec les images véhiculées par les signes qu'avec les mots. Bien que je m'y sois mise plus tard, que j'aie appris à parler avant de signer, je considère la langue des signes comme ma première langue et entends bien la défendre. Car ne nous y trompons pas : elle est en danger. En l'absence d'académie susceptible de se porter garante de signes et de leur sens, de la syntaxe et de la construction, elle peut être déformée et malmenée dans la mesure où n'importe qui peut l'enseigner.

Dans ces circonstances, je cherche, comme l'association de Limoges, à préserver cette si jolie langue en attendant que le gouvernement se décide à créer une université qui la protégerait. À l'heure actuelle, beaucoup d'éducateurs et professeurs, entendants pour la plupart, l'enseignent sans avoir suivi de formation ou de sensibilisation au préalable. La culture sourde existe. Elle se base notamment sur des comportements particuliers. On n'attire pas l'attention d'une personne souffrant de déficience auditive comme on appellerait un entendant. Il faut taper sur la table, établir un contact visuel ou tactile. Or il n'est pas de langue sans culture et vice-versa.

Donc comment peut-on se présenter comme enseignant d'une langue quand on ignore tout de la culture qui en définit l'usage ? La loi Fabius, qui fut promulguée en 1992, autorisa l'usage de notre langue, en plus du français, dans l'éducation des jeunes sourds. Et notre communauté, considérant ce texte comme une reconnaissance, s'en est beaucoup réjouie. À juste titre.

Pourtant, sans encadrement scolaire approprié, sans formation adéquate, comment assurer un bon enseignement ? Les dirigeants ne se sont pas penchés sur la question. Même si le texte de loi parle bien des signes comme d'une « langue » et non d'un langage. J'aimerais vraiment, le jour où j'aurai des enfants comme je l'espère, pouvoir, qu'ils soient malentendants ou non, les élever dans la double culture sourde et oralisante, les envoyer dans une école où ils pourraient apprendre correctement à signer, en respectant la syntaxe. J'espère sincèrement que ce sera un jour possible.

Depuis mon élection, beaucoup de gens m'ont surnommée l'ambassadrice du monde du silence. Lorsque l'on m'invite sur un plateau télévisé, je peux expliquer les besoins des personnes sourdes et malentendantes pour les éprouver moi-même. Mais si d'aventure on m'invitait pour expliquer ce qu'est la langue des signes... Dans ce cas, je préférerais me faire accompagner d'un professeur reconnu en la matière, qui serait capable, certainement mieux que moi, d'en expliquer le fonctionnement.

*

* *

Le 17 janvier 2007, donc un peu plus d'un mois après mon élection, j'ai eu la chance d'être invitée à l'inauguration de l'IVT (International Visual Theater), présidé par Emmanuelle Laborit. Ce lieu culturel unique est dédié à la langue des signes française et à la culture sourde. J'étais ravie d'assister à la création d'un établissement pareil, emballée à l'idée de pouvoir moi aussi assister à des spectacles vivants et les comprendre. C'est donc sans hésitation que je répondis à l'invitation. Comme la plupart des Français, je connaissais la jeune femme pour son engagement dans la défense des droits de notre communauté et notamment de la langue des signes. Je me disais donc que cette rencontre donnerait peut-être lieu à une alliance.

*

* *

Le 31 janvier 2008, peu de temps après l'élection Miss France à Dunkerque, le directeur de la clinique des Emmailleurs a contacté Maman pour me demander de parrainer le dépistage de la surdité dans son établissement. Ma mère m'a raconté les difficultés qu'elle a rencontrées dans mon enfance, ce médecin ORL qu'elle avait rencontré et qui lui avait assuré que je n'étais pas sourde. Au début, je me suis donc dit que l'initiative de la clinique s'avérait bonne.

Et puis, le soir, en rentrant à l'appartement, j'en ai parlé avec Davy, essayant de bien lui expliquer ce que proposait l'établissement : un dépistage néonatal, indolore, consistant à relier les oreilles du nourrisson à une sorte de machine avec des fils. Contrairement aux tests auxquels on m'avait soumise bébé, cet examen ne nécessitait aucune anesthésie et ne comportait donc aucun risque. Alors pourquoi ne pas le parrainer ?

À ma grande surprise, je découvris que Davy n'était pas d'accord avec moi et il m'avança des arguments qui me poussèrent à réfléchir avant d'accepter.

D'abord, il estimait ce dépistage trop précoce. Après l'accouchement, une mère fait connaissance avec son enfant. Elle apprivoise et commence à tisser des liens avec son bébé, essentiels, qui perdureront par la suite. D'après lui, apprendre à une mère la surdité de son enfant à ce stade comportait d'énormes risques : et si elle se détachait ? Si, effrayée par ce handicap, elle en venait à prendre des distances avec l'enfant ? Un nourrisson, quel qu'il soit, a besoin d'affection pour s'épanouir.

Le deuxième argument qu'il m'apporta et qui me fit un moment remettre en question le parrainage concernait l'implant cochléaire. Depuis quelques années, de nombreux médecins prônent cette invention, la qualifiant de révolutionnaire, et la conseillent à tous leurs patients souffrant de déficience auditive importante. Or, je m'y suis toujours farouchement opposée pour de multiples raisons.

La première ? Les énormes risques encourus par les patients. Ce dispositif comprend deux parties principales : l'unité électronique implantée dans le rocher et le processeur local externe. Or, pour installer l'unité électronique, le médecin devra couper tous les cils de la partie interne de l'oreille logés dans la cochlée, rendant alors son patient complètement sourd. Ainsi, dans le cas d'un dysfonctionnement, la personne qui n'aurait été sourde qu'à soixante-dix pour cent avant de subir l'intervention, le serait à cent pour cent si l'implant ne marchait pas. Et là, plus question de revenir en arrière : le patient serait condamné à ne pas percevoir le moindre son jusqu'à la fin de ses jours. Autre risque ? L'IRM est totalement contre-indiquée pour les patients ayant été implantés. Et contrairement à un appareillage classique, ce dispositif ne se voit pas. Si par malheur le patient a un accident, est conduit à l'hôpital et qu'il est soumis à une IRM, il encourt des dégradations très sérieuses au cerveau, voire la mort, à cause du champ magnétique.

D'une part, un choc à la tête peut endommager l'implant. Inutile de préciser que les personnes implantées n'auront plus jamais l'occasion de pratiquer des sports à haut risque. Et s'il s'agissait d'un enfant ? Si, à l'adolescence il se découvrait un rêve de devenir champion de judo ? Il faudrait qu'il se fasse une raison. L'implant l'interdit. Tant de renoncements pour pareils résultats…

D'autre part, les patients implantés souffrant d'une méningite ont beaucoup plus de risques de ne pas en guérir et de laisser leur vie à la maladie. Enfin, l'implant cochléaire est remboursé à cent pour cent par la Sécurité sociale, contrairement à l'appareillage qui n'est plus remboursé en intégralité dès que le patient a fêté ses vingt ans. Pourquoi privilégier un dispositif risqué, moins répandu, sur un système nécessaire et beaucoup plus répandu ? Depuis ma première élection en tant que Miss, je me bats pour que le gouvernement et la Sécurité sociale reconnaissent cette absurdité et privilégient le remboursement à cent pour cent des appareils auditifs.

Voilà donc toutes les raisons pour lesquelles je déconseille l'implant cochléaire, tout comme Davy d'ailleurs. Je ne voudrais surtout pas qu'il soit prescrit comme seule solution possible (parce que prétendument moins coûteuse) à la clinique des Emmailleurs aux nourrissons dépistés. Vous imaginez ? Percer le crâne d'un bébé ? Lui faire courir de tels risques tout en sachant que cet implant ne lui rendra jamais cent pour cent de ses capacités auditives ?

Néanmoins, je reconnais que le cas est tout autre lorsque le patient n'est pas sourd de naissance, mais le devient suite à un accident ou à une maladie. Un enfant né avec ce handicap s'y adapte sans éprouver de sentiment de perte comme la personne qui a pu entendre. Je comprendrais très bien qu'un jeune de vingt ans qui aurait perdu ses facultés auditives dans un accident de voiture souhaite se faire implanter. À mon sens, il importe de distinguer l'individu qui naît sourd et vit avec son handicap sans souffrance psychologique et une personne devenue sourde suite à un incident ou une maladie.

Lorsque Maman m'a transmis la proposition de la clinique, je ne pensais pas qu'elle soulèverait tant de questions. La discussion avec Davy m'a permis de bien tenir compte des implications de ce dépistage. Au fil de notre conversation, j'ai bien vu qu'il était contre. Il aurait préféré que les médecins ne pratiquent pas ces tests si tôt, qu'ils attendent que l'enfant ait six mois pour s'y soumettre. Il craignait que la mère, après avoir appris la surdité de son bébé, cesse de lui parler croyant qu'il n'entendrait pas.

Je passais la nuit qui suivit à considérer l'ensemble de ces arguments et ce n'est qu'à mon réveil que j'ai pris ma décision. Selon moi, les parents ont le droit de savoir si leur enfant est sourd ou pas. Je ne crois pas que, dans le cas d'une surdité dépistée, la mère porte moins d'affection à son enfant. L'amour est une chose naturelle, instinctive. L'attachement ne se brise pas pour un simple handicap, j'en suis certaine.

En revanche, je sais, pour l'avoir expérimenté plusieurs fois, que la surdité fait peur.

Voilà pourquoi j'ai émis une condition au directeur de la clinique avant d'accepter de parrainer le dépistage. Dans les cas où ils auraient diagnostiqué une défaillance auditive chez l'enfant, les médecins s'engageraient à distribuer une plaquette sur le CIS (Centre d'information sur la surdité) aux parents. Cette structure, neutre dans son approche du handicap, pourrait orienter les parents, les rassurer, les préparer.

Contrairement à certains médecins ORL, ils ne présentent pas l'implant cochléaire comme seul remède, comme seul dispositif susceptible de permettre au patient d'oraliser. Regardez-moi par exemple, je parle très bien. Je n'ai pas eu besoin de passer sur la table d'opération pour pouvoir communiquer. Or certains ORL déclarent cette intervention essentielle pour les enfants atteints de surdité, prétendant qu'elle est nécessaire à l'apprentissage de la parole. Le CIS sait, tout comme moi, qu'un jeune sourd peut tout à fait apprendre à s'exprimer sans recourir à la chirurgie, au moyen du LPC et des appareillages.

Dans ces conditions, il me paraît capital que les parents de nouveau-nés atteints de surdité soient informés sur les risques et la nécessité de l'implant, et ce, en toute objectivité. Le CIS pourrait leur donner les coordonnées d'associations et d'écoles susceptibles d'accompagner l'enfant dans son apprentissage de l'oralisation ou de la langue des signes et, dans l'idéal, des deux.

La clinique des Emmailleurs accepta ma condition et je suis donc devenue la marraine de ce dépistage. Savoir tout de suite est d'après moi préférable au choc d'une nouvelle tardive. Et puis, les parents ont ainsi davantage de temps pour se préparer et apprendre à connaître ce handicap.

J'espère que ce livre suffira à prouver qu'un sourd, élevé dans l'affection de ses parents, peut, comme moi, réaliser ses rêves et mener une vie normale faite de rires, de joie et d'amour. Et ce, même quand on n'entend pas.

Conclusion

Le récit de mon parcours se termine même si je sais qu'en réalité il vient à peine de commencer. Je suis jeune et il me reste encore beaucoup de choses à accomplir, de nombreux rêves à réaliser, de batailles à livrer. J'ai néanmoins souhaité partager mon expérience, décrire mon cheminement à tous ces Français qui ont cru en moi et m'ont élue leur Miss de cœur. Jusqu'à présent, mon principal souci a été de ne pas les décevoir, de me montrer à la hauteur de l'honneur qui m'était fait et j'espère aujourd'hui remplir dignement cette mission.

Par ailleurs, il était pour moi essentiel de prouver que le handicap ne représente un frein que dans la mesure où il est nié. Acceptez la surdité ou un autre handicap quel qu'il soit et votre enfant accomplira des miracles. Aimez-le, chérissez-le et il s'engagera un jour tout seul sur la route de la vie.

Je me rappelle ce 12 novembre 2007, jour où on m'a demandé de remettre, à Angoulême, les prix aux chefs d'entreprise ayant embauché des personnes handicapées. Le discours du préfet, resté gravé dans ma mémoire, m'a prouvé que les mentalités changent, évoluent et m'a donné espoir : « J'ai parfois l'impression que c'est moi le handicapé, a-t-il déclaré, soufflant sur moi un vent d'émotion qui m'ébranla avant d'ajouter : ça pourrait m'arriver demain, qui sait ? » Et il avait raison.

La surdité atteint souvent les personnes âgées. Elle peut aussi survenir suite à un accident. Personne n'est à l'abri du handicap. Inattendu et fourbe, il frappe sans distinction d'âge, de sexe, ni même d'appartenance sociale. Dans ces conditions, il concerne tout le monde.

Voilà pourquoi je n'ai pas hésité une seule seconde, lorsqu'on m'a proposé de faire ce livre avec les éditions Leduc.

Je voulais rassurer les parents d'enfants atteints de surdité, sensibiliser les entendants, informer tous ces Français qui m'ont soutenue et encouragée par courrier ou de vive voix durant les galas.

J'espère sincèrement que notre société parviendra un jour à reconnaître la surdité, à la considérer non comme une différence aliénante, mais comme une particularité, une richesse aussi, et nous reconnaîtra des droits à l'accessibilité et surtout à l'emploi.

Oui, je suis sourde, née dans une bulle que mes parents, mes amis et mes proches m'ont aidée à fendiller. Mais je suis aussi femme, citoyenne et engagée. J'éprouve, je sens, je vois, tous mes autres sens décuplés pour compenser l'absence de l'ouïe.

En somme, je suis comme tout le monde, tout en étant un individu à part entière avec ses angoisses et ses rêves.

Remerciements

Je tenais tout d'abord à remercier les éditions Leduc.s, Karine Bailly, Mariana Grépinet et Aurore Guitry, qui ont permis la réalisation de ce livre, ma famille et tous mes amis, bien sûr.

Par ailleurs, pour m'avoir soutenue avant et pendant les élections, je remercie Érick Gey, Geneviève de Fontenay, Sylvie Tellier, Delphine Cléro, Muriel Robin, Xavier de Fontenay, Nathalie Marquet, Xavier Bertrand, Christian Cheyroux, Jean-Claude Jitrois, Juliette et Sébastien, Pierre Allard maire de Saint-Junien ainsi que ses collaborateurs, Alain Rodet le maire de Limoges, Mme le maire de Dournazac Alice Bécheny, Jeannot Meynard, Christian Piate, Stéphane Cambou, Francis Barret, Jean-Pierre Pernaut, nos amis Max et Paulette, Évelyne et Jean-Pierre. Je voulais aussi remercier tous les téléspectateurs pour leurs très nombreux votes lors de l'élection Miss France 2007, et toutes les personnes qui m'ont témoigné leur appui et leurs encouragements par courrier. Je garde précieusement toutes vos lettres.

Pour m'avoir appuyée dans mon combat pour l'accessibilité, je remercie Jean-Luc Reichmann, Patrick Poivre d'Arvor, TF1, LCI, France 2, France 3 Limousin et toute son équipe, France 5 et en particuliers l'émission *L'œil et la main*, Canal + et Michel Denisot, M6, La télé du Limousin avec une mention particulière pour Jean-Michel et son équipe, la Télévision suisse, la Télévision de la Corée du Sud, *Le Populaire* et tout particulièrement Laurent Borderie et Jean-Marie Misset, *Paris Match*, Sipa Press, *La Presse Nationale*, M. Moreau de *Télé 7 jours*, *Info Magazine*, *L'Écho du Centre*, *La Nouvelle Abeille*, *Le Nouvelliste*, Les radios locales du Limousin, Michel Bourdin (audioprothésiste à Bordeaux), M. le Député Daniel Boisserie, M. le Sous-Préfet de Rochechouart J.-F. Coëwt, la présidente du Conseil général Mme Perol-Dumont, la maison des Sourds de Limoges, toutes les associations françaises qui se battent pour la reconnaissance de ce handicap.

Je remercie le directeur de la clinique des Émailleurs, ainsi que Frédéric Forte (également entraîneur et président du club de Basketball CSP Limoges), parrain de La Maison des sourires.

Je remercie le directeur du Futuroscope de Poitiers et toute son équipe de m'avoir à chaque fois si bien accueillie.

Enfin, je tenais à remercier toutes les personnes qui m'ont suivie et soutenue après mon élection comme première dauphine Miss France : Saint Algues à Saint-Junien, Coif & Co. à Limoges, le Crédit Agricole et en particulier Bruno Gardic et Andrée Michon, le Crédit Mutuel de Saint-Junien, Bernard Jude, Roland Chattard, Les Ganteries de Saint-Junien, Porcelaine Royale, Les Galeries Lafayette, la boutique Maillard, M. Alain Besson, Mariage Royal, les stylistes Olivia, Audrey et Isabelle qui m'ont fait profiter de leurs talents, Arnaud Colombier, les chaussures Parallèle et en particulier Alain Faure, Damien Nougaregue, mais aussi le couturier Jean Doucet, Denis Michel coiffeur à Paris, Christophe, coiffeur à Saint-Junien, chez Pellissier Haute Coiffure, ainsi que Corinne et Nathalie.

Pour me contacter et connaître les événements auxquels je participe cette année, voici l'adresse de mon site : www.sophievouzelaud.fr

Pour recevoir notre catalogue, merci de bien vouloir photocopier, recopier ou découper ce questionnaire et nous le retourner complété à :

Éditions Leduc.s
33 rue Linné
75005 Paris

Vous pouvez aussi répondre à ce questionnaire sur Internet :

www.leduc-s.com

NOM : ....

PRÉNOM : ....

ADRESSE : ....

....

CODE POSTAL : ....

VILLE : ....

PAYS : ....

ADRESSE@MAIL : ....

ÂGE : ....

PROFESSION : ....

Titre de l'ouvrage dans lequel est insérée cette page :

Miss et Sourde

Lieu d'achat : ....

Avez-vous une suggestion à nous faire ?

....

....

....

....

À .... LE ....

Conformément à la loi Informatique et Libertés du 6 janvier 1978, vous disposez d'un droit d'accès et de rectification aux données personnelles vous concernant.

Achevé d'imprimer en octobre 2008 par la Nouvelle Imprimerie Laballery - 58500 Clamecy
Dépôt légal : octobre 2008 – Numéro d'impression : 809214 – *Imprimé en France*

La Nouvelle Imprimerie Laballery est titulaire de la marque Imprim'Vert®